The General Theory of Employment, Interest and Money
· 1936 ·

约翰·梅纳德·凯恩斯文集

JOHN MAYNARD KEYNES

就业、利息和货币通论

[英]约翰·梅纳德·凯恩斯 著
李井奎 译

复旦大学出版社

中文版总序

约翰·梅纳德·凯恩斯（John Maynard Keynes，1883—1946）是20世纪上半叶英国最杰出的经济学家和现代经济学理论的创新者，也是世界公认的20世纪最有影响的经济学家。凯恩斯因开创了现代经济学的"凯恩斯革命"而称著于世，被后人称为"宏观经济学之父"。凯恩斯不但对现代经济学理论的发展作出了许多原创性的贡献，也对二战后世界各国政府的经济政策的制定产生了巨大而深远的影响。他逝世50多年后，在1998年的美国经济学会年会上，经过150名经济学家的投票，凯恩斯被评为20世纪最有影响力的经济学家（芝加哥学派的经济学家米尔顿·弗里德曼则排名第二）。

为了在中文语境里方便人们研究凯恩斯的思想，由李井奎教授翻译了这套《约翰·梅纳德·凯恩斯文集》。作为这套《约翰·梅纳德·凯恩斯文集》中文版的总序，这里不评述凯恩斯的经济学思想和理论，而只是结合凯恩斯的生平简略地介绍一下他的著作写作过程，随后回顾一下中文版的凯恩斯的著作和思想传播及翻译过程，最后略谈一下翻译这套《约翰·梅纳德·凯恩斯文集》的意义。

一

1883年6月5日，约翰·梅纳德·凯恩斯出生于英格兰的剑桥郡。凯恩斯的父亲约翰·内维尔·凯恩斯（John Neville Keynes，1852—1949）是剑桥大学的一位经济学家，曾出版过《政治经济学的范围与方法》（1891）一书。

凯恩斯的母亲佛洛伦丝·艾达·凯恩斯（Florence Ada Keynes，1861—1958）也是剑桥大学的毕业生，曾在20世纪30年代做过剑桥市的市长。1897年9月，年幼的凯恩斯以优异的成绩进入伊顿公学（Eton College），主修数学。1902年，凯恩斯从伊顿公学毕业后，获得数学及古典文学奖学金，进入剑桥大学国王学院（King's College）学习。1905年毕业后，凯恩斯获剑桥文学硕士学位。毕业后，凯恩斯又留剑桥一年，师从马歇尔和庇古学习经济学，并准备英国的文官考试。

1906年，凯恩斯以第二名的成绩通过了文官考试，入职英国政府的印度事务部。在其任职期间，凯恩斯撰写了他的第一部经济学著作《印度的通货与金融》（*Indian Currency and Finance*，1913）。

1908年凯恩斯辞去印度事务部的职务，回到剑桥大学任经济学讲师，至1915年。他在剑桥大学所讲授的部分课程的讲稿被保存了下来，收录于英文版的《凯恩斯全集》（*The Collected Writings of John Maynard Keynes*，London：Macmillan，1971—1983）第12卷。

在剑桥任教期间，1909年凯恩斯以一篇讨论概率论的论文入选剑桥大学国王学院院士，而以另一篇关于指数的论文获亚当·斯密奖。凯恩斯的这篇概率论的论文之后稍经补充，于1921年以《论概率》（*A Treatise on Probability*）为书名出版。这部著作至今仍被认为是这一领域中极具开拓性的著作。

第一次世界大战爆发不久，凯恩斯离开了剑桥，到英国财政部工作。1919年初，凯恩斯作为英国财政部的首席代表出席巴黎和会。同年6月，由于对巴黎和会要签订的《凡尔赛和约》中有关德国战败赔偿及其疆界方面的苛刻条款强烈不满，凯恩斯辞去了英国谈判代表团中首席代表的职务，重回剑桥大学任教。随后，凯恩斯撰写并出版了《和平的经济后果》（*The Economic Consequences of the Peace*，1919）一书。在这部著作中，凯恩斯严厉批评了《凡尔赛和约》，其中也包含一些经济学的论述，如对失业、通货膨胀和贸易失衡问题的讨论。这实际上为凯恩斯在之后研究就业、利息和货币问题埋下了伏笔。这部著作随后被翻译成多种文字，使凯恩斯本人顷刻之间成了世界名人。自此以后，"在两次世界大战之间英国出现的一些经济问题上，更确切地说，在整个西方世界面临的所有重大经济问题上，都能听到凯恩斯的声音，于是他成了一个国际性的人物"（Patinkin，2008，p.687）。这一时期，凯恩斯在剑桥大学任教的同时，撰写了大量经济学的文章。

1923 年，凯恩斯出版了《货币改革论》（*A Tract on Monetary Reform*，1923）。在这本书中，凯恩斯分析了货币价值的变化对经济社会的影响，提出在法定货币出现后，货币贬值实际上有一种政府征税的效应。凯恩斯还分析了通货膨胀和通货紧缩对投资者和社会各阶层的影响，讨论了货币购买力不稳定所造成的恶果以及政府财政紧缩所产生的社会福利影响。在这本著作中，凯恩斯还提出了他自己基于剑桥方程而修改的货币数量论，分析了一种货币的平价购买力，及其与汇率的关系，最后提出政府货币政策的目标应该是保持币值的稳定。凯恩斯还明确指出，虽然通货膨胀和通货紧缩都有不公平的效应，但在一定情况下通货紧缩比通货膨胀更坏。在这本书中，凯恩斯还明确表示反对在一战前的水平上恢复金本位制，而主张实行政府人为管理的货币，以保证稳定的国内物价水平。

1925 年，凯恩斯与俄国芭蕾舞演员莉迪亚·洛波科娃（Lydia Lopokova，1892—1981）结婚，婚后的两人美满幸福，但没有子嗣。

《货币改革论》出版不到一年，凯恩斯就开始撰写他的两卷本的著作《货币论》（*A Treatise on Money*，1930）。这部著作凯恩斯断断续续地写了 5 年多，到 1930 年 12 月才由英国的麦克米兰出版社出版。与《货币改革论》主要是关心现行政策有所不同，《货币论》则是一本纯货币理论的著作。"从传统的学术观点来看，《货币论》确实是凯恩斯最雄心勃勃和最看重的一部著作。这部著作分为'货币的纯理论'和'货币的应用理论'上下两卷，旨在使他自己能获得与他在公共事务中已经获得的声誉相匹配的学术声誉。"

(Patinkin, 2008, p.689) 该书出版后, 凯恩斯在 1936 年 6 月 "哈里斯基金会" 所做的一场题为 "论失业的经济分析" 的讲演中, 宣称 "这本书就是我要向你们展示的秘密——一把科学地解释繁荣与衰退（以及其他我应该阐明的现象）的钥匙"（Keynes, 1971—1983, vol.13, p.354）。但是凯恩斯的希望落了空。这部书一出版, 就受到了丹尼斯·罗伯逊 (Dennis Robertson)、哈耶克（F. A. von Hayek）和冈纳·缪尔达尔（Gunnar Myrdal）等经济学家的尖锐批评。这些批评促使凯恩斯在《货币论》出版后不久就开始着手撰写另一本新书, 这本书就是后来的著名的《就业、利息和货币通论》（Keynes, 1936）。

实际上, 在这一时期, 凯恩斯广泛参与了英国政府的经济政策的制定和各种公共活动, 发表了多次讲演, 在 1931 年凯恩斯出版了一部《劝说集》(*Essays in Persuasion*, 1931), 其中荟集了著名的凯恩斯关于 "丘吉尔先生政策的经济后果"（The Economic Consequence of Mr Churchill, 1923）、"自由放任的终结"（The End of Laissez-faire, 1926）等小册子、论文和讲演稿。1933 年, 凯恩斯出版了《通往繁荣之路》(*The Means to Prosperity*, 1933), 同年还出版了一本有关几个经济学家学术生平的《传记文集》(*Essays in Biography*, 1933)。

在极其繁忙的剑桥的教学和财务管理工作、《经济学杂志》的主编工作及广泛的社会公共事务等等活动间歇, 凯恩斯在 1934 年底完成了《就业、利息和货币通论》(《通论》)的初稿。经过反复修改和广泛征求经济学家同行们的批评意见和建议后完稿, 于 1936 年 1 月由英国麦克米兰出版社出版。在《通论》中, 凯恩斯创造了许多经济学的新概念, 如总供给、总需求、有效需求、流动性偏好、边际消费倾向、乘数、预期收益、资本边际效率、充分就业, 等等, 运用这些新的概念和总量分析方法, 凯恩斯阐述了在现代市场经济中收入和就业波动之间的关系。他认为, 按照古典经济学的市场法则, 通过供给自行创造需求来实现市场自动调节的充分就业是不可能的。因为社会的就业量决定于有效需求的大小,后者由三个基本心理因素与货币量决定。这三个基本心理因素是:消费倾向,对资本资产未来收益的预期,对货币的流动偏好(用货币形式保持自己收入或财富的心理动机)。结果,消费增长往往赶不上收入的增长,储蓄在收入中所占的比重增大,这就引起消费需求不足。对资本资产未来收益的预期决定了资本边际效率,企业家对预期的信心不足往往会造成投资不足。流动偏好和货币数量决定利息率。利息率高,会对投资产生不利影响,也自然会造成投资不足。结果,社会就业量在未达到充分就业之前就停止增加了,从而出现大量失业。凯恩斯在就业、利息和货币的一般理论分析基础上所得出的政策结论就是,应该放弃市场的自由放任原则,增加货币供给,降低利率以刺激消费,增加投资,从而保证社会有足够的有效需求,实现充分就业。这样,与古典经济学家和马歇尔的新古典经济学的理论分析有所不同,凯恩斯实际上开创了经济学的总量分析。凯恩斯也因之被称为"宏观经济学之父"。实际上,凯恩斯自己也更加看重这本著作。在广为引用的凯恩斯于1935年1月1日写给萧伯纳(George Bernard Shaw)的信中,在谈到他基本上完成了《就业、利息和货币通论》这部著作时,凯恩斯说:"我相信自己正在撰写一本颇具革命性的经济理论的书,我不敢说这本书立即——但在未来10年中,将会在很大程度上改变全世界思考经济问题的方式。当我的崭新理论被人们所充分接受并与政治、情感和激情相结合,它对行动和事务所产生的影响的最后结果如何,我是难以预计的。但是肯定将会产生一个巨变……"(转引自 Harrod,1950,p.545)诚如凯恩斯本人所预期到的,这本书出版后,确实引发了经济学中的一场革命,这在后来被学界广泛称为"凯恩斯革命"。正如保罗·萨缪尔森在他的著名的《经济学》(第10版)中所言:"新古典经济学的弱点在于它缺乏一个成熟的宏观经济学来与它过分成熟的微观经济学相适应。终于随着大萧条的出现而有了新的突破,约翰·梅纳德·凯恩斯出版了《就业、利息和货币通论》(1936)。从此以后,经济学就不再是以前的经济学了。"(Samuelson,1976,p.845)

在《通论》出版之后，凯恩斯立即成为在全世界有巨大影响的经济学家，他本人也实际上成了一位英国的杰出政治家（statesman）。1940年，凯恩斯重新回到了英国财政部，担任财政部的顾问，参与二战时期英国政府一些财政、金融和货币问题的决策。自《通论》出版后到第二次世界大战期间，凯恩斯曾做过许多讲演，这一时期的讲演和论文，汇集成了一本名为《如何筹措战费》（*How to Pay for the War*, 1940）的小册子。1940年2月，在凯恩斯的倡议下，英国政府开始编制国民收入统计，使国家经济政策的制定有了必要的工具。因为凯恩斯在经济学理论和英国政府经济政策制定方面的巨大贡献，加上长期担任《经济学杂志》主编和英国皇家经济学会会长，1929年他被选为英国科学院院士，并于1942年被英国国王乔治六世（George VI）晋封为勋爵。

自从1940年回到英国财政部，凯恩斯还多次作为英国政府的特使和专家代表去美国进行谈判并参加各种会议。1944年7月，凯恩斯率英国政府代表团出席布雷顿森林会议，并成为国际货币基金组织和国际复兴与开发银行（后来的世界银行）的英国理事，在1946年3月召开的这两个组织的第一次会议上，凯恩斯当选为世界银行第一任总裁。

这一时期，凯恩斯除了继续担任《经济学杂志》的主编外，还大量参与英国政府的宏观经济政策的制定和社会公共活动。极其紧张的生活和工作节奏，以及代表英国在国际上的艰苦的谈判，开始损害凯恩斯的健康。从1943年秋天开始，凯恩斯的身体健康开始走下坡路。到1945年从美国谈判回来后，凯恩斯已经疲惫不堪，处于半死不活的状态（Skidelsky, 2003, part 7）。1946年4月21日，凯恩斯因心脏病突发在萨塞克斯（Sussex）家中逝世。凯恩斯逝世后，英国《泰晤士报》为凯恩斯所撰写的讣告中说："要想找到一位在影响上能与之相比的经济学家，我们必须上溯到亚当·斯密。"连长期与凯恩斯进行理论论战的学术对手哈耶克在悼念凯恩斯的文章中也写道："他是我认识的一位真正的伟人，我对他的敬仰是无止境的。这个世界没有他将变得更糟糕。"(Skidelsky，2003，p.833）半个多世纪后，凯恩斯传记的权威作者罗伯特·斯基德尔斯基在其1 000多页的《凯恩斯传》的最后说："思想不会很快随风飘去，只要这个世界需要，凯恩斯的思想就会一直存在下去。"（同上，p.853）

二

1929—1933年，西方世界陷入了有史以来最为严重的经济危机。面对这场突如其来的大萧条，主要西方国家纷纷放弃了原有自由市场经济的传统政策，政府开始以各种形式干预经济运行，乃至对经济实施管制。当时，世界上出现了德国和意大利的法西斯主义统制经济及美国罗斯福新政等多种国家干预经济的形式。第二次世界大战期间，许多西方国家按照凯恩斯经济理论制定和实施了一系列国家干预的政策和措施。凯恩斯的经济理论随即在世界范围内得到广泛传播。这一时期的中国，正处在南京国民政府的统治之下。民国时期的中国经济也同样受到了世界经济大萧条的冲击。在这样的背景之下，中国的经济学家开始介绍凯恩斯的经济理论，凯恩斯的一些著作开始被翻译和介绍到中国。从目前来看，最早将凯恩斯的著作翻译成中文的是杭立武，他翻译的《自由放任的终结》（书名被翻译为《放任主义告终论》，凯恩斯也被译作"坎恩斯"），1930年由北京一家出版社出版。凯恩斯1940年出版的小册子《如何筹措战费》，也很快被翻译成中文，由殷锡琪和曾鲁两位译者翻译，由中国农民银行经济研究处1941年出版印行。在民国时期，尽管国内有许多经济学家如杨端六、卢逢清、王烈望、刘觉民、陈国庆、李权时、陈岱孙、马寅初、巫宝三、杭立武、姚庆三、徐毓枏、滕茂桐、唐庆永、樊弘、罗蘋苏、胡代光、刘涤源和雍文远等人，都用中文介绍了凯恩斯的经济学理论，包括他的货币理论和财政理论，但由于凯恩斯的货币经济学著作极其艰涩难懂，他的主要经济学著作在民国时期并没有被翻译成中文。这一时期，凯恩斯的经济学理论也受到一些中国经济学家的批评和商榷，如哈耶克的弟子、时任北京大学经济学教授的蒋硕杰,等等。

在中文语境下,最早完成凯恩斯《通论》翻译的是徐毓枬。徐毓枬曾在剑桥大学攻读经济学博士,还听过凯恩斯的课。从剑桥回国后,徐毓枬在中国的高校中讲授过凯恩斯的经济学理论。实际上,早在1948年徐毓枬就完成了《通论》的翻译,但经过各种波折,直到1957年才由三联书店出版。后来,徐毓枬翻译的凯恩斯的《通论》中译本也被收入商务印书馆的"汉译世界学术名著丛书"(见宋丽智、邹进文,2015,第133页)。1999年,高鸿业教授重译了凯恩斯的《通论》,目前是在国内被引用最多和最权威的译本。2007年南海出版公司曾出版了李欣全翻译的《通论》,但在国内并不是很流行。1962年,商务印书馆出版过由蔡受百翻译的凯恩斯的《劝说集》。凯恩斯的《货币论》到1997年才被完整地翻译为中文,上卷的译者是何瑞英(1986年出版),下卷则由蔡谦、范定九和王祖廉三位译者翻译,刘涤源先生则为之写了一篇中译本序言,后来,这套中译本也被收入商务印书馆的"汉译世界学术名著丛书"。2008年,陕西师范大学出版社出版了凯恩斯《货币论》另一个汉译本,上卷由周辉翻译,下卷由刘志军翻译。凯恩斯的《和约的经济后果》由张军和贾晓屹两位译者翻译成中文,由华夏出版社2008年出版。凯恩斯的《印度的货币与金融》则由安佳翻译成中文,由商务印书馆2013年出版。凯恩斯的《货币改革论》这本小册子,多年一直没见到甚好的中译本,直到2000年,才由改革出版社出版了一套由李春荣和崔铁醴编辑翻译的《凯恩斯文集》上中下卷,上卷中包含凯恩斯的《货币改革论》的短篇,由王利娜、陈丽青和李晶翻译。到2013年,中国社会科学出版社重新出版了这套《凯恩斯文集》,分为上、中、下三卷,由李春荣和崔人元主持编译。

三

尽管凯恩斯是20世纪最有影响力的经济学家,但是,由于其经济学理论尤其难懂且前后理论观点多变,英语语言又极其优美和灵活,加上各种各样的社会原因，到目前为止，英文版的30卷《凯恩斯全集》还没有被翻译成中文。鉴于这种状况，李井奎教授从2010年之后就致力于系统地翻译凯恩斯的主要著作，先后翻译出版了《劝说集》(2016)、《通往繁荣之路》(2016)、《〈凡尔赛和约〉的经济后果》(2017)、《货币改革略论》(2017)。这些译本将陆续重新收集在本套丛书中，加上李井奎教授重译的凯恩斯的《货币论》《印度的通货与金融》《就业、利息和货币通论》，以及新译的《论概率》《传记文集》等，合起来就构成这套完整的《约翰·梅纳德·凯恩斯文集》。这样，实际上凯恩斯出版过的主要著作绝大部分都将被翻译成中文。

自1978年改革开放以来，中国开启了从中央计划经济向市场经济的制度转型。到目前为止，中国已经基本形成了一个现代市场经济体制。在中国市场化改革的过程中，1993年中国的国民经济核算体系已经从苏联、东欧计划经济国家采用的物质产品平衡表体系（简称MPS）的"社会总产值"，转变为西方成熟市场经济体制国家采用的国民经济统计体系（简称SNA核算）从而国内生产总值（GDP）已成了中国国民经济核算的核心指标，也就与世界各国的国民经济核算体系接轨了。随之，中国政府的宏观经济管理包括总需求、总供给、CPI、货币、金融、财政和汇率政策，也基本上完全与现代市场经济国家接轨了。这样一来，实际上指导中国整个国家的经济运行的经济理论也不再是古典经济学理论和斯大林的计划经济理论了。

现代的经济学理论，尤其是宏观经济学理论，在很大程度上可以说是由凯恩斯所开创的经济学理论。但是，由于一些经济学流派实际上并不认同凯恩斯的经济学理论，在国际和国内仍然常常出现一些对凯恩斯经济学的商榷和批判，尤其是凯恩斯经济学所主张的政府对市场经济过程的干预（实际上世界各国政府都在这样做），为一些学派的经济学家所诟病。更为甚者，一些经济学人实际上并没有认真读过凯恩斯的经济学原著，就对凯恩斯本人及其经济学理论（与各种各样的凯恩斯主义经济学有区别，英文为"Keynesian economics"）进行各种各样的批判，实际上在许多方面误读了凯恩斯原本的经济学理论和主张。在此情况下，系统地把凯恩斯的主要著作由英文翻译成中文，以给中文读者一个较为容易理解和可信的文本，对全面、系统和较精确地理解凯恩斯本人的经济学理论，乃至对未来中国的理论经济学的发展和经济改革的推进，都有着深远的理论与现实意义。

是为这套《约翰·梅纳德·凯恩斯文集》的总序。

韦 森

2020年7月5日谨识于复旦大学

参考文献

Harrod, Roy, 1951, *The Life of John Maynard Keynes*, London：Macmillan.

Keynes, John Maynard, 1971-1983, *The Collective Writings of John Maynard Keynes*, 30 vols., eds. by Elizabeth S. Johnson, Donald E., Moggridge for the Royal Economic Society, London：Macmillan.

Patinkin, Don, 2008, "Keynes, John Maynard", in Steven N. Durlauf & Lawrence E. Blume eds., *The New Palgrave Dictionary of Economics*, 2nd ed., London：Macmillan, vol.4, pp.687-717.

Samuelson, Paul A., 1976, *Economics*, 10th ed., New York：McGraw-Hill.

Skidelsky, Robert, 2003, *John Maynard Keynes 1883-1946：Economist, Philosopher, Statesman*, London：Penguin Book.

宋丽智、邹进文：《凯恩斯经济思想在近代中国的传播与影响》，《近代史研究》，2015年第1期，第126—138页。

前　言

　　本书主要是写给我的经济学家同行的。我希望其他人也能读懂。但它的首要目的是讨论理论上存在的难题,至于如何把理论应用于实践,尚在其次。这是因为,如果正统的经济学有误,那么这个错误不会见于其上层建筑,为求逻辑自洽,这部分会得到悉心的推敲;这个错误会出现在其前提假设的不够明晰和不够一般化上。因此,除非通过高度抽象的论证,并辅之以大量的争辩,否则我便不可能达到我的目的。这个目的就是,说服经济学家批判地重新审视他们所作出的某些基本假设。原本我希望有关于此的争辩能够少一些。不过,我觉得这争辩很重要,它不仅是为了解释我自己的观点,而且也为了表明我的观点在哪些方面有异于目今通行的理论。我料想,那些对我之所谓"古典理论"深信不疑的人,会在两种意见之间摇摆不定。一种意见认为我通盘皆错,另一种意见则认为我并没有提出什么新奇之见。这两种意见,或者还有第三种意见,哪一个对,尚需由其他人来作出判定。我的那些引起争辩的段落,目的就在于提供一些材料,以求获得一项答案;如果我的争辩本身显得过于尖锐,我一定得请读者诸君多多原宥,我这样做的目的,只是为了让分歧变得更加鲜明而已。对于我现在所抨击的这些理论,我自己曾信奉有年,我想我是不会置其优点于不顾的。

我们所争论的问题非常重要，无论如何强调都不为过。但如果我的解释是对的，那么我必须首先说服的，乃是我的那些经济学家同行，而不是一般的公众。虽然也欢迎一般的公众参与争论，但在当下这个阶段，当一位经济学家试图把他的同行们深刻的分歧引向争论之时，他们还只能先做好旁听者。这些深刻的分歧，此刻已经差不多摧毁了经济理论的现实影响力，而且在它们得到解决之前，这种破坏作用还会一直持续下去。

本书与我五年前出版的《货币论》一书之间的联系，可能没有人比我更清楚了；在我的内心当中，这是我数年求索的一脉思想的自然演进，但读者有时或许会因个中观点的变化而大惑不解。这一困难并不会因为我被迫作出的术语上的某些变化而稍减。我会在本书的行文中指出这些用语上的改变；不过两书之间总的关系可以简述如下。刚开始撰写《货币论》时，我仍然在沿袭传统的老路，将货币视为与供求的一般理论彼此分离的事物。该书杀青之时，我已将货币理论推展为一种总体产出理论，这是我所取得的一些进步。但我仍未能完全摆脱先入之见，故而无法充分探讨产出水平**变化**所带来的影响。以今观之，这是该书理论部分（也即《货币论》一书的第三和第四编）存在的悬而未决的错误。我所谓的"基本方程"（fundamental equations），乃是根据产出既定的假设而描述的瞬息图像。这些方程试图表明，假设产出既定，何以会有多种力量造成利润失衡状态（profit-disequilibrium），并因此而要求产出水平发生改变。但是，与瞬息图像截然不同的动态发展，该书却未能作出全面的处理，而且论述也非常混乱。与之相反，本书已然演变为一部专注于研究哪些力量或因素决定总产出和总就业之变化的著作。虽然货币在经济理论体系中处于根本而特殊的地位，但关于货币的技术性细节，本书则存而不论。我们将会看到，从根本上来说，货币经济是这样一种经济体系：在其中，关于未来的看法之变化会影响到就业的数量，而不仅仅是影响它的方向。不过，在对未来的看法发生变化的影响下，我们用来分析当前经济行为的方法，仍然是以供求互动为依据，并由此而与我们的基本价值理论联系在一起。这样一来，我们就得到了一个更加一般化的理论，这个理论可以把我们熟悉的古典理论作为一种特殊情形而涵盖在内。

写作这样一本独辟蹊径的著作，本书作者若想避免出现过多的错误，唯有尽可能地依靠他人的批评和讨论。一个人若是长时间独学而无友，那是什么蠢事他都会相信的，尤其是像经济学（以及其他道德科学）这样的学问，要想把一个人的观念拿来做形式的或实验的结论性检验，几乎没有可能。在写作上，本书甚至比《货币论》更得益于R.F.卡恩（R.F. Kahn）先生经常性的建议和建设性的批评。本书许多地方，若无他的建议，便不会以现在这样的结构和面貌呈现在大家面前。我还从琼·罗宾逊夫人（Mrs Joan Robinson）、R.G.霍特里先生（Mr R.G. Hawtrey）以及R.F.哈罗德先生（Mr R.F.Harrold）那里得到了许多帮助，他们校阅了全部清样。剑桥大学国王学院的D.M.本苏山-布特先生（Mr D.M.Bensusan-Butt）编制了本书的索引。

写作本书，于作者是一场奋力争斗的漫长历程，为的就是摆脱我们所习惯的那些思想和表达模式；如果作者对它们的攻击算得上成功的话，则大多数读者在阅读这本书时势必能够体会到作者的此番感受。本书如此费力表达的思想，其实极为简单，因此应当不难理解。但困难并不在于理解新的思想，而在于如何摆脱旧的思想。这些曾哺育过我们大部分人的旧思想，早已遍布我们头脑的每个角落。

J.M.凯恩斯

1935年12月13日

德文版前言

当代所有的英国经济学者,都是阿尔弗雷德·马歇尔(Alfred Marshall)的《经济学原理》(*Principles of Economics*)培养起来的。马歇尔特别强调他的思想是李嘉图思想的延续。其著作基本上是在李嘉图传统上嫁接边际原理和替代原理而得来;他的总体产出与消费理论,迥异于他的**既定**产出的生产和分配理论,却从未分开得到过阐述。我不确定他自己是否感受到过对这样一种理论的需要,但他的直接继承者和追随者们肯定是不需要它的,而且很显然,也不觉得没有它有什么问题。我就是在这种氛围下成长起来的。我自己也讲授过这些学说。也就是在过去的十年间,我才意识到它们的不足。因此,在我自己的思想及其发展中,本书代表着一种抗争与改变,一种对英国古典(或正统)学派传统的转变与背离。在本书的许多地方,我对此都作了强调,对那些我的观点与所接受的学说分歧之点,我也颇费了些笔墨。这些分歧点在英国一些团体当中被认为是极具争议性的。但是,我们如何能使英国经济学中的一个旧教徒,实际上也是该信仰的一个神父,在他一开始变为新教徒时,避免某些争议性的着重点呢?[1]

---

[1] 这里,有关新旧教徒,凯恩斯用的是 Protestant 和 Catholic,前者的本义是指新教教徒,后者的本义是指天主教教徒,这里为了便于中文读者阅读,略去了其中的这一层宗教含义。——译者注

不过，我认为所有这一切，对于德国读者来说影响会稍有不同。在 19 世纪的英国居于支配地位的那种正统学派传统，从未牢固地占据过德国的思想阵地。在德国一直存在着一些重要的经济学家流派[1]，他们对古典学派理论在分析当代事务上的适用性争论得非常激烈。曼彻斯特学派[2]和马克思主义，究其根源，也是来自李嘉图，这一结论只是看起来有些令人意外而已。但在德国，其意见的大部分，既不信守这一派的观点，也不信守另一派的观点，这种情况一直存在。

然而，很难断言这种思想派别已经树立了一套相颉颃的理论建构，或者说，它甚至没有尝试着去这样做。它曾经是怀疑主义的，现实主义

---

[1] 凯恩斯在这里指的应该是德国的新旧历史学派。德国历史学派的先驱是弗里德里希·李斯特（Friedrich List，1789—1846 年），他是古典经济学的怀疑者和批判者，李斯特的奋斗目标是推动德国的经济统一，他认为国家应该在经济生活中起到重要作用，这就与亚当·斯密的自由主义经济学不相契合。李斯特的主要思想包括国家主导的工业化、贸易保护主义等，他以具体行动促成德意志关税同盟，废除各邦关税，使德国经济获得统一。此后，威廉·罗雪尔（Wilhelm Roscher，1817—1894 年）把德国伟大的法学家弗里德里希·卡尔·冯·萨维尼（Friedrich Carl von Savigny，1779—1861 年）的历史研究法应用到经济学方面，奠定了这一学派的基础。罗雪尔从根本上否认理论研究的重要性以及必要性，把政治经济学仅仅归结为对经济发展过程作经验主义的观察和描述。他称政治经济学是"国民经济的解剖学和生理学"，把自己的研究方法称为"历史的方法"，德国历史学派由此得名。后有布鲁诺·希尔德布兰德（Bruno Hildebrand，1812—1878 年）与卡尔·克尼斯（Karl Knies，1821—1898 年）追随罗雪尔。这是旧历史学派。1870 年之后，由于工人运动风起云涌，更兼各种社会问题的出现，在旧历史学派传统的基础上，形成了以古斯塔夫·冯·施穆勒（Gustav von Schmoller，1838—1917 年）为首的新历史学派。施穆勒曾担任柏林大学教授，他主张加强对经济现象的历史研究，认为经济现象既属于自然的技术关系，又属于伦理的心理关系，否认一般经济规律。新历史学派的主要代表人物还有鲁维格·J.布伦塔诺（Ludwig J. Brentano，1844—1931 年）和阿道夫·瓦格纳（Adolf Wagner，1835—1917 年）等人。——译者注

[2] 曼彻斯特学派是英国 19 世纪初的一个自由主义经济学派，1820 年创立，因在曼彻斯特商业会馆开会而得名，其成员多为资产阶级激进派和积极支持自由贸易政策的工商业者。该学派鼓吹自由贸易，要求废除《谷物法》和保护性关税，主张自由放任的经济政策。——译者注

的，满足于历史的、经验主义的方法和结论，而抛却形式上的分析。在理论路线上所做的最重要的非正统的讨论，是维克塞尔的著作。他的书是用德文写就的（一直到最近，还未被译为英文）；事实上，这些著作中最重要的一本，就是用德文书写的。[1]但他的追随者主要是瑞典人和奥地利人，后者把他的思想特别与奥地利人的理论结合起来以使它们变得有效，这就又向古典学派传统倒退了去。因此，与大部分科学中德国的习惯正好相反，在经济学里，德国满意于没有任何形式化的理论占主导，这种态度被广泛接受，已有一个世纪之久。

因此，或许我能期待，在提供一套关于就业和总体产出的理论上，从德国读者这里遭到的抵制会比从英国读者那里来得少些。我提供的这套理论，在多个重要的方面与正统学派传统是相背离的。但我能期望战胜德国的经济不可知论吗？我能说服德国的经济学家，使他们相信形式化分析的方法对于解释当代事务和形塑当代政策也能作出一些重要的贡献吗？毕竟德国人是喜欢理论的。在度过了这么多年没有理论的岁月之后，德国的经济学家一定感到无比的饥渴！可以肯定，对我来说这值得一试！而且如果我能够在德国经济学家们准备丰富的膳食以应对德国不同情况的需要时献上点零散小吃，我亦于愿足矣。这是因为，我得承认，本书所阐发的大部分内容主要是以盎格鲁-撒克逊国家的现有情况作为参考背景而予以阐释的。

饶是如此，本书着力提供的这一总体产出理论，很容易就可以适用

---

[1] 维克塞尔的著作翻译成英文的时间都比较晚，其代表作《利息与价格》(*Interest and Prices*)于1936年才由R.F.卡恩翻译成英文，此时维克塞尔已经去世10年之久，凯恩斯所说的维克塞尔著作中最重要的一本，当指此书。两卷本的《政治经济学讲义》(*Lectures on Political Economy*)的英文版出版于1967年。维克塞尔的第一部重要经济学著作《价值、资本与地租》(*Value, Capital and Rent*)1970年才有英文版。——译者注

于极权主义国家的情况，甚至比在自由竞争和很大程度上的自由放任条件下既定产出的生产和分配理论还要容易。与消费和储蓄相联的心理定律理论，债务支出对物价和实际工资的影响，利率所起到的作用——这些都是我们思想体系的必要组成部分。

借此机会，我要向本书的德文译者赫尔·瓦伊戈尔（Herr Waeger）所作的卓越工作表达我的感激之情，还要感谢我的出版商邓克尔先生和汉姆博尔特先生（Messrs Duncker and Humblot），他们的出版公司在16年前出版了我的《〈凡尔赛和约〉的经济后果》一书的德文版，给了我自此以后与德国读者保持接触的机会。

J.M.凯恩斯

1936年9月7日

日文版前言

当代所有的英国经济学者,都是阿尔弗雷德·马歇尔(Alfred Marshall)的《经济学原理》(*Principles of Economics*)培养起来的。马歇尔特别强调他的思想是李嘉图思想的延续。其著作基本上是在李嘉图传统上嫁接边际原理和替代原理而得来;他的总体产出与消费理论,迥异于他的**既定**产出的生产和分配理论,却从未分开得到过阐述。我不确定他自己是否感受到了对这样一种理论的需要,但他的直接继承者和追随者们肯定是不需要它的,而且很显然,也不觉得没有它有什么问题。我就是在这种氛围下成长起来的。我自己也讲授过这些学说。也就是在过去的十年间,我才意识到它们的不足。因此,在我自己的思想及其发展中,本书代表着一种抗争与改变,一种对英国古典(或正统)学派传统的转变与背离。在本书的许多地方,我对此都做了强调,对那些我的观点与所接受的学说分歧之点,我也颇费了些笔墨。这些分歧点在英国一些团体当中被认为是极具争议性的。但是,我们如何能使英国经济学中的一个旧教徒,实际上也是该信仰的一个神父,在他一开始变为新教徒时,避免某些争议性的着重点呢?

不过,可能日本的读者既不需要,也不抗拒我对这种英国传统的攻击。我们非常了解,在日本,英国的经济学著作得到了广泛的阅读,但我们不那么了解的是，日本人对于这些著作的观感如何。东京的国际经济学界最近做了一件值得称道的事业，那就是重印了马尔萨斯的《政治经济学原理》(*Principles of Political Economy*) 作为东京重刊系列的第一卷。这不禁使我认为，一部蹑踪于马尔萨斯而非李嘉图的著作，至少在某些团体中可以获得同情共感。

无论如何，我都要感谢《东方经济学家》(*Oriental Economist*)，是它使我有了接近日本读者的可能，而使他们扫除了外语所带来的额外的障碍。

J.M.凯恩斯

1936 年 12 月 4 日

法文版前言

英国政治经济学为正统学派所支配已逾百年之久。这不是说它所呈现的学说一成不变。相反,该学说一直在演进,但其假设、氛围、方法却始终如一,令人惊异。这种引人注目的连续性,贯穿于其所有的变化之中,斑斑可见。在这种正统学派的传统下,在它连绵不断的转变中,我受到了熏陶和培养。我学习它,讲授它,撰写它。可能在外人看来,我仍然属于这一学派。之后的历史学家会认为,这本书在本质上仍然隶属于同一传统。但我自己在撰写这本书时,以及在其他最近逐步导向这本书的著作中,我已然感到自己业已脱离了这一正统学派的传统,而且是强烈地在对它做着抗争和改变,在从某些东西中逃出来,在不断地得到解放。就我而言,对于本书中的某些错误,尤其是本书一些段落中具有争议性的论述,以及更多地给特定观点的持有者而非一般公众提供较多内容的这种基调,这一心理状态可以提供一个解释。我的本意是想使我周围的那些人们信服,而没有足够率直地去面对外行人的意见。现在,三年过去了,对于我所呈现出来的新面貌,人们已经逐渐习惯,对于我身上那些旧传统的气息,人们也几乎已经忘却。有鉴于此,若然我重新来写此书的话,我应该会努力使自己免于再犯这样的错误,而以更为明晰的风格来表达我的立场。

我说这些给法国的读者,半是解释,半是道歉。这是因为,法国不像我的祖国，有一个正统学派传统以同样的权威支配着当代的意见。美国的情况与英国差相仿佛。但自从二十年前尚处于鼎盛地位的法国自由主义学派经济学家[1]退出舞台，与欧洲其他地方一样，在法国就再也没有出现过这类居于支配地位的学派。[虽然在这些经济学家的影响力式微之后，他们还都活到了很大的年纪，但当我刚开始成为《经济学刊》(Economic Journal)的一名年轻编辑时，为他们中的许多人——勒瓦瑟尔（Levasseur）[2]、莫利纳里（Molinari）[3]、勒罗伊-博利厄（Leroy-Beaulieu）[4]等——撰写讣告的任务就落到了我的头上。[5]]如果查理·季特（Charles

---

[1] 这里指的当是法国以弗雷德里克·巴斯夏（Frédéric Bastiat, 1801—1850 年）为开创者的一个经济学派。巴斯夏是 19 世纪法国著名的古典自由主义经济学家，该学派在 19 世纪的大部分时间里完全统治了法国的经济学。同时，它对法国以外的 19 世纪经济理论的发展也产生了深远的影响，尤其是在意大利、德国和奥地利等国，其优点得到了欧陆边际主义者的认可，其中包括庞巴维克、卡塞尔、维克塞尔和帕累托等。但是，虽然这一学派在国际上曾经颇有影响，但它在一战后几乎完全被英语世界的经济学家所忽视，影响基本断绝。——译者注

[2] 即皮埃尔·埃米尔·勒瓦瑟尔（Pierre Émile Levasseur, 1828—1911 年），法国经济学家和历史学家，著有《政治经济学要义》(Elements of Political Economy)。——译者注

[3] 即古斯塔夫·德·莫利纳里（Gustave de Molinari, 1819—1912 年），法国古典自由主义经济学家，1881 年到 1909 年担任法国经济期刊 Journal des Économistes 的编辑，著有《安全生产》(The Production of Security) 一书（其实是一篇文章的篇幅）。据说，这本书是人类历史上第一篇"自由市场无政府主义"(free market anarchism) 的著作。——译者注

[4] 即皮耶尔·保罗·勒罗伊-博利厄（Pierre Paul Leroy-Beaulieu, 1843—1916 年），法国经济学家，曾在波恩和柏林学习，回到巴黎后为多家报纸写作。1880 年接替其岳父担任法国一所大学的政治经济学教授，代表作有《金融科学》(Traite de la science des finances, 1877 年)、《财富重新分配论》(Essai sur la repartition des richesses, 1882 年)、《经济政策论》(Precis d economie politique, 1888 年) 等。——译者注

[5] 梅纳德·凯恩斯是 1911 年在他 28 岁时继埃奇沃斯之后成为《经济学刊》的编辑的，这里提到的这几位法国经济学家虽然基本上都得享高寿，其中莫利纳里甚至活到了 90 多岁，但也都在 1911 年及稍后几年过世，所以年轻的凯恩斯为他们都写过讣告。——译者注

Gide）[1]取得了如同阿尔弗雷德·马歇尔一样的影响和权威的话，那么，贵国的情况就会与我们国家更为相像。事实上，你们的经济学家是折中主义者，（有时候我们会认为他们）在系统性思想方面尚未扎下过于深厚的根基。这可能更容易使他们理解我之所言。但也可能会产生这样的结果，即当我论及"古典"学派的思想以及"古典"经济学家时，对于我在说什么，我的读者有时候会感到疑惑，而有些英国的批评者则会认为，我这样说是语言上的误用。因此，如果我尝试着简要地指出我那些观点的主要**差异**所在，那么，我想，这样做对法国的读者可能会有所助益。

我把我的理论称为是一套**通论**。之所以这样说，我的意思乃是指，我主要关心的是整体经济体系的表现——是总收入、总利润、总产出、总就业、总投资、总储蓄，而不是特定行业、企业或个人的收入、利润、产出、就业、投资与储蓄。而且我认为，把根据整体中孤立的一部分而正确得到的结论，扩展到整个体系中去，会犯下严重的错误。

让我举几个例子来说明我之所指。我的主张是，对于整体经济体系而言，被储蓄（在没有被用于当前消费这个意义上言之）起来的收入量，等于而且必然恰好等于新的净投资量，这一点曾被视为一个悖论，而且曾引起过广泛的争论。对此所做的解释，无疑可以从以下这一事实中得到，即在整体经济体系中必然成立的储蓄和投资之间的相等关系，对于具体的个人而言，根本就不能成立。没有理由能够说明，到底为什么我所负责的新投资无论如何都应该与我自己的储蓄量存在某种关系。

---

[1] 查理·季特（Charles Gide，1847—1932年），法国经济学家，社会改良主义者，合作主义倡导者，巴黎大学教授，著有《政治经济学原理》《协作》等书。其著作《协作》早在1927年就由楼桐孙先生翻译成中文，查理·季特的这个译名是遵循楼先生的初译名。——译者注

个人的收入独立于他自己的消费和投资,我们有这样的看法非常合理。但我不得不指出,这本不应该让我们忽略这一事实,即源自这个个人的消费和投资的需求,是其他个人的收入来源,所以总体而言收入是并不独立于个人花费和投资的性格特征的,事实情况正好相反;由于个人花费和投资之就绪,取决于他们的收入,因此,总储蓄和总投资之间就建立了一种关系,这种关系可以很容易地表示为切实而必然的相等关系,殆无异议。有理由认为,这个结论平平无奇。但它开启了一条思考之路,更重要的问题踵乎其后。我们可以表明,一般来说,产出和就业的实际水平不取决于生产能力或先前的收入水平,而是取决于当前的生产决策,而生产决策又取决于当前的投资决策和当下对当前及未来消费的预期。此外,一旦我们知道了消费倾向和储蓄倾向(这是我给出的叫法),也就是说,一旦我们知道,作为一个整体的社会,其个人心理倾向于如何处理既定的收入,我们就可以计算出收入的水平,从而计算出既定的新投资水平下的产出和就业水平;由之再发展出乘数理论。又或者,显而易见,储蓄倾向的扩大,将在其他条件不变的情况下使收入和产出相等;虽然投资诱力的加大会扩大收入和产出。因此,我们能够对决定整个体系收入和产出的因素作出分析,即在最为切实的意义上,我们拥有了一套就业理论。由这一推理而得出的结论,尤与公共财政和公共政策以及贸易周期问题密切相关。

  本书独具特色的另外一个特征,是利息理论。近年来,有许多经济学家持有这样一个看法,即当前储蓄率决定了自由资本的供给,当前投资率支配着对自由资本的需求,利率可说是由储蓄供给曲线和投资需求曲线的交点所决定的均衡价格要素。但如果总储蓄必然而且在所有情况下都正好等于总投资,那么很显然,这种解释就不攻自破。我们不得不到别处寻找答案。我在下面这个思想中找到了它:利率的功能是保持均衡，但这个均衡不是新资本品供求之间的均衡，而是货币供求之间的均衡，也就是说，是保持了对**流动性**（liquidity）的需求与满足这一需求的手段之间的均衡。在这里，我回归到了更为古老的、19世纪之前的那些经济学家的学说上来。例如，孟德斯鸠就曾相当清楚地看到这一真理[1]——孟德斯鸠是真正堪与亚当·斯密相比肩的最伟大的法国经济学家，在洞察力上超拔于重农学派诸公，头脑清晰，感觉敏锐（这些是一个经济学家所应当具有的品质）。但我必须放开这个话题，回到本书的正文上来，以详细地表明所有这一切是如何完成的。

我称这本书为《就业、利息和货币通论》。我提请大家注意的该书的第三个特征，是它对货币和物价的处理。下面的分析记录了我如何最终从货币数量论所带来的混淆中脱离出来，这个理论一度使我深陷其中。我把决定总体物价水平的方式，视与决定个别物价的方式全然相同；也就是说，同样受供求的影响。技术条件、工资水平、工厂和劳动力这些资源未被使用的程度，以及市场和竞争的状态，决定了个体以及总体产品的供给条件。企业家们的决策为个别生产者们提供了收入，这些生产者对于这类收入的处理决策又决定了那些供给条件。而物价——既包括个别物价，也包括总体物价水平——乃是作为这两个因素的结果而呈现出来的。货币以及货币数量，在历经该过程的这一阶段上，并不是直接的作用结果。在这个分析的更早阶段，它们就已经完成了其工作。货币数量决定了流动性资金的供给，因之也就决定了利率，连同其他影响投资诱力的因素（尤其是信心因素），这些因素转过来又通过供求作用确定了收入、产出和就业以及总体物价水平的均衡水平，从而使均衡状态得

---

[1] 我特别记得是《论法的精神》第 XXII 卷第 19 章（参见商务印书馆 2012 年出版的由许明龙先生翻译的中文版《论法的精神》第四编第二十二章"法与使用货币的关系"第十九节"有息贷款"。——译者注）。

以达成。

我相信，一直到最近，各地的经济学都被与J-B.萨伊（Jean-Baptiste Say）[1]之名相联的学说所支配，这种主导地位超越了对它的理解程度。的确，他的"市场定律"早已被大多数经济学家所抛弃，但这些经济学家并没有从他的基本假设，尤其是从他的供给创造需求的谬论中，摆脱出来。萨伊隐然假定，经济体系总是在满负荷运转，所以一项新活动总是取代而不是增加到其他某项活动中去。在满足作为一项理论的要求这个意义上，嗣后的几乎所有经济理论都依赖于这同一个假设。然而，以此为基础的一项理论，在对付失业和贸易周期问题时，显然是无能为力的。或许我可以用下面这个说法向法国的读者来最佳地表达本书中我的主张，即在生产理论上，它是对J-B.萨伊学说最终的背弃；在利息理论上，它是对孟德斯鸠学说的复归。

J.M.凯恩斯

1939年2月20日

剑桥大学国王学院

---

[1] 让·巴蒂斯特·萨伊（1767—1832年），法国经济学家和实业家，早年从商，曾任职于人寿保险公司和经营纺织业。1790年开始动笔著述，1794—1799年间主编《哲学、文艺和政治旬刊》，并在该刊发表过许多论述经济问题的文章，博得拿破仑·波拿巴的赏识，任命他为政府法制官员。1803年萨伊的主要经济学著作《政治经济学概论》问世，他因其中所表述的经济政策主张触犯了拿破仑的旨意而遭受免职。1816年萨伊在阿森尼大学讲授政治经济学，1830年萨伊担任法兰西学院政治经济学教授，两年后在巴黎去世。萨伊是19世纪初欧洲大陆最重要的经济学家之一，他使亚当·斯密的经济学说通俗化和系统化，建立了政治经济学的三分法，把政治经济学划分为财富的生产、财富的分配和财富的消费三部分。萨伊否定生产过剩的存在，提出了著名的"萨伊定律"（Say's Law），认为"供给能够创造其本身的需求"。——译者注

目录

001 / **中文版总序**
001 / **前言**
001 / **德文版前言**
001 / **日文版前言**
001 / **法文版前言**

第一编　引论

003 / 第一章　通论释名
004 / 第二章　古典经济学的假设前提
021 / 第三章　有效需求原理

第二编　定义与观念

033 / 第四章　单位的选择
041 / 第五章　预期在决定产出量和就业量上的作用
046 / 第六章　收入、储蓄和投资的定义
058 / 第六章附录　论使用者成本
067 / 第七章　对储蓄和投资含义的进一步探讨

第三编　消费倾向

079 / 第八章　消费倾向：I. 客观因素

094 / 第九章 消费倾向：II. 主观因素

099 / 第十章 边际消费倾向和乘数

第四编　投资诱力

117 / 第十一章 资本边际效率

128 / 第十二章 长期预期状态

143 / 第十三章 利率的一般理论

152 / 第十四章 古典学派的利率理论

161 / 第十四章附录　马歇尔《经济学原理》、李嘉图《政治经济学及赋税原理》以及其他著作中的利率理论

170 / 第十五章 流动性偏好的心理动机和经营动机

183 / 第十六章 关于资本性质的几点考察

194 / 第十七章 利息和货币的基本性质

214 / 第十八章 对就业通论的再说明

第五编　货币工资与价格

225 / 第十九章 货币工资的变动

238 / 第十九章附录　关于庇古教授的《失业论》

248 / 第二十章 就业函数

259 / 第二十一章 价格理论

第六编　通论引出的几点短论

277 /　　第二十二章　经济周期短论

294 /　　第二十三章　略论重商主义、禁止高利贷法、加印货币以及消费不足论

334 /　　第二十四章　结语：简论《通论》所可能导致的社会哲学

345 /　**译者跋**

第一编　引论

第一章 通论释名

我把这本书叫作《就业、利息和货币通论》(*General Theory of Employment, Interest and Money*)，重点在"通"(general)字上。起这样一个书名，目的是要把我的观点和结论之特点与这一领域的**古典**(classical)[1]理论形成对照。我也是在古典理论的熏染下成长起来的，无论从实践还是从理论上说，我们这一代的统治阶层和知识阶层的经济思想，都是由古典理论所主导的，如此已历百年之久。我将在本书中表明，古典理论的那些假设仅适用于一种特殊的情形，而不适用于一般的情况；古典理论所假定的情形，是可能的均衡位置的一个极限点。此外，古典理论假定的这一特殊情形，所具有的并不是我们实际生活于其中的这个经济社会的特征。其结果是，如果我们尝试着把它应用于经验事实的话，那么它的教诲就会颇具误导性和灾难性。

---

[1] "古典经济学家"(classical economists)这个名字是马克思发明来涵盖李嘉图和詹姆斯·穆勒及其**先辈**们的，指的是至李嘉图经济学而臻于鼎盛的这一理论的奠基者们。我则习惯于把李嘉图的后继者们，也就是接受并完善李嘉图经济学理论的那些人也包含在内，包括(例如)J.S.穆勒、马歇尔、埃奇沃斯和庇古教授等；我的这个习惯，可能会犯语义上的错误。

第二章 古典经济学的假设前提

价值和生产理论方面的大多数论著,主要关心两个问题,一是研究**既定量**的可用资源如何在不同的用途之间进行分配,二是假设这一既定量资源得到了利用,然后探讨各种资源的相对报酬以及其产品相对价值的决定条件。[1]

关于这一**可用资源量**的问题,在某种意义上,也就是可雇佣人口的多寡问题,以及自然财富和所累积的资本设备的规模问题,这些论著又多采用描述性的方式来处理它。但是,有关决定这些可用资源的**实际利用情况**的纯理论,却极少得到深入细致的研究。当然,要是说这种理论从未有人研究过,那也不符合实际。因为关于就业量波动的讨论每每而在,论者多曾涉及这个问题。我的本意不是说这一主题受到了忽略,而

---

[1] 这合乎李嘉图的传统。因为李嘉图曾明确表示,他对国民收入的数量不感兴趣,他关心的是如何分配国民收入。在对国民收入分配更加关注这一点上,他正确地评论了他的理论之特点。但他的后继者由于眼光不够清晰,竟把古典学派的理论用于讨论财富的成因问题。李嘉图在 1820 年 10 月 9 日给马尔萨斯的信中写道:"你认为政治经济学是对财富性质和成因的研究——我则认为它应该去探究社会各阶层根据什么样的法则来分配他们共同生产的劳动产品。就国民收入的数量而言,并无法则可循,但是,对于国民收入的分配比例来说,还是有一个大体正确的法则在的。我每天都更加感到,对前者的探究徒劳而虚妄,只有后者才是这门科学的真正目标。"

是说，作为这一主题之基础的基本理论，过去被认为是如此简单和显然，竟至于最多也就是略有提及而已。[1]

I

我认为，尽管实际当中未曾加以讨论，但就业的古典理论——被认为简单又显然的古典理论——之基础，乃是建立在以下这样两个基本的假设前提之上的：

i. 工资等于劳动的边际产品。

这就是说，一名就业人员的工资，等于就业量减少 1 单位所损失的价值（扣除这一产出下降所减少的其他成本之后）；不过，二者的相等有其限制条件，如果竞争与市场并不完全，那么，按照某些原理，这一等式可能就会被打破。

ii. 当就业量既定时，工资的效用等于该就业量的边际负效用。

这就是说，一名就业人员的实际工资，（根据就业者们自己的估算）刚好够吸引实际就业者继续维持原有的就业量；与竞争的不完全性会打破第一个假设前提所遵循的限制条件类似，这第二个假设前提中要求对每个劳动者个体都成立的相等条件，会由于劳动者之间联合起来结成工会而不再被满足。这里，负效用必须理解为应当涵盖各种原因。这些原因，可能导致一个人或一群人宁愿失业也不肯接受对他们来说效用低于某一最低限度的工资水平。

---

[1] 例如，庇古教授（Prof. Pigou）在《福利经济学》（*Economics of Welfare*，第四版，第 127 页）中写道（着重突出文字是我后加的）："除了明确指出的相反情况，在整个讨论过程中，我们都会略去某些资源所有者愿意使用，通常却未被使用的事实。这不会影响论证的实质，相反还会简化对它的阐述。"这样看来，李嘉图是明确地放弃任何把国民收入量作为整体来处理的企图，而庇古教授则在一本专门研究国民收入问题的著作里，主张同一理论既适用于存在某些非自愿失业的情况，也适用于充分就业的情况。

这后一个假设前提，与我们所谓的"摩擦性"失业是彼此一致的。因为要把它运用到现实中去，总要考虑到各种不够尽善尽美之处方才合理，这样才能使充分就业持续下去。例如，由于错误的估算或者需求的间断，导致专用资源相对数量之间的暂时性失衡而造成的失业；或者由于未预见到的变化所导致的时滞而带来的失业；又或者从一种工作更换到另一种工作所必然存在的时间延误而造成的失业。所以，在一个非静态的社会，总会有一定比例的资源奔走在"工作岗位"之间而未被利用。除了"摩擦性"失业之外，这个假设前提与"自愿性"失业也不冲突。所谓"自愿性"失业，是指因立法或社会习俗，或者劳动者为进行集体谈判而结成了工会，或者对于变化反应迟缓，或者只是人类的冥顽执拗等，而使一个工人拒绝或者不能接受把相当于其边际生产力的产品价值作为工资从而造成的失业。而且古典学派认为，"摩擦性"失业和"自愿性"失业构成了全部的失业现象。他们的假设前提不承认有第三种失业存在，也即不承认我在下文所定义的那种"非自愿性"失业。

在这些限制条件下，按照古典学派的理论，这两个前提假设自然就决定了就业的资源量。第一个假设前提给出了就业的需求表，第二个假设前提给出了供给表；在边际产品的效用与边际就业的负效用之间达成的平衡点处，就业量被确定了下来。

由此可以推断，要想增加就业，只有四种可能的办法：

(a) 改进组织体系或提高预见性，从而减少"摩擦性"失业；

(b) 降低劳动的边际负效用，这可以用增加所雇佣的劳动者的实际工资来表示，从而减少"自愿性"失业；

(c) 提高工资品行业（wage-goods industries，工资品行业这个词，是庇古教授的用语，货币工资的效用即取决于这类物品的价格）中劳动者的边际物质生产力（marginal physical productivity）；或

(d) 相对于工资品，提高非工资品的价格，同时把非工资劳动者的支出由工资品转到非工资品上去。

根据我的理解，这就是庇古教授《失业论》(*Theory of Unemployment*)一书的要旨——这是现有的对古典就业理论唯一的详尽阐述。[1]

II

上述两种失业类型能够涵盖一切失业现象吗？事实上，总有一些人愿意接受当前的工资水平，却没有那么多工作供他们去做。这是因为，我们得承认，按照当前的货币工资，只要有劳动需求，就一定会有更多的劳动者来应征。[2]古典学派把这种现象与他们的第二个假设前提进行了调和，他们辩称，在每个人愿意于当前货币工资下工作并得到雇佣之前，当前货币工资下的劳动需求可能已经得到了满足，之所以会出现这种情况，乃是由于工人中间达成了或公开或默契的协议，低于当前货币工资就不工作；他们还说，只要劳动者作为一个总体，同意降低货币工资，那么就会有更多的人就业。如果情况果真如此，那么，这种失业虽然看上去是非自愿的，严格来说却并非如此，应该把它包括在由于集体谈判等原因所引起的"自愿性"失业之内。

这引出了两个有待考察之处，第一个涉及的是劳动者对实际工资和货币工资的真实态度问题，它在理论上并不重要，但第二个却非常重要。

且让我们暂时假设，劳动者不打算为较低的货币工资而工作；当前货币工资水平的降低，会使一部分就业的劳动者通过罢工或其他方式退

---

[1] 在本书后文第十九章的附录里，将会对庇古教授的《失业论》给予更为详尽的探讨。

[2] 参看前文（原书）第 5 页脚注所引庇古教授的话。

出劳动力市场。那么是否可以由此推断，当前实际工资水平准确地衡量了劳动的边际负效用呢？不一定。这是因为，虽然当前货币工资水平的降低会导致一部分劳动力退出劳动力市场，但如果由于工资品价格上升，当前货币工资水平所能购买到的工资品减少，如此则根据工资品来衡量的当前货币工资的价值就会下降。换句话说，可能会有这样的情况出现，即在某个范围之内，劳动者所要求的乃是一个最低限度的货币工资，而非最低限度的实际工资。古典学派一向隐含地认为，这种情况不会引起他们理论的重大变化。但情况并非如此。这是因为，如果劳动力供给受实际工资这唯一一个变量所影响，那么古典学派的论点就会全然站不住脚，从而出现实际的就业量极难确定这个问题。[1]古典学派似乎还没有意识到，除非劳动力供给只是实际工资的函数，否则他们的劳动力供给曲线就会随着价格的每一次变动而发生移动。因此，古典学派的方法是与他们极为特殊的假设紧密联系在一起的，根本无法应对更为一般化的情况。

日常经验毋庸置疑地告诉我们，（在一定限度内）劳动者所要求的乃是货币工资而非实际工资，这远不只是作为一种可能性而存在，而是普遍的情况。虽然工人们通常会抵制货币工资的下降，但并不是每一次工资品价格的上涨都会使他们退出劳动力市场。有人认为，说有时候工人只抵制货币工资下降而不抵制实际工资下降，是不符合逻辑的。鉴于本书下文（原书第14页）所给出的原因，这种说法倒不像它初看起来那样不合逻辑；正如我们后面所将看到的那样，还幸亏是这样呢。但无论是否合乎逻辑，经验事实都表明，工人们确实在这般行事。

此外，还有观点认为，作为经济萧条特征的失业现象，乃是由于劳

---

[1] 这一点我们将在后文第十九章的附录里详细讨论。

动者拒绝接受货币工资的降低而引起的,这显然没有得到事实的支持。断言美国1932年的失业现象是由于劳动者坚持不肯让货币工资降低,或者坚持要求一个超过美国这个经济机器的生产能力所能承受的实际工资所导致,也不太令人信服。在劳动者的实际最低要求或其生产能力没有发生明显变化之下,就业量也会经历大幅变动。劳动者在萧条时期并不比繁荣时期更加蛮横无理——事实也的确如此。萧条时期的投入产出率并没有变低。这些由经验而来的事实,构成了我们质疑古典学派的分析合理与否的初步基础。

从统计调查结果来考察货币工资变化与实际工资变化之间的切实关系,想来一定颇有意思。如果这一变动发生在某一特定的行业,我们会预期实际工资的变动与货币工资的变动是在同一方向上的。但如果这些变化发生在总体工资水平上,那么,我想,实际工资的变动就会与货币工资的变动几乎总处在相反的方向,而远不再是通常所看到的那种同方向变动。这就是说,当货币工资在上涨时,我们会发现实际工资在下降;而在货币工资下降的时候,实际工资则在上涨。这是因为,在短期内,下降的货币工资和上涨的实际工资各有各的原因,却都可能与就业的减少相伴发生;当就业下降时,劳动者更容易接受工资的削减,然而在同样的情况下,由于当产出减少时在资本设备既定的条件下劳动的边际报酬会提高,所以实际工资最终会上涨。

倘若当前实际工资确实处在最低水平,低于这一水平,愿意就业的劳动者人数在任何情况下都不会比现在处于就业状态的人数为多。那么,在这样的条件下,除了摩擦性失业之外,就不会存在非自愿失业的现象。但是,如果假定情况总是如此,那也大谬不然。这是因为,即使工资品价格在上涨,因之实际工资在下降,愿意在现有货币工资水平上就业的人数,通常也会超过现在处于就业状态的人数。如果情况果真如此，那么，当前货币工资所能购得的工资品，就不能准确地代表劳动的边际负效用，古典学派的第二个假设前提也就不再成立。

但是，还有一个更为根本的反对意见。古典学派的这第二个假设前提，乃是源自这样一种观念：劳动的实际工资水平，取决于劳资双方的工资谈判。当然，他们也承认这些谈判都是根据货币工资来开展的，他们甚至承认劳动者接受的实际工资也不全独立于当时的相应货币工资。尽管如此，他们仍然认为，劳资之间谈判所得之货币工资决定了实际工资。因此，古典学派的理论认为，只要劳动者接受降低其货币工资，实际工资总是会随之而降低。实际工资趋于和劳动的边际负效用相等这一假设前提，分明假定了劳动者自己可以决定他能够接受并为之工作的实际工资，虽然他们并不能决定在这一工资水平下的就业量。

总之，传统理论认为，**劳资之间的工资谈判决定了实际工资**；所以，假定雇主之间是自由竞争的，工人之间联合起来结成工会不受限制，则如果工人们接受降低工资，那就可以使他们的实际工资等于在这一工资水平下雇主们所提供的就业量的边际负效用。倘若不然，那就不再有任何理由使实际工资与劳动的边际负效用相等了。

必须牢记，古典学派的结论是要应用在全体劳动者上，并不只意味着单一的个体劳动者只要接受其同伴拒绝的货币工资下降，就可以得到就业。他们还认定，这些结论不但适用于封闭体系，也同样适用于开放体系，并不依赖于开放体系的特征，或单独一个国家降低货币工资对其外贸的影响，这些当然都不在本书讨论范围之内。他们的结论之真实与否，也不基于货币工资总支出减少对银行系统和信贷状态所产生的作用之间接的影响，这些影响我们将在本书第十章详细探讨。他们的结论乃是基于这样一种信念：在一个封闭体系中，一般货币工资水平的下降，在短期内，以及仅在很少的限制条件下，无论如何都会伴随着实际工资的某种下降，虽然不总是成比例地下降。

如今来看，实际工资的一般水平取决于雇主和工人之间的货币工资谈判这种说法，显然并不真实，但却极少有人试图证明它或推翻它，这确实让人感到非常奇怪。因为这种说法与古典学派理论的基调很不一致，古典学派的理论教我们相信，价格取决于用货币表示的边际直接成本（marginal prime cost），而货币工资大体决定了边际直接成本。如此一来，如果货币工资改变，那么，根据古典学派的理论，价格会作几乎相同比例的变动，从而使实际工资和失业水平基本保持不变。劳动者所承受的任何少量的得益和损失，由边际成本中其他部分的损失和得益予以抵偿，从而使边际成本保持不变。[1]然而古典学派似乎没有沿着这条思想路线追寻下去，部分原因在于他们根深蒂固的信念，认为劳动者可以决定自己的实际工资；部分原因可能在于他们的先入之见，认为价格取决于货币数量。而且认为劳动者总是可以决定自己的实际工资这种信念一经接受，就会和另外一个命题相混淆，这个命题就是：劳动者总可以决定什么样的实际工资会与**充分**就业相契合，也就是说，与某一给定的实际工资相容的**最大**就业量相契合。

总结一下：对古典学派理论的第二个假设前提，有两点反对意见。第一点反对意见关涉到劳动者的实际行为。在货币工资不变的前提下，由于物价上涨而导致的实际工资下降，一般不会使当前货币工资下的劳动就业量低于物价上涨前的实际就业量。如果说会使劳动供给量低于物价上涨前的实际就业量的话，那就等于说，所有愿意在当前工资下工作而又没有获得就业的人们，只要生活成本略有提升就不愿工作。然而，

---

[1] 在我看来，这种观点的确也包含大量的真理成分，虽然正如我们在本书后文第十九章所将看到的那样，货币工资变动的全部结果要更加复杂。

这种奇诡的假定明显贯穿于庇古教授《失业论》[1]一书的始终，这也是所有正统学派成员的隐含假设。

但另外一点反对意见更加根本，我们将在后续几章里展开，这个反对意见源于我们所不同意的一项假设，这项假设认为实际工资的一般水平直接由工资谈判的特性所决定。古典学派在假设工资谈判决定实际工资时，滑向了一个不合理的假设。这是因为，对于劳动者总体而言，古典学派可能**没有什么**办法，可以由之而使货币工资的一般水平所能获得的工资品，与当前就业量的边际负效用相抵。换言之，他们可能没有办法通过修改**货币工资**议价，把**实际工资**降低到一个特定水平上去。这就是我们的论点所在。我们将努力表明，决定实际工资一般水平的主要乃是某些其他的力量。试图把这个问题搞清楚，是本书的主要宗旨之一。我们将说明，对于我们生活在其中的这个经济体系这方面的实际运行情况，古典学派存在着根本的误解。

III

尽管个人和团体之间就货币工资的斗争，通常会被认为是决定实际工资一般水平的一个因素，但事实上这个斗争却另有目标。由于劳动者并不是完全流动的（imperfect mobility），而且工资也并不趋于使不同职业之间的净收益严格相等，所以，任何个人和团体如果同意相对于他人降低其货币工资，那么就也会遭受实际工资上的**相对**下降，这就构成了他们抵制货币工资下降的一个充足的理由。另一方面，由于货币购买力的变化会同样地影响到所有工人，所以对实际工资的每一次下降都加以抵制并不现实；一般而言，除非由此引起的实际工资的下降到达了极端

---

[1] 参看本书第十九章的附录。

的程度，否则在这方面出现的实际工资的下降事实上是不大会受到抵制的。此外，某些特定行业对货币工资的抵制，也不会像所有行业都抵制实际工资的下降那样，对总就业量增加造成无法克服的妨碍。

换言之，对货币工资的议价，主要影响的是实际工资总额在不同劳动者团体之间的**分配**，而不是每一个就业者的平均实际工资。正如我们将会看到的那样，这个平均实际工资取决于另外一些不同的因素。一部分劳动者联合起来是为了保护他们的**相对**实际工资，而实际工资的**总体**水平则取决于经济体系的其他因素。

因此，值得庆幸的是，工人们比起古典学派来，倒是从本能上比古典学派更像合乎情理的经济学家，虽然他们是出于无意识而这么做的。工人们抵制货币工资的下降，即使现行货币工资的实际等值超过了当前就业量的边际负效用，他们还是会抵制降低货币工资。这种货币工资的降低，极少或从来不是全面性的。相反，工人们并不会抵制货币工资不变时的实际工资下降，除非这一下降的幅度太大，以至实际工资低于当前就业量的边际负效用。货币工资的这种下降，总是与总就业量的增加相联。对货币工资的下降，无论它多么微不足道，每一家工会都会起而抵制。但没有一家工会会因每一次生活成本的短暂上涨就举行罢工的，因此，工会并不会像古典学派所说的那样妨碍了总就业量的增加。

Ⅳ

我们现在必须要对第三类失业，也即"非自愿性"失业，在一个严格的意义上对它下一个定义。对于这类失业存在的可能性，古典学派是不予承认的。

很显然，我们所说的"非自愿性"失业，并不仅仅指一种尚未耗尽全部工作能力的状态。一天工作 8 小时，并不因人们能够工作 10 小时而构成失业。我们也不会把一批工人因为不肯在某个实际工资水平以下工作而撤出他们的劳动，就说成是"非自愿性"失业。而且，为了方便起见，我们还把"摩擦性"失业排除在我们所定义的"非自愿性"失业之外。因此，我的定义可以给出如下：**如果当工资品的价格相对于货币工资略有上涨时，在当前货币工资下愿意工作的劳动力供给总量，以及在该货币工资水平下对劳动力的需求总量，均大于当前的就业量，那么，就有人处于非自愿性失业状态**。还有另外一个定义，内涵一样，我们将在下一章给出来（原书第 26 页）。

从这个定义我们可以这样推论，古典学派第二个假设前提所预设的实际工资与就业量的边际负效用相等，可以相对现实地解释为相当于"非自愿性"失业不存在的情况。我们把这种情况称为"充分"就业，"摩擦性"失业和"自愿性"失业都与这样定义的"充分"就业相一致。我们会发现，这种解释与古典理论的其他特征也相吻合，所以古典理论最好被称为充分就业条件下的分配理论。只要古典学派的这两个假设前提能够成立，那么，上述意义上的非自愿性失业就不可能发生。因此，所有的失业必定或者来自"工作转换"所引起的暂时性失业，或者来自对高度专用性的资源时断时续的需求，又或者是工会对工会以外的劳动者采取的"雇主只能从工会成员中雇人"的政策（closed shop）而导致的。这样一来，那些接受了古典传统的经济学家们，由于忽略了作为他们理论基础的特殊假设前提，所以就不免会得出在逻辑上完全符合其假设前提的结论来，这个结论就是：所有的失业（除去他们所承认的例外以外）归根结底一定是由于未就业的生产要素拒绝接受相当于它们边际生产率的报酬所造成的。一名古典经济学家可能会同情劳动者对货币工资下降的抵制，也会承认为了应对暂时的局面而接受货币工资的下降并非明智之举；但是，科学上的忠诚会迫使他们不能不宣称，虽然如此，这种对货币工资下降的拒绝才是问题的根源。

可是，如果古典理论仅适用于充分就业的情况，那么，把它应用于非自愿性失业的问题——倘若这种问题确实存在的话（谁能否定它的存在呢？）——上来，显然是错误的。古典学派的理论家们，像欧几里得几何学家处在了非欧几里得的空间里，发现日常经验中两条显然平行的直线常会相交，就指责这些线为什么不能保持直行不变——把线保持直行不变，被视为唯一的能够解决两线相交的办法。然而，事实上，除了放弃平行公理并构造非欧几何之外，并无其他的补救方法。揆诸今日之经济学，亦有同样的事情要做。我们需要放弃古典理论的第二个假设前提，并研究出某种经济体系的行为，在这一体系中，严格意义上的非自愿性失业是有其可能的。

V

在强调我们与古典理论体系存在分歧的同时，我们也不要忽略一个重要的共同点。这是因为，与过去一样，我们将继续秉持其第一个假设前提，使它受到的限制条件与古典学派理论中所提到的相同；同时，我们必须稍事停顿，来考虑一下这个假设前提的内涵。

这个假设前提是说，在既定的组织体系、设备和技术条件下，实际工资与产出量（因之也就是与就业量）唯一相关，因此，在一般情况下，只有当实际工资下降时，就业量才会同时增加。所以，我对古典经济学家认为是无可辩驳的这项重大事实，并没有什么异议。在既定的组织体系、设备和技术条件下，每一个劳动者所挣得的实际工资同就业量有一个唯一（相反）的相关关系。因此，**如果**就业量增加，则在短期内，每个劳动者所得到的用工资品表示的报酬，一般而言，势必下降，而利润则会提高。[1]这不过是大家所熟知的一个命题的反面罢了,这个命题就是:在短期内,假设设备等保持不变,由于边际报酬递减,正常来说,行业的运行要受到这一规律的限制,因此工资品行业中的边际产品(它们支配着实际工资)必然下降。只要这一命题成立,则任何增加就业量的手段都必然导致边际产品的减少,从而使以这种产品所衡量的工资水平下降。

但当我们放弃第二个假设前提之后,虽然就业量的减少使劳动者必然能够**得到**一个更高的以工资品衡量的工资,但它并不一定是由于劳动者**需要**更多的工资品所导致;劳动者愿意接受更低货币工资的意愿也不一定是解决失业问题的良方。我们这里涉及的与就业有关的工资理论,只有等到第十九章及其附录,才能得到详细的阐发。

Ⅵ

自萨伊和李嘉图的时代以来,古典经济学家们就这样教导我们:供给会创造自身的需求,大意是说,生产成本的全部,必然直接地或间接地全部用在购买所生产出来的产品上。不过,对于这一学说,他们并没有清楚地予以阐明。

在 J. S. 穆勒的《政治经济学原理》(*Principles of Political Economy*)一书中,穆勒对这一学说做了如下表述:

---

[1] 这个论证可以表述如下:n 个人就业,第 n 个人增加的谷物收成是每天 1 蒲式耳,工资的购买力就是每天 1 蒲式耳。然而,第 $n+1$ 个人所增加的收成仅为每天 0.9 蒲式耳,因此,除非谷物的价格相对于工资出现了上涨,一直涨到工资购买力是每天 0.9 蒲式耳,否则的话,就业量就不可能增加到 $n+1$ 个人。这样,总工资额会是 $\frac{9}{10}(n+1)$ 蒲式耳,而过去是 n 蒲式耳。因此,如果增加一个人的就业,那么,这必然会涉及把收入从之前工作的人那里转移到企业主手中。

> 构成商品支付手段的仍然是商品。每个人购买别人生产物的手段,是由他自己所有的生产物构成的。一切卖主必然是,而且最终都是买主。如果我们能够使本国的生产力增加一倍,我们就将使每一市场商品的供给增加一倍。但是,我们同时也将使购买力增加一倍。每个人的需求都会像供给一样增加一倍;因为每个人所能提供交换的物品已增加一倍,因而每个人所能购买的物品也增加一倍。[1]

作为这同一学说的一项推论,古典学派又假定说,任何个别的节制消费的行为,其结果必然引起,而且也等于把因节制消费而释放出来的劳动和商品,不再供应给消费,而是用于投资资本财富的生产。下面这段话引自马歇尔的《国内价值的纯理论》(*Pure Theory of Domestic Values*)[2],它阐明了这种传统的看法:

> 一个人的全部收入,是要用于劳务和商品的购买的。的确,人们常说,一个人花费他收入的一部分,把其余的部分储蓄起来。但是,经济学上有一个大家熟知的公理,那就是一个人用他所储蓄的那部分收入购买的劳动和商品,与他用其花费的那部分收入来购买的劳动和商品,并没有什么不同。当他从所购买的服务和商品中寻求现时的享受时,这被说成是消费支出;当他使所购买的劳动和商品用于生产他在将来可以从中得到享受的财富时,这被说成是储蓄。

---

[1]《政治经济学原理》第三编,第十四章,第二节。(中译文参考了商务印书馆胡企林和朱泱两位先生的译本。——译者注)

[2] 第34页。

想从马歇尔的晚期著作[1]或者从埃奇沃斯或庇古教授的著作中找到类似的语句，的确并不容易。这种学说今天再也不会以如此粗陋的方式呈现在我们面前。尽管如此，它仍然是整个古典学派理论的基础，若没有了它，古典学派的理论大厦就会坍塌。当代经济学在是否认同穆勒上或许会有所踌躇，但在把穆勒的学说作为他们的假设前提而予以接受上，却从不犹豫。举个例子，在庇古教授几乎所有的著述中，他都相信，除了会造成若干摩擦之外，货币之有无，并不会带来真正的差别；他还相信，生产理论和就业理论可以（像穆勒所做的那样）在以实物交换为基础的情形下构建起来，然后随便再加上一章，把货币引入进来即可。这就是古典学派传统的现代讲法。当代的思想仍然深深地沉浸在这种观念之中，认为人们总是不以这种方式花钱，就以另种方式花钱。[2]战后的经济学家极少能一**贯地**抱持此一观点，因为今天他们的思想，已经充满了相反的倾向和经验上的事实，这些显然与他们之前的看法大相径庭。[3]

---

[1] 请参阅：阿尔弗雷德和玛丽·马歇尔《产业经济学》（*Economics of Industry*），第 17 页："用很快就穿破的材料做衣服，对于贸易而言是不利的。这是因为，如果人们不把他们的交换手段用在购买新衣服上，他们会在别的方面把它们用在劳动就业上。"读者们会注意到，我这里又引用了马歇尔早年的表述。马歇尔写《经济学原理》的时候，他已然对此多有怀疑，因此下笔非常谨慎，闪烁其词。但是，旧的观念从未受到正式的否认，或者从他思想的基本假设中得到根除。

[2] J.A.霍布森（J.A.Hobson）先生在其《产业生理学》（*Physiology of Industry*）一书（第 102 页）引述完上述穆勒这段话之后指出：马歇尔最早在其《产业经济学》中（第 154 页）就曾对穆勒的这段话作出过评论。"不过，虽然人们拥有购买力，但他们可能会选择不去使用它。""但是，"霍布森先生继续写道："他没有抓住这一事实的关键重要性，而且他似乎把这种行为局限在'危机'时期。"我认为，从马歇尔的晚期著作来看，这不失为一句公允的评论。

[3] 罗宾斯教授［Prof. Robbins，即莱昂内尔·罗宾斯（Lionel Robbins, 1898—1984 年），20 世纪英国著名经济学家，长期工作于伦敦经济学院，著有《论经济学科的性质与意义》等书，与凯恩斯多有交往，早年二人的观点不同，但在凯恩斯过世后罗宾斯对凯恩斯的理论给予了较大肯定。——译者注］有一个与众不同之处，他几乎是单人独骑地继续维持着始终如一的思想体系，他所给出的实际建议，与他的理论属于相同的体系。

但是，他们没有从中得出足够深入的结论，也没有对他们的基础理论作出修缮。

在鲁滨逊·克鲁索的经济中，交换并不存在；个人收入全部来源于他的生产活动。他所消费或储存起来的收入，实际是而且也只能是他自己生产活动的**产物**。古典学派把鲁滨逊世界中的结论应用在了这个现实世界，其谬误之源，庶几在此。但除此之外，产出的**成本**总可以由需求方面所产生的销售收入来总体予以补偿的结论，之所以具有较大的可信性，乃是因为我们很难把它与另外一个与它看起来相似但却千真万确的命题相区别。这后一个命题就是：这个社会中所有从事生产性活动的要素所得到的收入总量，其价值必然刚好等于这一产出量的**价值**。

人们同样会自然地认定：如果一个人使他自己变得富裕，同时又显然没有从别人那里拿走任何东西，那么他也必然使整个社会变得富裕了。因此（正如前面所引述的马歇尔的那段话），一个人的储蓄行为必然会引起与之相应的投资行为。因为在这里，我们又有另外一项千真万确的命题：个人财富的净增加量之和，必然恰好等于社会财富净增加量的总额。

然而，这样想的人其实被幻象所欺骗，而把这两种本质上不同的活动看成相同的了。他们错误地以为，节制现在的消费与准备将来的消费之间，存在一种可以自行协调的关系；而事实上，决定后者的动机与决定前者的动机，无法以任何简单的方式连接起来。

因此，假设总体产出的需求价格与其供给价格相等，就可以看作古典学派理论的"平行公理"。如若承认这一点，那么所有其他的说法自然就会踵乎其后——诸如私人节俭和国家节俭所产生的社会利益、看待利息的传统态度、失业的古典理论、货币数量论、自由放任在对外贸易上的无限利益，以及其他许多我们必须质疑的说法。

Ⅶ

在本章各节中,我们指出了古典理论依次依赖的如下假设:

(1) 实际工资等于当前就业量的边际负效用;

(2) 严格意义上的非自愿性失业并不存在;

(3) 在以下的意义上,供给创造自身的需求:无论产出和就业水平如何,总需求价格等于总供给价格。

不过,在下面这个意义上,这三个假设说的是一回事:它们要么同时成立,要么同时不成立,其中任何一个在逻辑上都与其他两个关涉在一起。

第三章 有效需求原理

I

首先,我们需要先提出几个术语备用,其定义以后我们再确切地给出来。在技术、资源和成本既定的情况下,企业家雇佣一定数量的劳动力会产生两类支出:首先,他支付给生产要素的报酬(不包括支付给其他企业家的),从而获取他们当前的服务,这部分我们称作该就业量的**要素成本**(factor cost);其次,对其他企业家的支付,为的是购买其产品,以及弥补他们因使用机器设备而不是使它们闲置所带来的牺牲,这部分我们称作该就业量的**使用者成本**(user cost)。[1]由此得到的产出价值超过其要素成本和使用者成本的部分,就是利润,或者如我们所称呼它的那样,是企业家的**收入**。当然,从企业家的角度来看是要素成本,从生产要素的角度看,就是要素所有者的收入。因此,要素成本和企业家的利润加成,就构成了我们所称的**总收入**,它是由企业家提供某个就业量之后所产生的。企业家的利润,乃是(而且应当是)他在决定提供多少就业量时努力使之最大化的一个量。有时候为了方便,我们可以从企业家的立场来看它,把它称为由一定就业量所产生的总收入(即要素成本

---

[1] 在第六章我们将给出使用者成本的精确定义。

加上利润），即该就业量的销售收入（proceeds）。另一方面，一定就业量下所生产出来的产品的总供给价格，[1]就是企业家认为值得提供该就业量的预期销售收入（expectation of proceeds）。[2]

由此可知，在技术、资源和单位要素成本给定的情况下，每个企业和行业，以及全部企业和行业，其就业量都要看企业家预期从该就业量下所生产出来的产品中，获得多少销售收入而定。[3]这是因为，企业家会努力把就业量维持在使预期销售收入超过要素成本的那部分能够最大化的水平上。

令 Z 表示雇佣 N 个人时产出的总供给价格，Z 和 N 之间的关系写作 $Z = \phi(N)$，这个函数被称作**总供给函数**。[4]同样，令 D 为企业家预期

---

[1] 不要把它与单位产出供给价格这个术语的通常意义相混淆（见下页）。

[2] 读者会看到，我是从**销售收入**中以及从一定量产品的**总供给价格**中减去了使用者成本，因此这两个名词都不包含使用者成本在内；但购买者所支付的总额中当然是包含使用者成本的。为何这般处理，原因将在第六章加以说明。最要紧的一点是，不包含使用者成本的总销售收入和总供给价格，其含义可以单独地、毫不含混地加以界定；而在另一方面，由于使用者成本显然要视行业的一体化程度以及企业家相互之间采购的范围而定，所以我们就没有办法对购买者所付的总金额（使用者成本包含在内）下一个定义，因为这项总金额与决定使用者成本的因素无关。甚至对个别生产者来说，在一般意义上界定其总供给价格也存在类似的困难；而在**总体产出**的总供给价格上，重复计算还会造成重重困难，这些困难历来没有得到过正视。如果这个名词（即总供给价格）包含使用者成本，那么，重复计算所造成的困难就只能这样来解决，即先按照生产消费品或资本品的办法把企业家分成不同的群体，然后根据他们一体化的程度作出特别的假设。但这种对企业家的区分本身就很模糊且复杂，与事实并不相合。不过如果总供给价格不包含使用者成本，这类困难就不会出现。读者最好等到第六章及其附录部分，在那里会看到详细的探讨。

[3] 一名企业家在对其生产规模进行实际决策时，当然不会只单纯地考虑给定产量的销售收入是多少这样一种预期，而是会考虑几种具有不同可能和确定程度的假设预期。因此，我所认为的企业家的预期销售收入，乃是这样一种预期值，即如果该预期具有确定性的话，那么，由此所产生的行为与企业家在模糊不清、具有多种不同可能性的实际预期下作出的决策全然不同。

[4] 第二十章有一个函数，与上述函数紧密相关，被称为就业函数。

从雇佣 N 个人中得到的销售收入，D 与 N 之间的关系写作 $D = f(N)$，这个函数被称作**总需求函数**。

现在如果对于 N 的一个给定值，预期销售收入大于总供给价格，即如果 D 大于 Z，那么企业家就有激励把就业量提高到 N 以上；而且，如果有必要，他们会通过彼此对生产要素的竞争而提高成本，把 N 的值提高到 Z 等于 D 的水平。这样一来，就业量就由总需求函数和总供给函数的交点给了出来；因为在这一点上，企业家的预期利润将会得到最大化。在总需求函数与总供给函数相交的这个点上，D 的取值被称为**有效需求**（effective demand）。由于这是就业通论的实质部分，所以对它进行阐述是我们的目的所在，后续各章基本上都是在考察影响这两个函数的不同因素。

另一方面，过去一直被明确表述为"供给创造自身的需求"，并且仍然是所有正统经济理论基础的这个古典学派学说，对这两个函数的关系作出了一个特殊的假设。这是因为，"供给创造自身的需求"必然意味着 $f(N)$ 和 $\phi(N)$ 对于 N 的所有取值都相等，也即，对于所有的产出和就业水平都相等；当 $Z(= \phi(N))$ 相应于 N 的增加而增加时，$D(= f(N))$ 必然与 Z 增加相同的量。换言之，古典学派的理论假设总需求价格（或销售收入）总是与总供给价格相一致；因此，无论 N 的取值可能是多少，收益 D 都会显示一个值与相应于 N 的总供给价格 Z 相等。也就是说，有效需求不是只有唯一的一个均衡值，而是取值范围无限大，且其中每一个值取到的可能性都一样；这样，就业量就成了不可确定的量，而劳动的边际负效用为之设定了一个上限。

如果这种说法是对的，则企业家之间的竞争，必将导致就业的扩大，直到总体产出的供给丧失弹性为止，也就是说，再增加有效需求值，也不会引起产出方面的任何增加。很显然，这就是充分就业状态。

在前一章，我们根据劳动者的行为给出了充分就业的定义。现在我们给出另外一个定义，虽然意义相同，但其标准则是这样的：充分就业是这样一种状态，达到这样的状态，总就业量对于产出的有效需求增加不再具有弹性。这样一来，萨伊定律——认为总体产出的总需求价格，在任何产量下都与其总供给价格相等——等于说实现充分就业不会存在妨害。不过，如果这一定律并不是有关总需求和总供给函数的真正规律，那么，经济理论的最重要一章，尚有待完成。没有这一章，所有关于总就业量的讨论都是徒劳无益的。

II

如果我们就接下来各章所将阐发的就业理论，先做一简略说明，对读者在此阶段或许会有所帮助，虽然这种说明也许不能令人十分了解。其中所关涉到的名词，在后续各章会依次详加解释。在这个简略说明里，我们将假设每一单位劳动雇佣量的货币工资和其他要素成本均保持不变。这种简化只是为了此处阐述的方便，后面我们将不会采用。无论货币工资等是否会有变化，这一论证的本质完全不会有所不同。

我们理论的大纲，可以表述如下。当就业增加时，实际总收入也增加。社会的心理状态是这样的：当实际总收入增加时，总需求也增加，但其增加不如收入那么多。因此，如果就业的总增加量都用于满足即期消费所增加的需求，那么，雇主就会遭受损失。所以，要维持任何给定的就业量，就必须得有足够多的现有投资量，才能够吸收在该就业量上总产出超过社会消费量的部分。这是因为，除非有这么多的投资量，否则，企业家的收入就会低于足够诱使他们提供这一就业量所应达到的收入水平。由此可见，给定我们所称的一个社会的消费倾向（community's propensity to consume），则均衡的就业水平，也即对全部雇主而言既没有激励扩大就业,也没有激励压缩就业的水平,将会取决于当前的投资量。当前就业量继而又将取决于我们所称的投资诱力(inducement to invest);而投资诱力的大小,则视资本边际效率表(schedule of the marginal efficiency of capital)和各种期限与风险条件下贷款利率的复合值之间的关系而定。

因此,如果消费倾向和新投资所占的比例给定,那么就会只有一个与均衡相一致的就业水平;因为其他就业水平都会带来总体产出的总供给价格与其总需求价格之间的不相等。这个就业水平不可能比充分就业水平更大,也即,实际工资不可能小于劳动的边际负效用。但是,一般而言,我们并没有什么理由预期它会与充分就业水平**相等**。与充分就业相连的有效需求,乃是一种特殊情况,只有在消费倾向与投资诱力相互之间保持着一种特定的关系时,这个有效需求才能实现。这种与古典学派理论假设相一致的特定关系,一定意义上是一种最优关系。但只有在偶然的机缘或人为的设计下,当前投资提供的需求量,刚好等于充分就业所造成的产品总供给的价格超过充分就业下社会消费量的部分时,它才可能存在。

这个理论可以总结成以下这些命题:

(1) 在给定的技术、资源和成本情况下,收入(既包括货币收入,也包括实际收入)取决于就业量 N。

(2) 一个社会的收入与它所将用于消费的部分(用 D_1 表示)之间的关系,将取决于该社会的心理特征,我们把这个心理特征称为**消费倾向**。也就是说,除了消费倾向发生变化外,消费将取决于总收入水平以及就业量 N。

(3) 企业家决定雇佣的劳动量 N,取决于以下两个数量之和 (D),即该社会预期用于消费的量 D_1 以及预期用于新投资的量 D_2。D 就是我们前面所称的**有效需求**。

(4) 由于 $D_1 + D_2 = D = \phi(N)$，其中 ϕ 是总供给函数，还由于我们在前述 (2) 中所看到的，D_1 是 N 的函数，我们可以把它写成 $\chi(N)$，这个函数取决于消费倾向，由此可以推出：$\phi(N) - \chi(N) = D_2$。

(5) 因此，均衡就业量取决于：(i) 总供给函数 ϕ，(ii) 消费倾向，以及 (iii) 投资量 D_2。这就是就业通论的实质所在。

(6) 对于 N 的每个取值而言，在工资品行业中都会有一个劳动的边际生产率与之相应；也就是这个劳动的边际生产率，决定了实际工资。因此，第 (5) 点受到下述条件约束：N 不能**超过**它把实际工资减少到与劳动的边际负效用相等时的取值。这意味着，并非所有 D 上的变化都与我们所做的货币工资不变这个暂时假设相契合。因此，为使我们的理论能够得到完整的说明，必须抛弃这个假设。

(7) 按照古典学派的理论，对于 N 的**所有**取值，$D = \phi(N)$，由此可知，当 N 未达到其最大值之前，任一 N 值都可使就业量处于中性均衡状态（neutral equilibrium）；这样，企业家之间的竞争力量可望把它推向最高值。只有在这一点上，按照古典学派的理论，才能有稳定的均衡。

(8) **当就业增加时**，D_1 将会增加，但增加得不如 D 那样多；因为当我们的收入增加时我们的消费会跟着增加，但不会增加得像收入那么多。解决我们现实问题的关键，就在这个心理规律上。因为它的结果是，就业量越大，相应产出的总供给价格（Z）和企业家预期从消费者支出中收回的部分（D_1）就会越大。因此，如果消费倾向没有发生改变，那么，除非为了弥补 Z 和 D_1 之间不断扩大的缺口同时 D_2 也在增加，否则就业量是不可能增加的。因此——除非按照古典学派理论所给出的特殊假设条件，认为有某种力量经常可以使 D_2 在就业量增加时，也跟着增加，且其增加量足以弥补 Z 和 D_1 之间逐渐扩大的缺口——经济体系可能发现它自己处于充分就业以下的稳定均衡状态之中，也即总需求函数与总供给函数交点所产生的就业水平。

由此可知，以实际工资衡量的劳动的边际负效用并不决定就业量，不过，在某一个特定的实际工资水平下，可用的劳动供给量却决定了就业量所能达到的**最高水平**。消费倾向和新投资率二者决定了就业量，就业量又和一定的实际工资水平有着独一无二的联系——而不是经由其他的方式。如果消费倾向和新投资率造成了有效需求不足，那么，在当前实际工资下，实际就业量将少于潜有的劳动供给量；同时，均衡的实际工资将大于均衡就业水平下的边际负效用。

这种分析给我们提供了一套关于丰裕之中见贫穷的悖论之解释。这是因为，只要存在有效需求不足，就可能（而且往往会）使就业量在充分就业到达以前即行停止。有效需求不足并不管劳动的边际产品在价值上仍然超过就业的边际负效用这一事实，还是会抑制生产过程。

而且，社会越富足，其实际产量和潜在产量之间的缺口就越大；因此，经济体系的缺陷也就越发明显和令人难以容忍。这是因为，一个贫穷的社会会倾向于把它的产出的大部分用于消费，故而数量非常有限的投资即可带来充分就业；然而，一个富庶的社会，如果想让其中富有者的储蓄倾向与贫困者的就业不相矛盾，将不得不为投资找到充足得多的机会才能带来充分就业。如果在一个潜在的富庶社会中，投资诱力比较弱，那么，尽管存在潜在的财富，有效需求原理的作用也会迫使该社会减少其实际产量，一直减少到不管其潜在财富如何，而令该社会如此地贫穷，以至产量中多于其消费的部分，要减低到正好与这一较弱的投资诱力相适应的地步。

但还有比这更为不幸的事情。在一个富庶的社会里，不仅边际消费倾向[1]更弱，而且由于其资本积累比较厚，除非利率能迅速下降，否则进一步投资的机会也较少吸引力；这就需要我们研究利率理论，并考察为什么利率不会自动下降到适当的水平，这是本书第四编的内容。

从上面看来，对消费倾向的分析，对资本边际效率的定义，以及关于利率的理论，是我们现有知识中的三个缺环，有必要加以填补。当填补工作完成后，我们就会发现，价格理论会回到它的正常位置，成为我们通论的一个分支。不过，我们将发现，在我们的利率理论中，货币发挥着根本的作用；我们将尝试把货币之不同于其他事物的特征，剖析清楚。

III

那种认为我们大可不必去理会总需求函数的想法，是李嘉图经济学的基本观念。我们接受这样的教导已经超过一个世纪之久。马尔萨斯的确曾经强烈地反对过李嘉图关于有效需求不可能不足的学说，却无济于事。这是因为，马尔萨斯未能清楚地解释（只是诉诸日常观察到的事实）有效需求如何，以及为何会不足或过多，所以他没有办法另起炉灶。李嘉图横扫英国，其彻底程度一如宗教裁判所（Holy Inquisition）之征服西班牙。他的理论不仅被商业界接受，还为政治家和学术界所接纳。而且从此争论停息了；另外一种观点彻底消失不见，不再受到讨论。马尔萨斯为之搏斗的那个关于有效需求的巨大迷思，也从经济学文献中消失了。你会发现，在马歇尔、埃奇沃斯和庇古教授的全部著作中，甚至一次也没有提到过它。正是在这些人的手中，古典学派的理论

---

[1] 在本书第十章中加以定义。

方才臻于成熟之境。有效需求这个概念，只能偷偷摸摸地生活在卡尔·马克思、西尔维奥·戈塞尔（Silvio Gesell）[1]或道格拉斯少校（Major Douglas）[2]的地下社会之中。

李嘉图的全面胜利令人讶异，不可理喻。这一定是因为这个学说与它所投射的社会环境极为相得的缘故。我认为，这个学说的结论与未受过经济学教育的普通民众之预期大相径庭，这更增添了它在智识上的威望。这一学说在付诸实践方面非常严苛，接受起来常常甚为艰涩，这反而成就了它。对这一学说加以变化，可以带来含意深广且逻辑自洽的上层建筑，赋予它以瑰美之感。它可以把诸多社会不公和显然的残酷情形，解释为进步过程中无可避免的事件，而且把改变这些事件的企图说成是弊大于利。这又使当权者对它揄扬有加。这个学说为资本家个人的自由经济活动提供了理论上的根据，也引来了当权者背后的社会统治力量对它的支持。

然而，虽然直到晚近，这一学说也并未受到正统经济学家的质疑，但在这一时期它在科学预测目的上的明显失败，还是极大地损害了其践行者的声望。马尔萨斯以降，职业经济学家对于他们的理论结果和所观察到的事实之间的不符，表现得无动于衷，可是这种差异连普通人也能看得明白。这就让人们渐渐地对经济学家不再像对其他科学家群体那般尊敬，因为其他科学家群体的理论结果应用于事实时，要受到观察结果的验证。

传统经济理论那声名远播的**乐观主义**，使人们把经济学家看成了甘

---

[1] 即约翰·西尔维奥·戈塞尔（Johann Silvio Gesell，1862—1930年），德裔阿根廷经济学家、商人。——译者注

[2] 即克利福德·休·道格拉斯少校（Major Clifford Hugh Douglas，1879—1952年），英国工程师、经济学家和社会信用经济改革运动的先驱者。——译者注

迪德（Candides）[1]那样的人物。他们脱离现实世界，转而精心地拾掇自己的花园，并这样教导说：只要听任自然，那么在所有可能世界中最好的那一个里，一切都会呈现出最好的结果。我认为这种乐观主义，追根溯源，也是由于他们忽视了有效需求不足会妨碍经济繁荣的实现。这是因为，一个按照古典学派所假设的方式运行的社会，对资源的最优利用乃是自然趋势。古典理论真正代表的，或许就是我们希望我们的经济体系应该运行的方式。但倘若假设现实的经济体系也这般运行，那就把我们所面临的困难给一并假设掉了。

---

[1] 甘迪德是伏尔泰的短篇小说《老实人》的主人公，这篇小说是伏尔泰哲理性讽刺小说的代表作，作于伏尔泰66岁之时。主人公"老实人"，也就是甘迪德，一直在一种封闭的环境中成长，信奉家庭教师邦葛罗思所宣扬的乐观主义，觉得一切都很好，深信自己所生活的地方是人间天堂。后来，他被逐出家门，从此踏上了独自探索世界的旅程。在漫长的旅途中，他遭遇到了形形色色的天灾人祸与社会弊病，几乎没有经历或见证过一件积极的事情。——译者注

第二编　定义与观念

第四章　单位的选择

I

在本章以及接下来的三章里,我们将努力廓清若干令人困惑的观念,它们对于我们所要特别研究的那些问题,并没有特殊的或独有的关联。因此,这几章在性质上属于题外话,会占用我们探讨本书主旨的一些时间。之所以在这里讨论它们,只是因为在其他地方对它们加以探讨,不符合我自己特定的研究需要。

在写作本书时,最妨害我进展的有三个令人困惑的观念,在我找到它们的答案之前,我无法顺畅地表达我自己。这三个观念分别是:第一,适合于总体经济体系问题的数量单位的选择;第二,预期在经济分析中的作用;第三,关于收入的定义。

II

对于国民所得(national dividend)、实际资本存量和总体物价水平这些概念,经济学家往常使用的单位颇不能令人满意:

(i) 马歇尔和庇古教授所定义的国民所得,[1]衡量的是当期的产出

---

[1] 参阅:庇古,《福利经济学》;尤其是第一编的第三章。

量或实际收入,而不是产出价值或货币收入。[1]而且,从某种意义上来说,它取决于**净**产出,即取决于净增加量,也就是一个社会可用于消费或保留作资本存量的资源,减去当期开始时的实际资本存量在当期的消耗所得到的净增加量。经济学家企图在这个基础上建立一门数量科学(quantitative science)。但是,要实现这样的目的,这个定义有一个严重的缺陷。因为一个社会的商品和服务产出量并不是同质的复合体,严格而言,除去某些特例,它们很难被衡量。除非在若干特殊情况之下,例如,某一产品的所有品类(items)也以同一的比例包含在另一产品中。

(ii) 当我们为了计算净产出而设法衡量资本设备的净增加量时,这个困难更形严重;因为我们须得找到某一基础,从而能就此一时期内所生产的新设备品类和已被消耗的旧设备品类,做一个数量上的比较。为了得出净国民所得,庇古教授[2]把"可以合理地称之为'常规的'"折旧等因素减去;"而常规的实际检验标准,要看资本设备的损耗是否呈现出可被预见的规律性,这种规律只要足够明显即可,并不求其详尽无遗,至少大体上可以判断出来。"但是,由于庇古教授并没有按照货币单位来做这种减法,所以,尽管并没有发生物质上的变化(physical change),他还是假定可能存在着物质数量上的变化(change in physical quantity);也即,他暗中引入了**价值**上的变化。此外,当技术发生变化而使新旧设备不再相同时,他也不能想出任何让人满意的公式,[3]来评

---

[1] 尽管国民所得应该包含一切实际收入,但为了方便起见,这里只包含可以用货币购买的商品和服务。

[2]《福利经济学》,第一编第五章,论"什么是维持资本完整无损"(Capital Intact);他在1935年6月号的《经济学刊》(*Economic Journal*)(第225页)最近一篇文章里进行了修正。

[3] 参见哈耶克教授的批评:《经济期刊》(*Economica*),1935年8月,第247页。

估新设备相对于旧设备的价值。我相信，庇古教授所谋求的概念，对经济分析而言是正确且适当的概念。但是，除非我们采用了令人满意的单位体系，否则，要对它下一个精确的定义就是一个不可能完成的任务。将一个实际产出与另外一个实际产出进行比较，然后从新设备项目抵减旧设备项目的损耗以计算净产出，像这类问题确实都是难解的谜题，我们可以肯定地说，它们是无法解决的。

(iii) 第三，总体物价水平这个概念含混不清，这一点众所周知，而且无可避免，正是由于它的含混不清，使它在用于因果关系的分析上，最不能令人满意，因为做这种因果分析要求该术语的意义应该是精确无误的。

虽然这些困难被正确地认为是"难解的谜题"，但它们是"纯理论上"的困难，因为它们从来不会使经济决策变得复杂，或者从来不会进入到企业的决策中去，而且它们对经济事件的因果次序并没有什么相关性。虽然这些概念在数量上不够明确，但经济事件的因果次序却是清晰而确定的。因此，如果我们得出结论说这些概念不仅缺乏精确性而且也并非必要，那实在是很自然的事。我们所做的数量分析，显然不能采用任何数量模糊的概念来表示。而且，事实上，当人们一开始做这种尝试时，事情就会变得很明显，正如我所希望说明的一样：不用这些数量模糊的概念，人们反而能够做得更好。

两组不可比较的相互混杂事物的复合体，其本身并不能为数量分析提供所需要的材料。但这一事实，自然不会妨碍我们去做近似的统计比较，这种比较有赖于某种宽泛的判断，而非依仗严格的计算。在一定的限度内，这些统计比较可能是重要的和有效的。但像实际净产出和总体物价水平这类事物，最好还是置于历史性和统计性的叙述范围之内，它们的目的应该是满足历史的或社会的好奇心。为了这种目的，百分之百地精确——像我们的因果分析所需要的那种精确度,无论我们关于相关数量实际值的知识是否完全或精确——既不常见,也没有必要。当我们称,今天的净产出大于十年前或一年前,但物价水平低于十年前或一年前时,这与我们说维多利亚女王是一个比伊丽莎白女王更好的女王,但却不比她更幸福一样,在性质上是类似的。当然,后一个命题也有意义,并不是没人感兴趣,但对于微分学来说,却不是合适的材料。如果我们试图把这类模糊而不能以数量表示的概念作为定量分析的基础,那么,我们所说的这种精确性就会是一种虚假的精确性。

III

让我们记住,在**每一个**特定的场合,一名企业家关心的总是在既定资本设备条件下生产规模的决策问题;当我们说,预期需求增加(即总需求函数提高)会导致总产出增加时,我们实际上是在说,那些拥有资本设备的企业会被诱使着雇佣更大的总劳动就业量。在生产同质产品的个别企业或行业情况里,如果我们愿意,我们有理由说产出是增加了或是减少了。但是,当我们在加总所有企业的生产活动时,除非根据用在一定设备上的就业量来表示之外,我们就不能精确地说出产出量的增减来。在这种情况下,总体产出及其物价水平这些概念并不需要,因为我们不需要对当前总产出给出绝对的度量,以便我们能够比较当前的总产出量和不同资本设备、不同就业量下的总产出量。但当我们为了叙述和粗略比较的目的,希望论及产出的增加量时,我们必须依赖这样的假定:与一定的资本设备相结合的就业量,可以作为测度由此所产生的产出量的一个令人满意的指数,我们可以假定就业量与生产量二者同时增加和减少,虽然不会以确定的比例同时增加和减少。

因此,在讨论就业理论上,我建议只使用两个基本的数量单位,即货币价值量和就业量。前一个严格同质，后一个可以使之变成同质。这是因为，不同等级和种类的劳动者以及领薪水的办事人员在报酬上多少是相对稳定的。如果我们把普通劳动者一小时的就业作为单位，根据特定劳动者报酬的比例对其一小时的就业进行加权；也即，特定劳动者一小时的报酬是普通劳动者一小时报酬的两倍，那就记为两个单位；这样，就我们的目的来说，就业量就可以得到足够清楚的界定。我们把衡量就业量的这个单位称为劳动单位（labour-unit），把每一劳动单位的货币工资称为工资单位（wage-unit）。[1] 因此，如果 E 是工资（或薪资）总额，W 是工资单位，N 是就业量，那么就有：$E = N \cdot W$。

个别工人的特定技能以及对不同岗位的适合度差别很大，这一显然的事实，不会推翻劳动供给同质性的假设。因为，如果工人的报酬与其效率成比例，那么这类差异问题，就可以依照我们所说的按各个工人所得报酬的比例计算出他们对劳动供给的贡献，从而得到解决。同时，随着产量的增加，如果某一企业因生产增加而必须增加雇佣劳动，而该项劳动对该企业的特定目的而言，又会随着他所付出的每一工资单位而表现得越来越没有效率，那么，这也只是在给定的用产出计算的资本设备条件下，随着劳动者被雇佣得越多而造成报酬递减的多种因素之一。在这里，可以这样说，我们把同等报酬的劳动单位在质上的差别归因到了资本设备上去，也就是我们认为，随着产量的增加，是资本设备越来越不适用于所增加雇佣的劳动单位，而不是可用的劳动单位越来越不适用于所使用的同质的资本设备。因此，如果专业化劳动者或熟练工人并无过剩，而且使用不太合用的劳动者势将提高单位产出的劳动成本，那

---

[1] 如果 X 代表任何用货币表示的数量，那么，把用工资单位进行衡量的同样的数量写作 X_w 通常会更加方便。

么，这就表示随就业量的增加而发生的资本设备的报酬递减，其递减速率远快于有过剩的专业化劳动者或者熟练工人时的报酬递减速率。[1]即使在极端的场合下，不同劳动单位的专业化高到如此的程度，以至于它们彼此之间完全不能相互替代，也不会有什么难以解释的地方。因为，这只是意味着，使用一种特别类型的资本设备所制造的产品之供给弹性，在适合于生产它的全部专业化劳动者都已经得到雇佣时，会突然下降到零。[2]因此，除非不同劳动单位的相对报酬十分稳定，否则，我们

[1] 这就是为什么产品的供给价格会随着需求增加而上升的主要原因；即使是有剩余设备存在，而且这些设备与目前使用中的设备完全相同，也仍会上升。如果我们现在假设，剩余的劳动供给形成了一个供应库，所有企业都可以同样利用这个供应库，同时，用于一定目的的劳动，至少有一部分是按照每一单位努力计酬，而非严格按照它在某一特殊实际工作上所表现的效率计酬（这些假设条件在大多数场合都是合乎现实的），那么，所雇佣的劳动者的效率递减现象，就成为供给价格随生产增加而增加（并非由于内部的不经济而增加）的一个突出的例证。

[2] 普通意义上的供给曲线是如何被认定用来处理上述困难的，我是讲不出来，因为使用这一曲线的人没有把他们的假设表述清楚。他们可能在假设，为某一既定目而被雇佣的劳动者总是严格地按照基于该目的的效率而支付报酬。但这不符合现实。或许，把劳动者效率的不同归之于资本设备的主要原因，在于这样的事实：由于产出增加，由此所导致的剩余产品的增加，主要由设备的所有者获得，并不是给予那些效率最高的劳动者（虽然这些劳动者可以从更经常的雇佣和较快的提拔中得到好处）；也就是说，做同一工作而效率不同的人很少严格地根据各自的效率而得到报酬。然而，即便根据劳动者的效率给付工资，我的方法也可以把这一事实考虑在内，因为在计算被雇佣的劳动单位数量时，基于个体工人的报酬比例对他们进行了加权。在我的假设之下，在我们处理具体的供给曲线时，很显然会出现一些饶有兴味的复杂性，因为这种供给曲线的形态取决于所适用的劳动者在其他方面受到的需求。正如我已经说过的那样，忽略这些复杂性是不符合现实的。但是，在我们讨论总就业量时，如果我们假设，某一给定量的有效需求乃是由不同产品的特定比率所构成，那么，我们就没有必要去考虑那些复杂性。不过，若是不考虑需求变化的具体原因，那么这个假设就不一定成立。例如，等量有效需求的增加，可以来自消费倾向的提高，也可以来自投资诱力的增强。这两者所面临的总供给函数或许会有所不同。然而，所有这些都属于这里提出的一般思想的详尽分析，但它们还不是我这里马上要进行探究的那部分内容。

的劳动单位同质性假设不会出现什么问题；即便出现了什么问题，也可以通过假定劳动者的供给以及总供给函数的形状均会迅速改变而加以处理。

我深信，当我们论及整个经济体系的运行时，如果把自己严格地限制在货币和劳动这两个单位上，那么，许多不必要的复杂性就可以得到避免。而当我们单独地分析个体企业或行业的产出时，则可以保留使用特定产出和资本设备的使用单位。当我们打算进行某种历史比较时，我们才去使用诸如总产量、总资本设备量以及一般物价水平等这类模糊不清的概念。历史的比较只要在一定的限度（可能会相当宽广）内即可，显然不需要非常精确，只要大概接近就可以了。

基于以上所述，我们将采用现有资本设备条件下的受雇人数（不论是用于生产消费品，还是用于生产新的资本设备）来衡量当期产出的变化，而熟练工人则根据他们的报酬比例进行加权。我们无需把这个产出与由另外一组工人和资本设备所生产的产出进行数量上的比较。要想预测拥有给定资本设备的企业家会如何应对总需求函数的移动，我们用不着知道，较之于另一个不同历史时期和不同国家，应对后的产出量、生活标准以及总体物价水平有什么不一样。

IV

我们可以很容易表明，供给方面的情况（通常是以供给曲线来表示）以及供给弹性（表明产出量和价格之间的关系）都可以利用我们所选定的两种单位借总供给函数来加以处理，用不着考虑产出量，也不论我们所讨论的是某一特殊企业或行业，或总体经济活动。因为对于某个既定的企业（或者某个既定的行业或总体产业），总供给函数由下式给出：

$$Z_r = \phi_r(N_r)$$

其中 Z_r 是预期销售收入(不包括使用者成本),它会诱导出一个就业水平 N_r。因此,如果就业量和产出量的关系是:就业量 N_r 可以确定产出量 O_r,其中 $O_r = \psi_r(N_r)$,那么,由此就可以推出:

$$p = \frac{Z_r + U_r(N_r)}{O_r} = \frac{\phi_r(N_r) + U_r(N_r)}{\psi_r(N_r)}$$

这就是那条普通的供给曲线,其中 $U_r(N_r)$ 是相应于就业水平 N_r 的(预期)使用者成本。

因此,在每一种同质性商品情况下,$O_r = \psi_r(N_r)$ 具有确切的含义,此时我们可以用普通的方式来估计 $Z_r = \phi_r(N_r)$ 的数值;但我们却不能以加总 N_r 数值的方式来加总 O_r 的数值。而且,如果我们可以假设在一定的环境下,某个给定的总就业量将在不同行业上按照唯一的方式进行分配,从而使 N_r 是 N 的函数,则问题就可能更进一步加以简化。

第五章　预期在决定产出量和就业量上的作用

I

所有的生产，其目的都是为了最终满足某个消费者。然而，从生产者（以这个消费者为对象）付出成本到这个最终消费者购买他的产品之间，通常要经过一段时间——有时候还是很长一段时间。在这期间，企业家（既包括生产者，也包括这里讲的投资者）必须尽其所能形成最佳预期[1]，看消费者在他经过相当长的时间之后准备（直接或间接地）提供产品给他们时，打算为此支付什么价格；如果他果然从事这种耗用时间的生产，那他就别无选择，而只能以这些预期作为指导。

企业决策所依赖的这些预期，可分为两类：某些个人或企业专心擘画第一类预期，而其他个人或企业则专心擘画第二类预期。第一类预期是关于价格的，关注的是制造商在决定开始生产时，预期从他的"制成"品中可以获得什么价格。产品之所谓"制成"，从制造商角度讲，是指已经可资使用或可出售给另一方的产品。第二类预期是关于未来收益的，所关注的是，若企业家（或制造者）购买"制成"品作为增加的资本

---

[1] 关于以销售收入来求得这些预期的等值的办法，可以参看前（原）文第 24 页的脚注 3。

设备，他期望多少未来收益。我们可以把前者称为**短期预期**（short-term expectation），把后者称为**长期预期**（long-term expectation）。

这样，任一单个企业对于它每天[1]产出的决定，将取决于它的**短期预期**——对各种可能规模下产出的成本和销售收入的预期；不过在增加资本设备或销售产品给分销商的情况下，短期预期在很大程度上也取决于其他各方的长期[或中期（medium-term）]预期。企业提供的就业量正取决于这些不同的预期。至于**实际所实现的**产品生产和销售的结果，只有在它们能改变以后的预期时，才与就业量相关。另一方面，起初的预期虽然使企业形成了现有的资本设备，拥有了一批中间产品和半成品存货，并且当时企业家根据这些作出了第二天的产出决定，但它也还是与第二天生产时的就业量无关。因此，在每一次决策时，虽然企业家考虑了资本设备和存货，但**现时**的预期还是根据对**未来**成本和销售收入的预期而作出的。

一般来说，预期的变化（无论是短期还是长期）只有经过相当长的时期才能对就业量发挥其全部影响。由于预期的变化而导致的就业量变化，在预期改变后的第二天与第一天不同，在预期改变的第三天又与第二天不同，如此等等，所以即使预期没有进一步的改变也是如此。因为在短期预期情况下，预期的变化一般来说不会如此剧烈或快速，以至于预期前景向坏时就放弃全部生产过程，根据修正后的预期，认为当初开始这些生产过程就是个错误。当预期前景向好时，预期的修正较快，那么就业量需要一段准备时间，才会达到所看好的预期水平。在长期预期情况下，当长期预期前景向坏时，资本设备将不再更新，只是持续维持

---

[1] 这里的每天，代表的是最短的时间间隔，在这个间隔时间内，企业可以自由地修改其关于提供多少就业量的决策。可以这样说，它是经济时间的最小有效单位。

就业量,直到资本设备耗损殆尽;当长期预期前景向好时,就业水平一开始可能更高,高于调整资本设备与新情况相适应后的水平。

如果我们假定一种预期状态持续时间足够长,以致对就业的影响发挥得淋漓尽致,使得全部就业量均是根据维持不变的预期而产生,那么,此时所达至的稳定的就业水平,就可以称为相应于该预期状态的长期就业量。[1]由此可知,虽然预期可以经常改变,以致实际就业水平从来没有足够的时间达至与当前预期状态相应的长期就业水平,但是,每一种预期状态都有明确相应于该状态的长期就业水平。

首先,让我们来考虑,由于预期方面的改变,就业量怎样转变到长期水平的过程,当然,预期方面不会再发生任何变动来混淆或干扰这一过程。我们将首先假定,这种预期的改变,将足以使新的长期就业量大于旧的长期就业量。一开始的时候,大体上只有投入率会受到较大的影响,换句话说,只有新生产过程的更早期阶段上的工作量会受到较大的影响,而消费品的产出量以及预期改变以前开始的生产过程晚期阶段上的就业量,将会与以前一样。如果有半制成品存货存在的话,这个结论可能要做些修改;不过,一开始的时候就业量的增加会比较温和,这倒很可能是真的。然而,随着日子一天一天过去,就业量会逐渐增加。此外,我们不难想象这样的条件,在某些情形下,这些条件可以使就业量增加到比新的长期就业量**还要高**的水平上来。这是因为,建造资本以满足新预期状态的过程会带来比长期状态更多的就业量和更大的当期消费量。因此,预期的变化会使就业水平逐步上升,到了峰值之后再下降到新的长期水平。即便新的长期水平与旧的长期水平一样,即便这个变化

---

[1] 长期就业水平并不必然是一个常数,也即长期条件并不必然是静态的。例如,财富或人口的稳定增长可以构成不变预期的一部分。预期不变的唯一条件是当前预期本应预见得足够长远。

代表着消费风向的改变,这种改变使某些当前的生产过程和它们的资本设备过时,同样的事情也可能还是会发生。又或者,如果新的长期就业量小于旧的长期就业量,那么,在转变时期,就业水平可能会暂时下降到**低于**新的长期水平所将达到的水平。因此,仅仅预期的变化就能在其自身发生作用的过程中,产生类似经济循环运动形状的振荡。这种运动正是我在我的《货币论》一书中,就情况的改变对营运资本和流动资本的购置与消耗产生的影响所讨论过的那种运动。

上述那种不间断地转变到新的长期稳定状态的过程,其细节可能非常复杂。但真正的事态发展过程还要复杂得多。这是因为预期状态变动不居,在以前的变化充分发挥作用之前,新的预期又会加诸其上;于是在任何既定的时间内,经济机器都充满着许多相互交叠的经济活动,这些经济活动的存在,乃是过去各种预期状态共同作用的结果。

II

上面的讨论让我们认识到这种讨论对目前主题的重要性。根据上述讨论,我们可以很清楚地看到,任何时刻的就业水平,在一定意义上不仅取决于当前的预期状态,而且还取决于在过去一段时期曾经发生的那些预期状态。虽然如此,过去尚未充分发挥其作用的预期却体现在今天的资本设备中,参考今天的资本设备,企业家又作出了今天的决策。在这里,过去的预期只是在它体现在今天的资本设备的限度之内,才影响企业家的决策。因此,由此可知,无论上述影响如何,今天的就业量都可以被正确地认为是取决于根据今天的资本设备而作出的今天的决策的。

我们很难避免明确地参考当期的长期预期。但鉴于在现实中修改短期预期的过程是一个逐渐的和连续的过程,而且还都是依据所实现的结果而作出这类预期的,所以对于明确参考**短期**预期避而不提,通常不致发生什么毛病;因此,所预期的和已经实现的结果交叠在一起发挥着影响,彼此冲突。这是因为,虽然产出和就业是生产者的短期预期而非过去的结果所决定,但大部分的最近期的结果通常在决定这些预期的内容上发挥着主要的作用。如果每当生产过程开始时就去**重新**厘定预期,则未免过于复杂,而且从第一天到第二天,情况通常不会发生太大的变化,总是改变预期也浪费时间。所以,除非有确定的理由预期到未来将有变化,否则,企业家按照最近期实现的结果能继续下去这个假设条件来形成预期,就是合理的。因此,在实践中,在最近期所实现的产出的销售收入与那些预期从当期投入中所得到的销售收入之间,存在着很大的重叠;根据结果而不是对未来变化的预期,生产者的预测会更经常地逐渐受到修正。[1]

虽然如此,我们还是必须牢记:在耐用品的情况下,生产者的短期预期乃是基于投资者当前的长期预期而形成的;而依照长期预期的本性,它是不能根据在短期内已经实现的结果来对这些长期预期时时加以校正的。不只如此,正如我们将在第十二章中所看到的那样,长期预期可能会突然受到修正。第十二章会对长期预期进行更为详尽的讨论。因此,对当前长期预期这个因素,我们不能不问,也不能以已经实现了的结果来代替。

---

[1] 我想,这种强调生产者在决定生产时所抱持的预期的重要性,和霍特里先生(Mr Hawtrey)的观点是一致的:他认为投入量与就业量在价格发生下降之前,或在发生预期所未见及的损失因而对生产产生失望心情之前,乃是受当时存货的累积所影响。这是因为,没有卖掉的存货的累积(或者订单的减少),恰恰是最可能影响投入量的一种情况——如果前期生产所获得的销售收入数据,能够不经更改而仍然延伸到下一期,则投入量不致和前一期的有所不同。

第六章　收入、储蓄和投资的定义

I. 收　入

在任何一段时间内，企业家总要把他的制成品出售给消费者或其他企业家，从而得到一定数额的货款，我们用 A 来表示。他还要花费其中的一定数额，用于从其他企业家处购买制成品，这个数额我们用 A_1 表示。一个时期结束，他最终会拥有一项资本设备，价值为 G。这项资本设备还包括他的半制成品存货或营运资本，以及制成品存货。

不过，在 $A+G-A_1$ 中，有一部分并不来自这一期的经济活动，而是来自企业家在这一期开始时所拥有的资本设备。因此，为了得出我们所谓的当期的收入，我们必须从 $A+G-A_1$ 中减去某个数额，以代表从上期继承下来的设备（在某种意义上）所做贡献的那部分价值。一旦我们找到了一个令人满意的方法来计算这笔本来应该减去的数额，那么，收入的定义问题也就迎刃而解。

计算这个应该减去的数额，有两个可能的重要原则，其中一个与生产相联，另一个与消费相联。且让我们依次进行讨论。

(i) 在这一时期结束时该项资本设备的实际价值 G，是企业家所得到的一个净值。一方面，在这一时期，企业家要对该资本设备进行维护和修缮，这些服务既要向其他企业家购买，又要凭靠自身的工作；另一方面，通过使用该资本设备生产产品而使之损耗殆尽或全部折旧，这两个方面为企业家带来了那个净的结果。即使他决定**不用**资本设备来生产产出，他还是需要支出一个适宜的款项来维护和改进它。我们假设企业家会花费 B' 用于维护和改进设备，而且还假设资本在该期期末的价值为 G'，也就是说，$G' - B'$ 是企业没有把资本设备用于生产 A 时，可以从前一期那里继承下来的最大的净价值。这一净价值超过 $G - A_1$ 的部分便是因生产 A 而消耗掉的价值，即：

$$(G' - B') - (G - A_1)$$

它衡量的是因生产 A 而消耗掉的价值，也就是 A 的**使用者成本**。使用者成本写作 U。[1] 企业家付给其他生产要素作为其服务报酬的款项，被称为 A 的**要素成本**，从这些要素的角度来看，要素成本就是它们的收入。要素成本 F 和使用者成本 U 之和，我们称其为产出 A 的**直接成本**（prime cost）。

这样，我们就可以给企业家的**收入**[2]下个定义，即企业家本期制成品售卖的价值超过直接成本的价值。换言之，企业家的收入等于这样一个数量，这个数量取决于生产规模，企业家努力使它最大化，或者说，这个数量就是通常意义上的毛利润；——这与常识一致。因此，由于社会其他人的收入与企业家的要素成本相等，所以总收入就等于 $A - U$。

这般定义的收入，其数量至为明确。此外，当企业家决定为其他生产要素提供某个就业量时，他努力使之最大化的，正是他的收入超过他支付给其他生产要素的那个数量，所以这个数量对就业量具有着因果上的重要性。

---

[1] 本章附录对使用者成本有一些进一步的考察。

[2] 这里的收入要与下面将予以定义的净收入（net income）相区别。

当然，可以想见，$(G-A_1)$ 可以大于 $(G'-B')$，从而使用者成本是一个负值。例如，如果我们碰巧这样选择我们的时期：在这个时期，投入一直在增加，而增加的生产尚未达到制成和销售的阶段，此时就很可能会出现使用者成本为负的情况。如果我们设想行业一体化程度非常之高，以至于企业家可以为他们自己制造大部分设备，那么只要投资为正，使用者成本也将会是负值。不过，由于当企业家通过其自身的劳动而增加了他的资本设备时，使用者成本只会出现负值，所以在资本设备大多是由不同企业制造的经济体中，使用者成本为正应当是一种常态。

此外，很难设想这样的情形：随 A 增加的边际使用者成本——即 $\dfrac{\mathrm{d}U}{\mathrm{d}A}$——竟然会不是正数。

在这里，为顾及本章后面部分的讨论，我们不妨在此事先略为提及一些概念：就整个社会来说，本期的总**消费**（C）等于 $\sum(A-A_1)$，总**投资**（I）等于 $\sum(A_1-U)$。而且某位企业家除了向别的企业家购买之外，单就企业家自己制造的设备而言，U 是个别企业家的负投资（$-U$ 是他的正投资）。因此，在一个完全一体化的经济体系里（其中 $A_1 = 0$），消费等于 A，投资等于 $-U$，亦即等于 $G-(G'-B')$。由于引入了 A_1，上述情况稍显复杂，这只是为了对非一体化的经济体系提供一个一般性的方法。

更进一步说，所谓**有效需求**，只是企业家从他决定提供的就业量那里所预期得到的总收入（收益），其中包括他将支付给其他生产要素的报酬。总需求函数把各种假想的就业量与在该就业量下的产出所能期望获得的收益联系在一起；有效需求是总需求函数上的一个点，该点对应的需求之所以是有效的，是因为如果把总供给的情况考虑在内，则这一点对应的是使企业家的预期利润最大化的就业水平。

这一套定义还有一个优点：我们能够使边际收益（或收入）与边际要素成本相等，且由此出发所得到的有关边际收益与边际要素成本之间关系的一系列命题，会与有些经济学家们所提出的相同；这些经济学家忽略了使用者成本，或者假定它为零，使供给价格[1]等于边际要素成本。[2]

（ii）接下来，我们转过来看上面所谈到的第二个原则。到目前为止，我们所讨论的，是本期期末资本设备的价值较之于期初价值的差额；之所以出现差额，乃是因为它是企业家追求利润最大化而自愿决策的结果。此外，还存在着资本设备价值的非自愿损失（或得益），也即由于企业家本人所控制的因素之外且与他当前决策无关的原因，如市场价值的变化、折旧或仅由时间的消逝所造成的损耗，或者战争和地震灾害的破坏等，所导致的资本设备价值的损失或得益。当然，这些非自愿损失的某些部分虽然无可避免，但一般来说却并非完全出乎预料；譬如不论使用与否都会由于时间消逝而造成的损失，还有"正常的"老化。正如庇古教授所说，这种老化"来得非常有规律，足可预见，所以即便不能做到巨细无遗，至少也可以窥其大概"。此外，我们还可以加上那些

---

[1] 我认为，如果忽略了对使用者成本的定义问题，那么，供给价格就是一个定义得不够完全的术语。在本章附录里，这个问题还会受到进一步的讨论，在那里，我认为，虽然在供给价格中不予考虑使用者成本有时候在总供给价格的情况里也是合适的，但这样做对于个体企业的单位产品的供给价格问题却不合宜。

[2] 例如，我们取 $Z_w = \phi(N)$ 或取另外一种形式 $Z = W \cdot \phi(N)$ 作为总供给函数（其中 W 是工资单位，而 $W \cdot Z_w = Z$）。那么，由于边际产品的收益等于该总供给曲线上每一点的边际要素成本，所以，我们有：

$$\Delta N = \Delta A_w - \Delta U_w = \Delta Z_w = \Delta \phi(N)$$

也就是说，$\phi'(N) = 1$；条件是：要素成本与工资成本维持一个不变的比例，而且每个企业的总供给函数（企业的数目假定是不变的）均与其他行业中所雇佣的人员数量无关，以致对于每个企业家都成立的上述等式中的各项可以加总起来表示企业家总体的情况。这意味着，如果工资不变，其他要素成本与工资支出保持着一个不变的比例，那么，总供给函数就是线性的，其斜率等于货币工资率的倒数。

对整个社会来说非常有规律的损失,它们一般可以被视为"可保风险"(insurable risks)。让我们暂时忽略这样的事实——预期损失的大小取决于预期形成的时点,而把非自愿的但并非不可预料的资本设备的折旧,即预期的折旧超过使用者成本的部分,称为**补充成本**(supplementary cost),写作 V。也许,我们没有必要强调,这个定义与马歇尔对补充成本的定义并不一样,虽然两者的基本思想类似,即都表示不进入直接成本的那部分预期折旧。

因此,在计算企业家的**净收入**和**净利润**时,通常把补充成本的估计值从上面所定义的收入和毛利润中刨去。这是因为,当企业家考虑他能任意作出的花费和储蓄时,补充成本对他的影响同把补充成本从他的毛利润中刨去的影响,在心理上几乎是一样的。作为一名**生产者**,当企业家决定是否利用资本设备时,上述定义的直接成本和毛利润都是重要的概念,但作为一名消费者,补充成本在企业家心目中的地位,就如同补充成本是他的直接成本的一部分一样。因此,如果我们在给**净**收入下定义时减去补充成本和使用者成本,从而使总**净收入**等于 $A-U-V$,那么,我们就将不仅最接近于一般的用法,而且还可以得到一个与消费的数量相关的概念。

由于未预见到的市场价值变化、例外情况的设备老化或灾害造成的破坏而带来的资本设备价值的变化,既非自愿,而且从一般的意义上说,也不可预见,故而我们对这样的变化仍然不加处理。列在这项名目下的实际损失,即便是在计算净收入和列入资本账户时,我们也将其忽视。我们不妨把这一损失称为**意外损失**(windfall loss)。

净收入在**因果**上的重要性,在于 V 的大小对当期消费量的心理影响。因为**净收入**是我们假定一个普通人在其决定花费多少用于当期消费时所要计算的可得收入。当然,这不是在他决定花费多少时所唯一考虑的因素——例如，资本账户上所得到的意外得益或意外损失，也会造成相当的差别——但补充成本和意外损失有一点不同，那就是：补充成本的变化对一个人的影响，与毛利润的变化对他的影响在方式上正好相同。与企业家的消费有关的，是当期产出的收益超过直接成本和补充成本之和的部分；而意外损失（或得益）虽然也进入了他的决策之内，但程度却有差异——一个给定的意外损失量与等量的补充成本在效果上并不相同。

不过，我们现在必须回过头来，讲一讲补充成本与意外损失之间的区别，即那些不可避免的、被我们认为应该计入收入账户的借方损失，同那些被认为是能够合理地进入资本账户的意外损失（或得益）之间的区别，这一区别部分地源自习俗或心理上的原因，依赖于一般人所接受的估计补充成本的准则。这是因为，为补充成本确立一个唯一的原则是无法做到的，补充成本的大小取决于我们对会计方法的选择。当设备最初被制造出来的时候，补充成本的预期值是一个具体的量。但如果它在以后又被重行估计，那么在设备寿命剩余期间的补充成本数值，可能会因我们预期的改变而有所不同；而资本设备的意外损失，则是原来预期的 $U+V$ 与未来一系列预期修正后的 $U+V$ 之差额的折现值。它是一个被英国国内税务署当局认同且被广泛承认的商业会计原则。这一原则是，当购置资本设备后，补充成本和使用者成本之和就确立了一个数值；这个数值在资本设备的存续期内保持不变，而不管这一期间预期如何变化。在这种情况下，任何时期的补充成本都势必被看作事先规定的这个数值超过实际使用者成本的部分。这种办法的优点在于，它能确保在整个资本设备存续期间的意外得益和损失都为零。但在某些情况下，在任一会计期间，比如一年，根据当前预期重新估计补充成本，也是合理的做法。工商界人士事实上到底采取哪种办法，倒是因人而异。我们可以把最初购置时对补充成本所做的原始预期值称为**基本补充成本**(basic supplementary cost),而把根据当前价值和当前预期对同一数量重行计算所得到的结果,叫作**当前补充成本**(current supplementary cost)。

由此可知,我们无法得到一个关于补充成本的更加精确的数量定义,这种成本包括代表性企业家在计算他所估算的**净**收入时从收入中减去的各种项目,以便根据净收入宣布股息的多少(如果是企业的话),或者决定其当前消费的大小(如果是个人的话)。由于必须考虑计入资本账户的意外损失或得益,所以对是否应该包括在补充成本之内存疑的项目,最好把它放在资本账户名下,从而使补充成本只包含那些明显属于它的项目。这是因为,不论放入资本账户的项目有多少,均可以通过改变该项目对当前消费率的影响而加以矫正。

可以看到,我们对**净收入**的定义,与马歇尔对**收入**的定义非常接近。在马歇尔确定收入定义时,他援引了所得税税务司的惯例,并——大体而言——把该税务司根据经验而核定的收入当作自己所认可的收入。这是因为,税务司在这方面所做的核定,乃是经过最详尽、最广泛的考察所可能得到的结果,可以用来解释什么才是通常所称的净收入。我们的定义也与庇古教授最近定义的国民所得的货币价值相符。[1]

不过,由于净收入这个概念建立在一项两可的标准之上,其解释因人而异,所以净收入的概念依然不够清晰。例如,哈耶克教授曾指出,一个拥有资本品的个人所有者,其目的可能是要使他从资本品中所得的收入维持不变,因此,在他的投资收入——不论由于何种原因——出现下降趋势之前,他都不会认为可以随意地把收入花费在消费上,除非他所

---

[1] 《经济学刊》(*Economic Journal*),1935 年 5 月号,第 235 页。

节省下来的收入已经足以抵消这种下降的趋势。[1] 我很怀疑这样的人在现实生活中是否存在，但显然我也无法从理论上提出什么异议，来反对把这样一种节省作为净收入之一种可能的心理标准。然而，当哈耶克教授据此认为储蓄和投资的概念也受到相应的含糊不清所困扰时，则只有他所指的是**净储蓄**和**净投资**时才是对的。这种**储蓄**和**投资**，与就业理论有关；正如上文所述，它们并没有模糊不清的缺陷，而是能够得到客观定义的。

因此，把全部注意力都放在**净收入**上面，而（像过去通常所做的那样）忽视真正的**收入**概念，是不对的。净收入只与消费决策相关，且与影响消费的其他各种因素不容易划清界限。而收入则与当期生产有关，它的含义就非常清楚明了。

上述对收入和净收入的定义，旨在尽可能地接近日常用语。因此，有必要马上提醒读者：在拙著《货币论》中，我是在一种特殊的意义上定义收入的；这个定义的特殊性在于，它与总收入中属于企业家的那部分相关联。我在为这一部分下定义的时候，既没有采取企业家从现有经营中实现的利润（不论是毛利润还是净利润），也没有采取他在决定从事现有经营时所预期的利润，而是采取某种意义上的正常利润或均衡利润（我现在想，如果我们允许产出规模有可能改变，那么这种正常利润或均衡利润也不能得到充分的定义）。按照这个定义所得到的结果是，储蓄超过投资的部分就是正常利润超过实际利润的部分。我担心这个术语的使用已经造成了相当的混乱，尤其是在与储蓄相关的使用上，更加如此。使用这样的定义所得到的结论（特别是关系到储蓄超过投资的那部

---

[1]《资本的维护》，载《经济期刊》(*Economica*)，1935年8月号，第241页及以后。

分),只有按照我所谓的特殊意义对这些术语进行解释,才能成立。然而,这些结论过去经常在一般的讨论中得到采用,就好像这些被使用的名词是在它们最为熟知的意义上被采用一样。鉴于这一原因,而且由于我已无需使用我过去的术语来精确表达我的思想,我决定放弃这些术语——并为它们引起的混乱深表歉意。

II. 储蓄与投资

在术语的不同用法引起的混乱中,最好能发现一个固定点作为统一的标准。据我所知,每个人都认同的是,**储蓄**意即收入超过消费支出的部分。因此,任何对**储蓄**意义之怀疑,必然都来自对**收入**或**消费**的意义之怀疑。**收入**一如上述的定义。而任何时期的消费支出,都一定是该时期内出售给消费者的商品之价值,这就把我们拉回到什么是消费者-购买者(consumer-purchasers)上来。任何对消费者-购买者以及投资者-购买者(investor-purchasers)的合理定义,对我们都同样适用,只要这些定义的运用前后一致即可。现有的这些问题,比如是否应该把购买汽车的行为列入消费者的购买,或者是否应该把购买房屋的行为列入投资者的购买,都曾经常得到过讨论,而对于这种讨论,我无从置喙。但区分的标准,**显然一定要与我们划分消费者和企业家的分界线相符合**。这样,当我们把 A_1 作为一个企业家向另一个企业家购买的产品价值时,我们就已经潜隐地解决了这个问题。由此可见,消费支出可以被清楚地定义为 $\sum(A - A_1)$,其中 $\sum A$ 是该时期的总销售收入,$\sum A_1$ 是一个企业家出售给另一个企业家的总销售收入。作为通则,在后面的行文中,为求方便我们一律省去 $\sum$ 符号,并用 A 来代表该时期的总体销售收入,A_1 表示一个企业家出售给另一个企业家的总体销售收入,U 表示这些企业家的总体使用者成本。

现在，我们已经定义了**收入**和**消费**，这自然也就给出了**储蓄**的定义，所谓储蓄，就是收入超过消费的部分。由于收入等于 $A - U$，消费等于 $A - A_1$，由此可知，储蓄等于 $A_1 - U$。同样，我们也就有了**净储蓄**的定义，它就是**净收入**超过消费的部分，等于 $A_1 - U - V$。

我们对收入的定义，又马上让我们可以得到**当前投资**（current investment）这个定义。这是因为，当前投资必然是指对资本设备的当前增加量，这是从该时期生产性活动中得来的。很清楚，这等于我们刚才所定义的储蓄。原因在于，它是该期收入中没有进入消费的部分。从上文可知，在任何一个时期的生产结束时，企业家已经出售了生产出来的价值为 A 的制成品；考虑到企业家之间相互购买的 A_1，为了生产和销售 A 而造成的资本设备的耗损由 U 来表示（如果是改进，就用 $-U$ 表示，此时 U 为负值）。在这同一时期，制成品中价值为 $A - A_1$ 的部分被用在消费上。$A - U$ 超过 $A - A_1$ 的部分，即 $A_1 - U$，是由于该时期生产活动所造成的资本设备的增加，也就是这一时期的**投资**。类似地，在考虑到资本设备即使不使用也会遭受资本设备价值上的正常耗损，以及在不计入资本账户的意外损失或得益的情况下，$A_1 - U - V$ 就是对资本设备的净增加量，也即此一时期的**净投资**。

因此，尽管储蓄量是各个消费者的集体行为的结果，而投资量是各个企业家的集体行为的结果，但这两个量必然相等，因为其中的每一个都等于收入超过支出的部分。而且这个结论完全不取决于上述收入定义的任何微妙或特殊之处。只要认同收入等于当前产出的价值，当前投资等于当前产出中不被消费的那部分价值，储蓄等于收入超过消费的部分——所有这一切都合乎常识以及大多数经济学家们的传统做派——那么，储蓄与投资相等必然由之得来。总之：

$$\text{收入} = \text{产出价值} = \text{消费} + \text{投资}$$

$$\text{储蓄} = \text{收入} - \text{消费}$$

因此，

$$\text{储蓄} = \text{投资}$$

这样，**任何**一套定义，只要满足上述条件，就可以得出相同的结论。只有否定其中一个条件的效力，才能否定这个结论。

  储蓄量和投资量之间的相等关系，源于交易的**双向**性质：这些交易的一方是生产者，另一方是消费者或资本设备的购买者。收入是由生产者出售其产品所得到的价值超过使用者成本的部分创造的。但这一产出的总量显然是出售给了消费者或出售给了另外的企业家，而每一位企业家的当前投资则等于他向其他企业家购买的资本设备超过他自己的使用者成本的部分。因此，从总量上看，收入超过储蓄的部分，不可能与资本设备的增加部分，也即与我们所谓的投资部分有差异。对于净储蓄和净投资，情况相类。事实上，储蓄只是一个剩余数。消费决策和投资决策一起决定了收入。假设投资决策成为现实，企业家们必定因此减少消费或扩大收入。这样，投资行为本身就不可能不使这个我们所谓储蓄的剩余额或差额发生相应的增加。

  当然，情况可能是这样的：人们在决定他们自身分别储蓄多少和投资多少时，可能情绪并不正常，以致没有一个让交易得以发生的价格均衡点。在这种情况下，我们的术语将不再适用，因为产品不再具有确定的市场价值，价格在零到无穷大之间也找不到任何静止点。不过经验表明事实并非如此。现实中的心理反应习惯，可以达至一种使购买愿望等于出售愿望的均衡。同时，产出所应具有的市场价值，既是货币收入具有一定价值的必要条件，也是储蓄者决定储蓄总量等于投资者决定投资总量的一个充分条件。

若要在这个问题上思考得清清楚楚,可能最好还是得从消费决策(或抑制消费的决策)上寻找思路,而不是从储蓄方面思考。决心去消费还是不去消费,确实属于个人力量所能操控的范围;决心去投资还是不去投资,亦是如此。总收入量和总储蓄量,乃是个人作出的是否消费和是否投资这样的自由选择所带来的**结果**;但这两者都不能脱离有关消费和投资的决策,而根据另外一套决策来得到独立于上述决策的数值。按照这个原则,**消费倾向**这个概念在后文中将会取代储蓄倾向或意向这个概念。

第六章附录 论使用者成本

I

我认为，使用者成本对古典学派的价值理论是重要的，但这种重要性被忽略了。关于使用者成本，还可以做进一步讨论，但这些讨论与本章无关，或不适宜在这里进行。不过，作为题外之言，我们还是把它放在这个附录里，对它作更进一步的考察。

根据定义，企业家的使用者成本等于：

$$A_1 + (G' - B') - G$$

其中 A_1 是该企业家从其他企业家那里的购买额，G 是该企业家在该期期末的资本设备的实际价值，而 G' 则是如果该企业家不去使用这一资本设备，而又花费适当数量的金额 B' 来维护和改善它时，该资本设备在该期期末所可能具有的价值。现在的 $G - (G' - B')$，就是该企业家的资本设备之实际价值超过从前一期继承下来的净价值的那个增加额，代表着该企业家在其资本设备上的当前投资，可以写作 I。这样，企业家在出售所得为 A 时的使用者成本 U 就等于 $A_1 - I$，其中 A_1 是他对其他企业家的购买支出，I 是该企业家对他自己的资本设备所做的当前投资。只要稍加反省即可知道，所有这些不过是常识而已。他对其他企业家的购买支出，有一部分被他对自身设备所做的当前投资价值所抵消，其余部分则代表该企业家所售出的产品除了支付生产要素报酬之外，还需要承担的牺牲额。如果读者试图换一种方法来表达这一内容，就不难发现，这种方法的优点在于，它避免了一些难以解决（而且也不必要）的会计问题。我认为，再也没有其他方法能够清楚明白地对生产的当前收益进行分析了。如果产业被彻底一体化，或者如果企业家没有从外面购买任何物品，因此 $A_1 = 0$，那么，这个使用者成本也只是与使用该资本设备的当前负投资相等而已。此外我们还有一个优点：在我们所做分析的任一阶段，均不要求把要素成本在所出售的商品和所保留的资本设备之间进行分配。因此，我们可以这样认为：不论是一体化还是个体化，一个企业所提供的就业量，取决于一个一次性的综合决策——这是与现实相符的方法，因为当期出售的产品之生产和现实中的整个生产存在着连锁（interlocking）的特征。

此外，使用者成本这个概念，还可以让我们对企业出售一单位产品的短期供给价格，给出一个比普通所采用的更为清晰的定义；其中的原因在于，短期供给价格乃是边际要素成本和边际使用者成本的加总。

在现代价值理论中，把短期供给价格单独与边际要素价格相等，乃是通常所采取的做法。然而，显然只有在边际使用者成本为零的时候，或者只有在像我前文所做的那样［前（原）文第 24 页］，把"收益"和"总供给价格"定义为减去了总使用者成本，这种做法才是正确的。虽然偶尔为了方便，在处理**整个社会的总产量**时，也可以减去使用者成本；不过若把这种做法习惯性地（或隐含地）应用于个别行业或企业的产出，则会使我们的分析完全与现实相脱节。因为它使得一种物品的"供给价格"脱离开了其"价格"的任何一般性的意义。同时，这样做只会带来某些混乱，似乎人们常常作出这样的假设："供给价格"应用于个别企业所出售的产量单位时，具有着明显的意义而无需多加讨论。然而，如何处理一个企业从其他企业那里购买什么，以及如何对待该企业由于生产边际产品而发生的自身设备的费用，涉及与收入的定义有关的重重困难。这是因为，即便我们作出这样的假设：因新增的一单位产品销售而带来的向其他厂商进行购买的边际成本，已经从单位产品的销售收益中减去，所以我们清楚地知道所谓企业的供给价格的意义，我们还得考虑因生产边际成本而带来的企业自身资本设备的负投资。即使所有的生产全部由一个完全一体化的企业来完成，把边际使用者成本假定为零也是错误的。也就是说，一般而言，因边际产品的生产而引起的资本设备的边际负投资，是不应忽视的。

使用者成本以及补充成本的概念，还可以使我们在长期供给价格和短期价格之间建立起更为清楚的联系。长期成本显然必须包含用来补偿基本补充成本和预期直接成本的金额，并且二者还应该适当地分摊资本设备的使用寿命。也就是说，产出的长期成本等于直接成本和补充成本的预期之和；而且为了取得正常利润，长期供给价格必须超过短期成本，而超过的金额之大小，则由与设备投资具有相同年限和相同风险的当前利率与设备成本之乘积来确定；如果我们偏好采用标准的"纯"利率，我们就必须在长期成本中加上第三项，这一项可以称为**风险成本**，用来补偿未知的、可能存在的实际收益和预期收益之间的差异。因此，长期供给价格等于直接成本、补充成本、风险成本和利息成本之和，也即长期供给价格可以分解为这几个组成部分。另一方面，短期供给价格等于**边际直接成本**。因此，企业家必然期望在其购买或者自己建造资本设备时，能从直接成本的边际值超过其平均值的部分中来补偿补充成本、风险成本和利息成本；于是在长期均衡中，边际直接成本超过平均直接成本的部分，就等于补充成本、风险成本和利息成本之和。[1]

边际直接成本恰好等于平均直接成本和补充成本之和,此时的产出水平尤为重要,因为正是在这个点上企业家的交易账户才会收支平衡。也就是说,这一点上的利润为零,而如果产出低于这个水平,该企业家的交易就会遭受净损失。

除了直接成本,补充成本需要补偿的程度也会因设备类型不同而存在着很大的差别。下面是两种极端情形:

(i) 一部分设备的维护,必然与使用设备的行为同时发生(例如给机器上油)。这方面的费用(除掉向外界购买的以外)应该包括在要素成本之内。如果出于物质上的原因,当前折旧的全部金额必须以这种方法补偿,那么使用者成本(除掉向外界购买的以外)与补充成本将在数量上相等,而正负符号相反。同时,在长期均衡中,边际要素成本将会超过平均要素成本,超过的量则等于风险成本和利息成本。

(ii) 设备价值在某些方面上的损耗,只有在使用时才发生。如果它没有因为使用而**随时**得到补偿,则这种成本将计入使用者成本。如果设备价值的损失只发生在这种情况下,则补充成本将为零。

或许值得一提的是,企业家并不会仅因为设备的使用者成本较低,就首先使用最老旧和最破旧的设备,这是因为较低的使用者成本不足以

---

[1] 这种说法取决于一个便利性的假设,即由于产量的变化,边际直接成本曲线在它的全部长度范围内都是连续性的。事实上,这一假设通常并不符合实际,而且可能会有一个或更多不连续的点,尤其是当我们达到了一个相当于设备的技术上的全部生产能力时,情况更是这样。在这种情况下,边际分析就部分地不再适用;而价格也就可以**超过**边际直接成本,此时,边际直接成本是根据产出上的微小**减低**而计算的。(同样,通常可能还会有下降方向上的不连续性,也即产出的下降低于某个点时会出现不连续性。)当我们考虑长期均衡中的短期供给价格时,这非常重要。因为在这种情况下,相当于技术上的全部生产能力的那个点必须被认定为处于运营之中。这样,长期均衡中的短期供给价格可能会超过边际直接成本(以微小的产出**减低**来计算)。

弥补相对较低的效率，也即较高的要素成本。因此，企业家会优先使用这样的设备：它每单位产品的使用者成本**加上**要素成本最低。[1] 由此可知，对于所关注的产品的任何给定的产出量，总有一个相应的使用者成本，[2] 但这个总使用者成本同边际使用者成本，也即因产出率提高而导致的使用者成本的增加额，并不具有一致的不变关系。

II

使用者成本成了现在和未来之间的联系纽带。这是因为，企业家在决定其生产规模时，必须斟酌这样一个问题：是现在就消耗掉其资本设备，还是把它留到将来使用。决定使用者成本的，是他现在使用这些设备会带来多少未来利益的预期损失。这一预期损失的边际数量、边际要素成本以及预期的边际收益，共同决定了他的生产规模。那么，企业家又是如何计算一项生产过程中的使用者成本的呢？

我们已经这样定义使用者成本：在考虑到设备维护和改进成本以及向其他企业家作出购买支出的情况下，与不使用该设备的情况相比，使用它所带来的价值上的减少。因此要想得出使用者成本，就一定要计算：如果现在不使用该设备，能带来多少未来收益的贴现值。这个数值至少等于，因该设备现在不使用而致其重置日期推迟时，这一推迟购置所得到的利益之现值；这个数值也可能会大于此现值。[3]

---

[1] 由于使用者成本部分地取决于对未来工资水平的预期，所以，被认为是短期存在的工资单位的下降，会使要素成本和使用者成本以不同比例发生变化，从而对使用任何设备都会产生影响。可以想见，这对有效需求水平也会产生影响，因为要素成本决定有效需求的方式可能与使用者成本不同。

[2] 最先使用的设备之使用者成本未必与总产出量无关（参见下文）；也即，当总产出量发生变化时，使用者成本可能沿着其曲线随处受到影响。

[3] 当企业家预期到在以后的时期可能会获得大于常规的收益，而这种收益能持续的时间短到不值得为此（或没有足够的时间）生产新的设备时，那么，大于此现值的情况就会出现。今天的使用者成本是未来使用同一设备所带来的各种不同收益的最大贴现值。

如果没有剩余或过多的存货，从而每年会新生产出来更多单位的类似设备，以便增添设备总量或更换原有的设备，则不难想见，边际使用者成本可以根据设备使用时寿命缩短或者效率下降的数值，以及当前的重置成本而计算得出。然而若存在过多的设备，则使用者成本还将取决于在剩余设备通过耗损等而被吸收净尽之前的这一时期的利率，以及当前的（即重新估计的）补充成本。在这种方式下，利息成本和当前的补充成本就间接地进入到使用者成本的计算中。

当要素成本为零时，计算使用者成本最为简单，也最好理解。现在不妨以拙著《货币论》一书第二卷第二十九章所列的铜原料有过多存货这种情况为例，稍加阐释。让我们首先列出1吨铜在未来不同时期的预期价值。铜的这一系列预期价值，取决于剩余的铜被消耗的程度，并随着剩余的铜的减少而逐渐接近于铜的正常生产成本。从铜的价值系列的每个给定日期的数值中，减去当前补充成本以及该数值的时间和当期之间的利息成本，所得到的最大数值就是1吨剩余的铜的现值或使用者成本。

按照同样的方式，当一条船、一座工厂或一台机器这些设备有剩余的供应时，它们的使用者成本就等于预期日期剩余的设备被吸收完以前，此一时期所估计的重置成本按利率计算的贴现值和当前的补充成本。

我们在前文假定，设备乃是被完全相同的物品所更换。当设备耗损殆尽时，如果没有被相同的物品所更新，则它的使用者成本就应按照新设备的使用者成本的某个比例进行计算。这个比例的大小，则由两种设备的相对效率来确定。

III

读者应该会察觉，设备并非老化而只是暂时出现过剩。实际使用者成本和它的正常数值（也即没有出现过剩设备时的数值），会因剩余设备被消耗完毕的预期时间间隔的长短而不同。因此，如果这类设备的年限分布比较均匀，从而每年都有一定量的报废设备，那么除非剩余的设备数量不大，否则边际使用者成本就不会下降太多。在普遍萧条的情况下，边际使用者成本将取决于企业家预期这场萧条会持续多长时间。所以当萧条势态好转时，供给价格上涨的部分原因，可能就是他们预期的修正而导致的边际使用者成本的急剧上升。

人们曾一度提出过与工商界人士相反的观点，认为企业家们会有组织地销毁过剩的设备，于是除非这种行动应用到**全部**剩余的设备上，否则价格不会上升。但是，使用者成本的概念却表明，剩余的设备（假如）报废一半，为什么会产生立即提高价格的效果。这是因为，通过缩短剩余的设备被消耗完毕的时间，这种政策会提高使用者成本，从而将增加当前的供给价格。这样，工商界人士似乎会隐然意识到使用者成本这样的概念，尽管他们并没有明确表达。

如果补充成本很大，则由此可知，如果存在剩余设备，边际使用者成本就会比较低。而且若存在剩余设备，则边际要素成本和使用者成本不大可能比它们的平均值高出太多。倘若上述两个条件皆可齐备，那么，剩余设备的存在很可能会使企业家的经营蒙受损失，甚至可能是重大损失。当剩余设备被消耗完毕时，这种蒙受损失的状态不会马上转变为获得正常利润的状态。随着剩余设备的减少，使用者成本会逐渐增加；而边际要素成本超过平均要素成本和平均使用者成本的部分，也会逐渐增加。

IV

在马歇尔的《经济学原理》（第六版，第 360 页）里，他把一部分使用者成本以"设备的额外耗损"纳入直接成本，但没有说明该项是如何计算的，也没有说明其重要性所在。庇古教授在《失业论》（第42页）里明确假设，因边际产出而导致的设备的边际负投资，一般来说可以忽略："与不同产出相联的设备耗损的数量差异，以及所雇佣的非体力劳动的成本之差异，可以忽略不计，因为这些差异通常来说都是次要的。"[1] 的确，在诸多新近的经济理论中，生产处于边际状态，设备的负投资为零这样的观念，颇为流行。而一旦认识到有必要解释个别企业的供给价格究竟为何，整个问题就随之产生。

由于前述原因，维护闲置设备的成本通常会减少边际使用者成本，尤其是在预期将持续很长时间的经济萧条时期，情况更是如此。不过虽然如此，在边际上很低的使用者成本并不是短期的特征，而是特定情形和特定设备类型下的特征，并且还是那些以设备快速老化和设备极大过剩为特征的非均衡状态的特征。在相对比较新的设备占有较大比例时，这个特征尤为突出。

对于原材料而言，考虑使用者成本的必要性是显而易见的。如果1吨铜今天用完，那明天就不能再使用了。而把铜留到明天使用所可能具有的价值，必须明确地算成是边际成本的一部分。但是，这样处理忽略了一个事实：铜只是资本设备用于生产的一个极端事例而已。那种认定原材料与固定资本存在着清晰分界的假设，认为原材料我们必须考虑由于使用而导致的负投资，而固定资本我们则可以毫无顾虑地忽略，并不符合现实——尤其是在常规条件下，每年都有若干设备不堪使用而被更换，设备的使用会缩短更换的期限。

---

[1] 霍特里先生（《经济期刊》，1934年5月号，第145页）曾注意到庇古教授对供给价格与边际劳动成本相等进行了辩护，霍特里先生认为庇古教授的论点会因此而受到严重损害。

使用者成本和补充成本的概念有一个优点，即它们不但可以适用于营运资本和流动资本，还可以适用于固定资本。原材料和固定资本的根本区别，不在于它们有没有使用者成本和补充成本，而在于流动性资本的收益只有一期这一事实，而固定资本是耐用性的，因而也就是逐渐耗损殆尽的，所以其收益由后续多个时期的一系列使用者成本和所挣取的利润构成。

第七章 对储蓄和投资含义的进一步探讨

I

在前一章里,我们对**储蓄**和**投资**所下的定义,使它们在量上必然相等,因为对于整个社会来说,它们只是一物之两面而已。然而,有多位当代学者(也包括写作《货币论》时的我自己),对这两个术语却加以特殊定义,在这类特殊定义下,二者并不必然相等。其他学者曾将其论著建立在它们并不相等的假设之上,但在他们的讨论中却并没有给出任何定义。因此,对这些术语的不同用法加以分类,以便说明关于它们的前述讨论与其他讨论之间的关系,对读者当有裨益。

据我所知,每个人都认同的是,**储蓄**的含义在于它是收入超过消费支出的部分。如果储蓄的含义不是这样,那么就肯定会造成很大的不便和误导。至于什么是消费支出,大家也没有多大的意见分歧。因此,用法的差异要么来自对**投资**的定义,要么来自对**收入**的定义。

II

我们首先来看**投资**。在通俗的用法中,投资一般是指个人或公司购买一项或新或旧的资产。这个名词偶尔还可能专指在证券交易所对一项资产的购买。不过,我们也同样常常说到投资于一座房屋、一台机器、一批制成品或半制成品等；而且一般来说，所谓的新投资是区别于再投资的，它指的是用收入来购买任何种类的资本资产。倘若我们把一项投资的出售视为负投资，即投资的反面，那么，我的定义就与通俗的用法无异；因为旧投资的交易必然相互抵消。我们的确须得照顾到债务的形成与偿付（包括信用或货币数量的变化）；但就整个社会来说，债权数量的增加或减少总是必然等于债务数量的增加或减少，所以，当我们论及总投资时，这种债务上的复杂关系也就相互抵消了。因此，假设通俗意义上的收入相当于我所谓的净收入，那么通俗意义上的总投资就与我所定义的净投资全然无异，也就是一切种类资本设备的净增加量；这里考虑到了原有资本设备的价值变化，此一价值变化已经在计算净收入时予以扣除。

因此，按照这种方式定义的投资，所包括的乃是资本设备的增加量，无论它是固定资本，还是营运资本或者流动资本；而如果投资的定义存在重大分歧（除去投资和净投资的区别以外），那么这一差别必然是由把上述三种资本中的一种或一种以上的资本增加量排除在投资的定义之外所致。

例如，霍特里先生就非常看重流动资本的变动，也即未售出的商品存货数量的意外增加（或者减少），从而提出了一项投资定义，但在他的这个定义里，这类变动根本就不包括在内。在这种情况下，储蓄超过投资的部分，实际上与未售出商品存货量的增加，也即流动资本的增加，乃是一回事。霍特里先生未能使我确信，何以这是需要加以强调的因素，因为他把重点全放在了打从一开始就未曾预料到的变动之校正上，而这些变动与预料到的（不论这种预料是否正确）变动不同。霍特里先生认为，企业家制定今日生产规模的决策之不同于前一天的生产规模，所参照的正是这种未售出的商品存货的变动。在消费品这种情况里，这的确在他们的决策中发挥着重要作用。但是，我找不到什么理由来排除影响决策的其他因素；所以，我倾向于强调有效需求的总改变，而不只是有效需求所反映的两个时期的存货量增减的那部分变动。而且，就固定资本的情况而言，尚未使用的生产能力之消长对生产决策的影响，相当于未售出存货量的增加或者减少；而我看不出霍特里先生的方法如何能处理这至少同样重要的因素。

奥地利学派经济学家所使用的资本形成（capital formation）和资本消耗（capital consumption）概念，看起来可能既不同于如前所定义的投资和负投资，也不同于净投资和净负投资。尤其成问题的，乃是他们认为在资本设备分明没有出现净减少的情况下资本消耗也会发生（资本设备净减少之含义，已在前面说明）。但是，在他们的作品中，我还从来未能发现有任何一段对这个术语的含义加以阐明的。例如，他们认为，当生产时期延长时，资本形成就会出现，但这样的说法实在没有使问题获得多少进展。

76

III

接下来我们来看，由于对收入以及收入超过消费部分所做的特殊定义，因而导致的储蓄与投资之间的不相等问题。我自己在拙著《货币论》中对这些术语的使用，可以作为这类特殊定义的一个例子。这是因为，一如我在前（原）文第 60 页所解释的那样，我在该书所使用的收入定义与我现在所使用的收入定义不同。那本书的定义是把企业家（在某种意义上）的"正常利润"，而非在现实中实现的利润，视为他的收入。因此，所谓储蓄大于投资，我指的是一种产出规模，在这个规模下，企业家从他们所拥有的资本设备上所赚取的利润少于正常利润；而所谓储蓄大于投资的部分之增加，则是指实际利润正发生下降，因此企业家产生了压缩产出的动机。

我现在认为，就业量（以及由此而来的产出量和实际收入量）是由企业家所决定的，其动机是寻求他现在和将来的利润最大化（需要扣除的使用者成本的多寡，取决于该企业家对于如何通过设备的使用，以便在设备存续期内获得最大的收益所抱持的看法）；至于能够使他的利润达到最大化的就业量，则取决于总需求函数，而总需求函数又要看他在各种不同的假设条件下，预期从消费和投资所产生的总收益而定。在我的《货币论》一书中，投资超过储蓄部分的**变动**的概念，乃是一种处理利润变化的方法，虽然我在该书中对于预期的结果和实际的结果并没有进行明确的区分。[1]在那本书中，我认为投资超过储蓄部分的变动，是支配产出变化的原动力。因此，虽然我的新论点（我现在所持有的论点）更加精确，也更有启发性，但基本上是我过去旧论点的发展。如果使用我在《货币论》中的语言来表达，那么我的新论点可以这样来表述：在把先前的就业量和产出量视为既定的条件下，投资超过储蓄部分的增长预期将会诱使企业家增加就业量和产出量。我现在和过去论点的要义，在于它们都企图说明就业量取决于企业家对有效需求的估计，至于怎样才算有效需求增加，其标准就是我在《货币论》中所定义的投资相对于储蓄的增长预期。但是，按照这里所提到的进一步发展来看，我在《货币论》中的表述自然显得极为含混，而且不够完整。

D.H. 罗伯逊先生（D.H. Robertson）曾把今天的收入解释为等于**昨天的消费加投资**，从而今天的储蓄等于昨天的投资加昨天的消费高于今天的部分。按照这个定义，储蓄可以超过投资，其超出额就是昨天的收

---

[1] 在《货币论》中，我的方法是把本期已经实现的利润作为决定本期利润预期的决定因素。

入（在我所说的意义上）超过今天收入的部分。于是，罗伯逊先生所说的储蓄超过投资，同我所说的收入正在下降，实际上是一回事，而他所说的储蓄超过投资的部分，正好等于我所说的收入的下降部分。如果当前预期总由昨天所实现的结果决定，那么，今天的有效需求势将等于昨天的收入。如此一来，罗伯逊先生的方法就可以被认为是另外一种有别于我之方法的方法（或许是一种与我之方法相近的方法），但目标与我相同，都是想通过有效需求和收入的比照，来对投资和储蓄进行区分，而这种区分对因果分析是至关重要的。[1]

IV

接下来，我们来看与"强制储蓄"（forced saving）一词相关涉的一些更为含混的观念。在这些观念中，我们能否找出任何明晰的重要意义呢？在我的《货币论》（第一卷，第 171 页的脚注）中，我给出了前人使用强制储蓄这个名词的一些参考文献，并提到这些文献中的用法在某种程度上与我在该书中所说的投资与"储蓄"之间的差额类似。而"储蓄"则是我在该书中所使用的那个含义。现在我不再肯定，这种类似实际上是否还像我当时所设想的那般程度。但不管怎样，我敢肯定的是，"强制储蓄"以及最近人们所使用的（例如哈耶克教授或者罗宾斯教授所使用的）类似的名词，与我在《货币论》中所指的投资和"储蓄"的差额的含义并没有什么确定的关系。虽然这些学者并没有确切地对这些名词的内涵予以解释，但关于"强制储蓄"，他们的意思都是很清楚的，指的乃是货币数量或者银行信用数量发生变化后所直接产生的现象，而且这种现

---

[1] 参见罗伯逊的文章《储蓄与贮藏》（*Saving and Hoarding*）（《经济学刊》，1933 年 9 月，第 399 页）以及罗伯逊先生、霍特里先生和我之间的讨论（《经济学刊》，1933 年 12 月，第 658 页）。

象可由货币数量或银行信用数量的变化来加以测度。

很明显,产出量和就业量的改变会造成以工资单位来衡量的收入的变化,而工资单位的变化又会造成借款者和出借者之间收入的再分配,以及用货币计量的总收入的变化;而且,无论是就产出量和就业量的变化所造成的后果来说,还是就工资变化所造成的后果而言,储蓄量的变化总会(或可能)产生。因此,货币量的变化通过对利率的影响,会造成收入量及其分配的变化(后文将会表明这一点)。这些变化可能会间接地导致储蓄量的变化。但储蓄量的这类变化所具有的"强制储蓄"的性质,并不比其他因环境变化所引起的储蓄量的变化所具有的"强制储蓄"性质更甚。而且除非我们规定在某种给定的条件下储蓄量为常规值或标准值,否则并没有办法对储蓄量变化的各种不同情况进行区分。此外,我们在后文将会看到,从一定货币量变化中所导致的总储蓄的变化量,具有高度的可变性,而且取决于多种其他因素。

因此,在我们规定出一个标准的储蓄量之前,"强制储蓄"毫无意义。如果我们挑选出(这可能是合理的做法)一个相当于充分就业状态下的储蓄量作为标准,则上述的定义就变成:"强制储蓄是实际储蓄量超过长期均衡中充分就业状态下储蓄量的部分。"这个定义似乎很有意义。但根据这个定义,强制储蓄会是一种很罕见且很不稳定的现象;强制储蓄的**不足**倒会是常态。

哈耶克教授颇有意思的文章《论〈**强制储蓄**〉学说的发展》(Note on the Development of the Doctrine of *Forced Saving*)[1]表明,这就是这个术语事实上的本意。"强制储蓄"或"强制节俭"的概念原本出于边沁(J. Bentham)之手。边沁曾明白地说过,在"所有的人手都被雇佣,而

---

[1] 《经济学季刊》(*Quarterly Journal of Economics*),1932 年 11 月号,第 123 页。

且都以最有利的方式被雇佣"的情况下,他心目中所想的,是货币量的增加(相对于货币可以购买到的东西而言)所将带来的后果。[1]边沁指出:在这种情况下,实际收入不可能增加,此时增加投资,就会引起强制节俭,"其代价是使国民的生活舒适度和国民的社会正义蒙受牺牲"。所有19世纪的学者在论及这个问题时,莫不心怀同样的想法。但要想把这一十分清晰的观念扩大到低于充分就业的情况,着实困难。当然,(由于对一定量的资本设备使用,更多的工人会产生报酬递减现象,所以)就业量的**任何**增加都会牺牲已经在就业的劳动者的部分实际收入。但是,要把这种收入上的损失,归之于可能伴随就业量的增加而增加的投资,是不大可能有什么结果的。不管怎么样,我还没有听说,有哪位对"强制储蓄"感兴趣的现代学者曾经企图把这个思想扩展到就业正在增长的情况上去。他们似乎普遍忽略了这样一个事实:要想把边沁的强制节俭的概念扩展到低于充分就业的情况,是需要某种解释或限制条件的。

V

我感觉,储蓄和投资,就其直接意义言之,之所以被人们认为可能彼此不同,乃在于这样一种错觉,即把一个存款者与其存款银行之间的关系视为一种单方面的交易。实际上它们的交易是两方面的。具有这种错觉的人们认为,存款者和他所存款的银行,二者能够设法实现某种行动,通过这种行动使储蓄消失在银行体系中,从而令储蓄无法被用作投资。或者反过来说,银行体系能够使投资成为可能,却不存在与之相应的储蓄。而无论资产是现金、债权还是资本品,我们应该知道,没有哪个人能够一面储蓄而另一面没有取得资产的;而且也没有人能够取得一

---

[1]《经济学季刊》(*Quarterly Journal of Economics*),1932年11月号,第125页。

项他以前没有的资产，除非通过两种途径：**要么**创造出来一项同等价值的新资产，**要么**有人放弃了他此前所拥有的等价资产。在第一种情况下，会相应有一笔新投资。在第二种情况下，必须另外有人进行相同数量的反储蓄（dis-saving）。这是因为，他的财富损失必然是由于他的消费大于其收入，而非由于资本资产的价值变化所导致的资本账户上的损失，因为这种情况不是他的资产丧失其以前价值的情形。他适时地取得了其资产的当前价值，却未能以任何形式的财富来保有这一价值；也就是说，他必须把它花费在本期消费超过本期收入的部分上。此外，如果银行体系脱手了一项资产，那么这一定是某人脱手了一笔现金。鉴于上述理由，把社会上所有个人的储蓄加起来的总储蓄，必然等于本期的新投资数量。

那种认为银行体系创造信用，无需相应的"真正储蓄"即可使投资得以发生的观点，只看到了银行信用扩张的一个结果，而没有看到其他的结果。如果在现有的信用之外，银行又对企业家放出新的款项，使企业家能够进行没有这笔放款就无法进行的新投资，那么在常规情况下，收入一定会以**快**于投资的速度增加。此外，除了充分就业的情况，实际收入和货币收入都会增加。公众将进行"自由选择"，以决定他们增加的收入按照何种比例在储蓄和消费支出之间进行分配。而且，为增加投资而向银行借进款项的企业家，不可能以快于公众决定增加储蓄的速度来使他的投资增加的意图得到实现（除非这些企业家的投资被用来取代其他企业家将要进行的投资）。此外，公众按照他们的决策所进行的储蓄，也与任何其他储蓄一样，都是实实在在的储蓄。一个人除非自己愿意持有更多的货币而非其他形式的财富，是不会有人强迫他持有相当于新银行信用的新增货币量的。然而，就业量、各类收入和物价却不能不变动，以致人们在变化后的新情况下会选择持有新增的货币。无可否认，在某一特定方向上发生未能预料到的投资增加，可以造成总储蓄和总投资的不规则变化，而如果事先能充分地预料到，这种变化是不会发生的。同样不能否认的是，银行信用的供给会形成三种趋势：（1）产出的增加，（2）按照工资单位衡量的边际产出价值上升（在报酬递减的条件下，伴随着产出的增加，这必然会发生），还有：（3）以货币衡量的工资单位的增加（因为这是就业改善之后常会发生的事情）。所有这些趋势都可能会影响到实际收入在不同群体之间的分配。但是，这些趋势是产出递增状态下所具有的一项特点。即使产出的增加源自银行信用以外的因素，这三种趋势仍会发生。要想避免它们的发生，只有避免任何能够增进就业的行动。不过，上述所言大多是对讨论结果的预测，这些结果尚未得到实现。

因此，储蓄总会引起投资这一陈旧观点，虽然并不完整，而且会产生误导，但比起有储蓄而可以无投资或者有投资而可以无"真正的"储蓄这种时新的说法来，形式上看还是要更加健全些。这种陈旧观点的错误在于，它只是根据个人的储蓄行为就给出了似是而非的推断，认为当个人进行储蓄时总投资就会等量地增加。无可否认，当一个人进行储蓄时，他确实会增加自己的财富。但是，认为他同时也会增加总财富的这个结论，却没有考虑到这样一种可能性，即一个人的储蓄行为可能对另一个人的储蓄发生反作用，因此而对另一个人的财富发生反作用。

储蓄与投资恒等，同时又显然存在个人自由选择其储蓄的"自由意志"。这种自由意志告诉我们，不论他自己或其他人的投资是多少，作为个人他总可以自由决定其储蓄数量。这两者之所以能够协调一致，主要原因乃在于储蓄和消费支出一样，亦是同一事物的两面。因为尽管他自己的储蓄数量不太可能对他自己的收入产生任何重要的影响，但他的消费数量却会对其他人的收入产生影响，从而使所有人不可能同时储蓄起一个事先规定好的数量。每个人都试图多储蓄而少消费,这会对他人的收入产生重大影响,这种企图会自己打败自己。当然,对整个社会而言,储蓄量少于当期的投资量同样也是不可能的。因为减少储蓄的企图必然会把收入提高到某一水平,在这个水平上,每个人想要储蓄的数量之和,正好等于投资的数量。

上面所说,与这样一个调和以下两个方面的命题颇为相似:一方面是每个人都有自由来改变他想持有的货币量,另一方面是各人持有的货币量之和又必须等于银行体系所提供的现金额。在后一种情况下,这两个方面的货币量之所以必然相等,乃是因为人们想要持有的货币量并非与他们的收入无关,或与他们不持有货币时所自然要买的东西(主要是证券)的价格无关。因此,收入和这类东西的价格必然会发生变化,一直到个人在新的收入和价格水平下想要持有的货币总量等于银行体系提供的货币量时为止。这一点,可以说正是货币理论的基本命题所在。

这两个命题,都源自这样一个事实:没有卖家也就不可能有买家,或者没有买家也就不可能有卖家。虽然个人的交易量与市场交易量相比显得微不足道,从而可以忽略需求所具有的双向交易属性,而又不至于造成重大的错误,但是当考察总需求时,我们也作出这样的忽略就不可思议了。这就是总体经济行为理论与个体经济行为理论之间的重大差异:在个体经济行为理论中,我们可以假设个体自身需求的变化不会影响他的收入。

第三编　消费倾向

第八章　消费倾向：I. 客观因素

I

在第一编结束之后，为了讨论有关方法和定义的某些一般性问题，我们脱离开了本书主题，现在重新回到我们的主题上来。我们分析的最终目的，是找到决定就业量的因素。目前，我们已经得到一个基本结论：就业量决定于总供给函数和总需求函数的交点。不过，总供给函数之主要取决于供给的物质条件，所牵涉到的几项考虑，却少有我们所不熟悉的。它的形式可能我们还不大熟悉，但其基本要素却并不新。在本书第二十章，我们还会回到总供给函数上来，在该章我们将讨论其反函数——**就业函数**。但总体来说，过去一向为人所忽略的，乃是总需求函数所起到的作用；所以，在本书第三编和第四编，我们将集中探讨总需求函数。

总需求函数表示的是，某一既定的就业水平与该就业水平所预期实现的"收益"之间的关系。这一"收益"由两个数量构成——一个是当就业水平既定时所将消费的量，另一个是此时所将投资的量。决定这两个量的因素有很大的区别。在本编中，我们只考虑前一个量，也即在就业水平既定时哪些因素决定了花费在消费上的量。在第四编，我们将进一步考察决定投资量的那些因素。

由于我们这里所关心的,乃是当就业水平既定时到底是哪些因素决定了消费量的大小,所以严格来说,我们应该考察的是体现消费量(C)和就业量(N)之间关系的函数。不过,为了更加方便,我们用另外一个稍微有些不同的函数来表示,这个函数体现的是用工资单位计量的消费(C_w),与就业水平(N)既定时同样用工资单位计量的收入(Y_w)之间的关系。有人会反对说,Y_w 不是 N 的唯一函数,它并非在各种情况下都维持不变。这是因为 Y_w 与 N 之间的关系,或许取决于(尽管很可能是在非常小的程度上)就业的确切性质。也就是说,如果把既定的总就业量 N 以两种不同的方式在各项就业之间进行分配,(由于个别部门的就业函数具有不同的形式——后文第二十章将会对此进行讨论)可能会带来不同的 Y_w 值。在可以想象得到的情况下,也许我们应该特别地考虑到这个因素。但一般来说,可以近似地认为 Y_w 是由 N 所唯一决定的。因此,我们给我们所谓的**消费倾向**(propensity to consume)下这样一个定义:消费倾向乃是用工资单位计量的既定收入水平 Y_w 与该收入水平中用于消费的支出 C_w 之间的函数关系,故有:

$$C_w = \chi(Y_w) \text{ 或 } C = W \cdot \chi(Y_w)$$

社会花费在消费上的量显然:(i)部分取决于其收入的量,(ii)部分取决于其他客观的附带情况,以及(iii)部分取决于主观需要、心理倾向、社会成员的习惯,及收入在社会成员间进行分配的原则(当产出增加时,这些原则也会有所修正)。各种花钱的动机,彼此相互作用,倘若试图对之加以分类,未免有划分不当的危险。尽管如此,为了廓清思路,我们可以把它们划分成两个大类进行考察。这两个大类,我们分别称为主观因素和客观因素。主观因素我们将在下一章详加考察,它包括人性中的心理特征以及社会习俗与制度,这些因素虽然并非不可移易,但除非处在反常或革命的情况下,短期内是不会有较大变动的。从历史的角度进行探究,或对不同类型的社会制度进行比较时,对主观因素的变化如何影响消费倾向,是有必要加以考察的。但一般而言,我们在接下来的论述中把主观因素视为既定,而假设消费倾向只取决于客观因素的变化。

II

影响消费倾向的主要客观因素,似乎可以列举如下:

(1) **工资单位的变化**。消费(C)显然(在某种意义上)更多的是**实际收入**而非货币收入的函数。在技术、偏好和决定收入分配的社会条件既定的情况下,一个人的实际收入随着他所支配的劳动单位的数量,也即随着以工资单位计量的收入的变化,而或升或降;虽然当总产出量变化时,他实际收入的增加,在比例上将(因报酬递减规律的作用)小于他以工资单位计量的收入之增加。因此,近似地说,我们可以这样合理地假设:如果工资单位变化,那么,与某一给定就业水平相应的消费支出,将和价格一样按照相同的比例变化;虽然在某些情况下,我们可能不得不照顾到,工资单位的变化所造成的企业家与食利者之间收入分配的变动对总消费的影响。除此之外,我们在对消费倾向下定义时,已经照顾到了工资单位本身的变化,因为消费倾向以收入来表示,而收入是以工资单位来测度的。

(2) **收入和净收入之间差额的变化**。我们在前文已经表明,消费量取决于净收入而不是收入,因为按照定义,当一个人决定其消费规模时,他心中主要考虑的乃是他的净收入。在一定的情况下,收入与净收入之间存在着一个相对稳定的关系。这种稳定的关系是在以下这一意义上而言的:在不同的收入水平和与之相应的净收入水平之间,存在唯一的一个函数关系。然而，若然不是这种情况，那么没有被净收入所反映出来的那部分收入变化，就必须略去不计，因为它对消费并无影响。同样，没有被收入所反映的净收入变化，也必须得被计算进来。不过，除了例外的情况，我很怀疑这一因素在现实中的重要性。在本章第Ⅳ节，我们将更充分地讨论收入和净收入之间的差额对消费的影响。

(3) **在计算净收入时没有计及的资本价值的意外变化**。这些因素对消费倾向的修正，远比前面提到的两种更为重要，因为它们与收入之间没有稳定的或规律性的关系。握有财富的阶级的消费量，可能会对其财富之货币价值的不可预见的变化异常敏感。这一点，应该列为能在短期内引起边际消费倾向变动的主要因素之一。

(4) **时间贴现率（rate of time-discounting）的变化，也即当前商品与未来商品之间的交换率的变化**。时间贴现率和利率并不全是一回事，因为时间贴现率要考虑货币购买力可以预见到的未来变化。它还得考虑所有各类风险，譬如活不到能够享受未来果实的可能性，或者没收性的税收政策。不过，作为一种近似，我们可以把时间贴现率与利率等同起来。

这一因素对既定收入中消费比率的影响有多大，仍然有很多疑问。这是因为，利率的古典理论[1]认为，利率乃是使储蓄的供给和需求得以相等的因素。据此，为方便起见，我们可以简单地假定：在其他条件不变的情况下，消费支出对利率的变化会作出相反方向的反应，因此利率的任何上升都会造成消费显著减少。然而，人们很早就已经认识到，利率的变化对愿意花费在当前消费量上的消费意愿之总的影响，复杂而不确定，其作用取决于各种相互冲突的趋势，因为某些倾向于加强储蓄的

---

[1] 参见本书后文第十四章。

主观动机,在利率上升时固然很容易得到满足,但另一些主观动机,其力量却会被削弱。在长期,利率的大幅变动可能会在相当程度上改变社会习惯,从而影响主观的支出倾向——尽管除了根据具体的经验加以判别之外,很难说影响的方向是怎样的。不过,一般类型的利率短期波动,对任一方向上的消费都不可能产生多大的**直接**影响。如果人们的总收入保持不变,那么不会有多少人因为利率从5%降到了4%,就改变他们的生活方式。虽然不见得是相同的方向,但间接的影响可能要多一些。或许利率变化对既定收入下的消费意图产生的最重要影响,就是利率变化对有价证券和其他资产的增值或贬值所起到的作用。这是因为,如果一个人正在享受其资本价值的意外增加之喜,那么很自然,即便以挣取收入的能力而言,他的资本未必比以前更好,但他增加当前消费的动机自然应该会增强。而如果他正在遭受资本上的损失,那么他的消费动机就会减弱。不过,我们在上面的(3)中已经考虑到了这种间接影响。抛开这一点不谈,我认为,经验所昭示给我们的主要结论是:利率对个人从既定收入中用于消费支出的短期影响相对次要,除非利率出现不同寻常的巨大变动。当利率确实下降到很低的地步时,用一定资金量所能买到的年金与该资金量每年的利息之间的比例势必增加,这可能会提供负储蓄的一个重要来源,因为这种比例的增加会鼓励人们购买年金以备养老之需。

消费倾向也可能因为人们对未来及其可能发展抱有极端怀疑心理,从而受到严重的影响,这种反常情况或许也应该归入到(4)的名下。

(5) **财政政策的变化**。既然个人的储蓄倾向取决于人们所预期的未来报酬,那么很显然,储蓄不仅取决于利率,还取决于政府的财政政策。所得税——尤其是对"不劳而获"(unearned)的收入的课税,资本利润税,遗产税以及其他诸如此类的税收等,都与利率一样,对储蓄产生着影响。与此同时，财政政策可能的变动范围，至少从预期上来说，比利率本身的变动范围要更大。如果财政政策是为了更为均等的收入分配而采取的深思熟虑的工具，那么它在提高消费倾向上的影响，当然还要更大。[1]

我们必须还要考虑到政府偿债基金对总消费倾向的影响，这种基金是政府为了偿还债务而设置的来源于税收的基金。之所以要考虑到这一点，是因为这种偿债基金代表的是一种集体储蓄，从而大量设置偿债基金的政策应该被认为是在给定情况下减少消费倾向的因素。正是出于这一原因，当政府从借债政策转向相反的设置偿债基金的政策时（或者反向转变时），它就会对有效需求造成严重的收缩（或明显的扩张）。

(6) **人们对其现在和未来收入水平关系的预期之变化**。为了形式上的完整，我们必须把这个因素列入进来。不过虽然它可能在相当大的程度上影响个人的消费倾向，但对整个社会的消费倾向来说，个人预期变化的不同却是可以相互抵消的。此外，由于它通常具有较大的不确定性，所以不会对消费倾向造成很大的影响。

因此，我们可以得到这样的结论：在给定的情况下，只要消除以货币表示的工资单位的变化，那么消费倾向可以被视为一个相当稳定的函数。资本价值上的意外变化能够改变消费倾向，利率和财政政策的重大变化也可能使消费倾向有所不同；其他可能影响消费倾向的客观因素，虽然不可忽略，但在一般的情况下不大可能成为重要的因素。

给定一般的经济情况，以工资单位计量的消费支出主要取决于产出量和就业量。这个事实是把其他因素综合进笼统的"消费倾向"函数的

---

[1] 这里顺便提及一下，财政政策对财富增长的影响曾经受到重大误解，不过，对于这种误解，在没有本书第四编所给出的利率理论的帮助之下，我们尚不能给予充分的讨论。

理由。这是因为，其他因素固然会发生改变（这一点一定不要忘记），但一般来说，以货币工资计量的总收入，是决定作为总需求函数中消费部分大小的主要变量。

III

假定消费倾向是一个相当稳定的函数，从而一般说来总消费量主要取决于总收入量（二者都以工资单位计量），而消费倾向本身的变化只具有次要的影响。那么，在这种情况下，这个函数的正常形状是什么样的呢？

无论从人类的本性来看，还是从经验中的具体事实来看，我们都可以以很大的信心来运用这样一条心理规律。这一心理规律就是：通常来说，平均而言，当人们收入增加时，他们的消费也会增加，但消费的增加不如收入增加得那么快。这就是说，如果 C_w 是消费量，Y_w 是收入（均以工资单位计量），那么，ΔC_w 与 ΔY_w 具有相同的正负符号，但在量上要小于 ΔY_w，也即 $\dfrac{dC_w}{dY_w}$ 为正且小于 1。

当我们所观察的是短期现象时，情况尤其如此。在短期，譬如在所谓就业量周期性波动的情况里，人类的习惯（有别于更为持久的心理倾向）还没有足够的时间使自己适应变化了的客观环境。这是因为，一个人所习惯的生活水平通常首先对其收入提出要求并予以满足，然后他会把他的实际收入与维持其所习惯的生活水平而需要的消费之差额给储蓄起来；或者，如果他随着收入的变化而调整其支出，那么他在短期内是无法做到完全调整的。因此，上升的收入通常会伴随着上升的储蓄，而下降的收入则伴随着下降的储蓄，其增减的规模在初期时要比以后为大。

但是，除了收入水平的短期变化之外，一个更高的绝对收入水平，一般来说会扩大收入和消费之间的差距。这是因为，一个人及其家庭的即时基本需要的满足，往往要比积累具有更强的动机。只有在生活达到一定的舒适程度之后，积累动机才会转强。鉴于这些原因，当实际收入增加时，人们通常会储蓄掉其收入中的**更大比例**。但无论是否储蓄更大的比例，我们都把下面的陈述当作任何现代社会的一个基本心理规律：当实际收入增加时，一个社会的消费将不会按照同等的绝对数量增加，除非其他因素同时发生剧烈而不同寻常的变化，否则该社会必定会储蓄一个更大的**绝对数量**。正如我们之后将会看到的那样，[1]经济体系的稳定性基本上取决于这一规律在实践中的通行情况。它意味着，当就业量增加从而总收入增加时，**并不是所有的**新增就业量都会被用来满足新增的消费量。

另一方面，如果就业水平的下降所引起的收入下降程度很大，那么，不仅某些个人和机构，就连政府的消费也会超过收入；此时这些个人和机构将以他们在更好年景里积累起来的财政储备资金来对付超额消费，而政府则无论愿意与否，都会陷入赤字状态，或者通过借债来提供失业救济。这样一来，当就业量下降到较低水平时，总消费量的下降数量会小于收入下降的数量，因为个人的习惯性行为和政府可能的政策使它如此。 这两个原因可以解释，新的均衡状态为什么通常可以在不太大的变动范围内达成。否则，一旦就业量和收入开始下降，它们就可能会继续下降到极端的境地。

我们将看到，这个简单的原理会引出这样一个与过去相同的结论：就业量只能伴随着投资的增加而增加，除非消费倾向确实发生了变化。这是因为，当就业量增加时，由于消费者的支出将会小于总供给价格的

---

[1] 参看本书下文（原书）第251页。

增加量,所以除非增加投资来填补这个差距,否则就业量的增加就会被证明无利可图。

IV

我们一定不要低估上述这个事实的重要性:虽然就业量是预期消费和预期投资的函数,但在其他条件相同的情况下,消费乃是净收入的函数,也即净投资的函数(净收入等于消费加净投资)。换言之,在计算净收入时,如果必需保留的财政储备资金越大,那么一定的投资水平对消费(以及由此对就业)的促进之有利程度就越小。

当整个财政储备资金(或补充成本)实际上已在本期全部用于对既有资本设备的维护时,前面一段所说的作用就不可能视而不见。然而,当这笔财政储备资金超过了用于当前维护的实际支出时,由此造成的实际结果对就业量的影响就未必为人们所了解了。这是因为,这个超出的数额既不直接带来当前投资的增加,也不被用于消费支出,所以这个超出额必须由新的投资予以抵补,而对新投资的需求,与财政储备资金所形成的旧设备的损耗几乎毫无干系。这样一来,得以提供当前收入的新投资相应减少,而为了使某一给定的就业水平成为可能,必然存在着对新投资更加强烈的需求。此外,许多同样的考虑,也适用于包含在使用者成本内的设备的耗损,只要该耗损在实际上并没有得到弥补即可。

现在以一座房屋为例,在这座房屋被毁坏或放弃之前,它可以一直供人居住下去。如果从房客每年支付的租金中冲销(write off)一笔折旧费,而房主既没有把这笔折旧费用于维修房屋,也没有把它看作是可用于消费的净收入,那么这笔储蓄,无论它是 U 的一部分还是 V 的一部分,都会在房屋的整个寿命期间继续压低就业量。当这座房屋必须重建时,才突然把以往压低的就业量一次性弥补回来。

在一个静态的经济体系中，所有这些可能都不值一提，因为每年旧房屋的折旧费正好为新房屋的建造费用所抵消，每年的新房屋也正好能够替换那些在该年届满其生命年限的旧房屋。但在一个非静态的经济体系中，则这些因素可能具有着重要作用，尤其是在耐用资本设备投资异常活跃之后的时期。这是因为，在这样的情况下，很大一部分新投资项目，被企业家维修现存资本设备和更新所设置的较大数量的财政储备资金所吸收。现存资本设备的磨损是逐步完成的，因此，财政储备资金在尚未全部花掉之前，是被搁置在一旁的。结果，收入无法上升到恰好与较低的总净投资相适应的水平以上。这样一来，远在重置资本设备的开支（为了这笔开支才预先设置的财政储备资金）发生作用之前，偿债基金等项目就会从消费者那里抽走花费能力；也就是说，这些项目减少了本期的有效需求，只有在资本设备实际进行重置时，它们才会增加有效需求。如果这种影响被"财务上的审慎态度"（即认为计提的资本设备折旧基金应远大于资本设备的实际耗损才稳妥）所加强，那么，累积起来的后果的确是非常严重的。

例如，在美国，到了1929年，由于前五年快速的资本设备扩充，不需要重置的机器设备的偿债基金和折旧基金累积起了庞大的规模，所以要有巨额的新投资方才能够加以吸收。而要想找到更多新的投资，多到足以使一个富裕社会在充分就业条件下所提供的新储蓄都有出路，几乎毫无希望。这一因素本身就足以造成不景气。而且，那些有能力的大公司在整个萧条期间都一直持续地秉承这种"财务上的审慎态度"，这给经济的早日复苏造成了严重的阻碍。

或者，再以现在（1935年）的英国为例。自大战[1]以来的大量住房

---

[1] 此时二战尚未爆发，这里的大战指的是第一次世界大战。——译者注

建造和其他新投资,已经使偿债基金在数量上大大超过当前维修和更新支出的需要。这一趋势,又为各地方政府和公共机构在从事投资时遵守"稳健的"财政原则所加重。这个财政原则常要求偿债基金的数额,要足以在实际的资产重置发生之前,就已经把初始成本冲销完毕;其结果是:即便私人准备花掉他们的全部净收入,也很难在这种巨额储备资金下恢复充分就业。这些储备基金都是由公共机构或准公共机构所规定,与同期的新投资全然无关。照我看,[1]地方当局每年划出的偿债基金数额,已经占到他们用于新发展上的全部支出的一半以上。[2]尽管如此,我们还是无法知晓,当卫生部要求地方当局设置高额的偿债基金时,它是否知道这可能会使失业问题的严重程度增加多少。以建筑业协会贷款给个人以帮助他们建造自己的房屋来看,人们尽快清偿债务的愿望会大于对房屋老化的考虑,从而可能刺激房主的储蓄大于房屋耗损所要求的数额——虽然这一事实也许应该归因于消费倾向的直接降低而非净收入的减少。从实际数字上看,建筑协会抵押贷款的偿还额,从1925年的2 400万镑增加到1933年的6 800万镑。而1933年的新抵押贷款则为10 300万镑。在今天,偿还额可能更大。

从产出的统计数字中可以得出的是投资额而非净投资额,这在科林·克拉克先生(Colin Clark)的《1924—1931年的国民收入》(*National Income, 1924—1931*)一书中有力而自然地得到了体现。他还指出,折旧等项目通常占投资额的比重很大。例如,根据他的估计,在1928—1931

---

[1] 实际的数字意义不大,以致到两年或两年以后才公布。

[2] 在1929年3月31日到1930年3月31日这一年中,地方当局在资本设备上的支出款项达8 700万镑,其中3 700万镑是由偿债基金提供的;在1932年3月31日到1933年3月31日这一年里,相应的数字是8 100万镑和4 600万镑。

年间，[1] 英国的投资和净投资如下表（表1）所示。在这个表格中，他统计的总投资额或许比我统计的投资额要稍微大一些，因为他统计的总投资额可能包括我所说的使用者成本，而他的"净投资"与我的定义相一致到何种程度，还不太清楚：

表1

	（百万英镑）			
	1928年	1929年	1930年	1931年
总投资	791	731	620	482
原有资本的耗损值	433	435	437	439
净投资	358	296	183	43

库兹涅茨先生（Kuznets）在编制美国1919—1933年的**总资本形成**（Gross Capital Formation，也即我所谓的投资）的统计资料时，曾得出了颇为相近的结论。与产出统计数字相呼应的物质事实，只能是总投资而非净投资。库兹涅茨先生也发现从总投资转向净投资在计算上的困难。他这样写道："从总资本形成转向净资本形成的困难，也即为了反映现有耐用品的损耗而对数字作出调整的困难，并不仅仅在于资料的匮乏，还在于能使用多年的物品的年耗损这一概念本身含糊不清。"因此，他只能"假设工商企业的账簿中所扣除的折旧和损耗，都能正确地反映它们所使用的现有耐用品中的折旧和耗损量"。[2] 另一方面，他全然不打算对个人手中拥有的房屋以及其他的耐用品进行折旧上的扣除。库兹涅茨关于美国的许多有意思的统计结果可以概括如下（表2）：

---

[1]　参看克拉克一书的第117页和第138页。

[2]　这些参考资料取自美国国民经济研究局（第52号）公报，该公报给出了库兹涅茨先生即将出版之书的初步结论。

表 2

	(百万美元)								
	1925年	1926年	1927年	1928年	1929年	1930年	1931年	1932年	1933年
总资本形成额（计及企业存货的净变动）	30 706	33 571	31 157	33 934	34 491	27 538	18 721	7 780	14 879
企业家常规维护、修理、检修、折旧和损耗	7 685	8 288	8 223	8 481	9 010	8 502	7 623	6 543	8 204
净资本形成额（按照库兹涅茨先生的定义）	23 021	25 283	22 934	25 453	25 481	19 036	11 098	1 237	6 675

从这个表格中我们可以看到几个显著的事实。在1925—1929年的五年中，净资本形成非常稳定，在上升阶段的后期只增加了10%。甚至在萧条阶段的谷底，对企业家在修理、检修、折旧和消耗上的扣除额也维持着较高的数值。但是，库兹涅茨先生的方法肯定会得到对折旧等的年增加量过低的估计数值，因为他估计的折旧费等项支出只相当于每年净资本形成的不到1.5%。尤为重要的是：1929年以后，净资本形成一落千丈；到了1932年，竟然降低了1925—1929年这五年**平均值**的95%以上。

上面所述，多少有些离题。但重要的是在强调，一个已经拥有大量资本设备的社会，要想得到通常可以用于消费的净收入，就必须从社会的收入中扣除一定的数额。如果我们忽略这一点，就可能低估它对消费倾向的重大牵制作用，甚至在大众愿意消费很大一部分净收入的条件下，这种牵制也还是存在。

消费——再重复一下这个人所共知的事实——是一切经济活动的唯一目的和对象。就业机会必然受到总需求程度的限制。总需求只能从当前的消费或为未来消费所做的当前准备中来。对于那种我们事先能够有利地为它做准备的消费，我们不可能无限期地把它推迟下去。作为一个社会，我们不能用财政上的政策，而只能用物质上的产出来满足未来的消费。只要我们的社会团体和企业组织，仍然可以把为未来消费所做的财务储备资金，与为未来消费所做的物质储备截然分开（因而为获取前者所做的努力并不必然也会获得后者），则财务上的审慎态度就会减少总需求，从而损害社会福利，就如许多例子所证实的那样。此外，我们为未来而预先准备的消费越多，我们就越难再进一步提供预先准备；作为需求的一个渠道，我们会更加依赖当前消费作为总需求的来源。然而，不幸的是，我们的收入越多，我们的收入和消费之间的差距就越大。因此，如果找不到某种新颖的应急之法，这个难题根本就无法解决，此时必然发生失业，其数量足够使我们变得如此之穷，以致我们的消费少于我们收入的部分，不会多过我们对未来消费所做的物质准备的价值，而这项物质准备在今天已经是值得生产的了。

或者，我们可以换个角度来看待这件事。消费是部分地由现在生产的物品来满足，部分地由以前生产的物品也即负投资来满足。消费用过去生产的物品满足达到一定程度，当前总需求会因之缩小，因为达到了那个程度，则当前支出的一部分就无法转变成净收入的一部分了。相反，在一个时期中，每当生产一件物品是为了满足以后的消费，则当前的总需求就会扩大。现在所有的资本投资迟早会以负投资的形式而告终。因此，随着资本存量的增加，要使资本投资超过资本负投资的数量大到足能补偿净收入和消费之间差额的地步，就会成为一个日益困难的问题。新的资本投资，只有当人们预期*未来的*消费支出增加时，才会超过本期的资本负投资。每一次我们用增加投资的办法来取得今天的均衡，我们就加重了取得明天均衡的困难。今天消费倾向的降低，只有当人们预期在未来某一天消费倾向会提高的时候，才可能使其合乎公共的利益。这使我们想起《蜜蜂的寓言》(*The Fable of the Bees*)——明天的欢乐，乃是今天甘于受苦的一个必不可少的因素。

值得一提的一件怪事是，一般人心目中似乎只有讨论诸如道路建筑、住宅建造等**公共投资**时，才会警觉到这一终极的难题。人们反对通过政府投资提高就业量的通常理由，是它会给未来制造麻烦。他们会这样问道："当你们根据预期为未来不变人口的需要，建造好这所有的房屋、道路、市政厅、高压电网以及供水设备等以后，这时你们将怎么办？"可同样的困难也适用于私人投资和产业的扩张，却不那么容易被人了解；这种困难尤其适用于产业的扩张。因为在这里，我们可以很容易地看出，对新厂房设备的需求（这些新厂房设备单独吸收的资金毕竟为数不多），要比住房的需求早日获得满足。

在这些例子中，也和在许多对资本所作的学术讨论中一样，妨碍了解的，乃是人们未能充分认识资本并非一个可以脱离消费而自我存在的实体。恰恰相反，被视为永久性习惯的消费倾向的每一次削弱，都必然会在削弱消费需求的同时，削弱对资本的需求。

第九章　消费倾向：Ⅱ. 主观因素

I

在既定收入下影响消费量的因素，除了上一章所说的之外，还有第二类，即在既定的以工资单位计量的总收入和我们已经讨论过的客观条件下，那些决定消费开支的主观的和社会的因素。不过，由于对这些因素的分析并无任何新奇之处，所以我们只要列出其中最重要的因素，而无需详加发挥。

一般而言，有八种属于主观性质的动机或目标，会抑制人们把收入用于消费：

（i）为应对事先无法知晓的意外事件而预作准备。

（ii）为个人或其家庭所预料到的未来在收入和需要之间关系的改变，可能与现在不同，因而预作准备，例如，为了养老、子女教育或亲属赡养而做的准备。

（iii）为获取利息和财产增值，这是因为人们宁愿在将来享受更大的实际消费，而不愿在当下享受较小的消费。

（iv）为使生活开支逐渐增加而作出的储备，因为人们普遍有一种本能，希望生活水平越来越好，而不是相反，虽然人们的享受能力可能在不断下降。

(v) 为享受独立感以及有所作为而作出的储备，虽然对具体的行动并没有明确的想法或意图。

(vi) 为实行投机计划或开展营业项目而积累本钱。

(vii) 为能留下遗产。

(viii) 为满足纯粹守财奴的欲望，也即对消费行为加以不合理而又坚持不改的抑制。

这八个动机依次可以称之为谨慎、远见、筹谋、改善、独立、进取、虚荣和贪婪；同时，我们还可以列出一个相应的消费动机表，譬如：享乐、短视、慷慨、失算、炫耀和奢靡。

除了个人积累起来的储蓄之外，在类似英国或美国的现代工业社会中，还有巨额收入为中央与地方政府、公私机构以及工商企业所保留，其数量约占这类社会总储蓄量的三分之一到三分之二。这类储蓄的动机在很大程度上与个人动机相类，但又不完全相同。这些动机主要有以下四种：

(i) 进取动机——取得财力以实行进一步的资本投资，而不必举债或在市场上筹资。

(ii) 流动性动机——取得流动性财力以应对紧急事项、困难情况和经济萧条。

(iii) 改善动机——取得逐年增长的收入，可以顺带使管理当局免受批评，因为由于积累而带来的递增收入与由于效率而带来的递增收入，很少有人能区别开来。

(iv) 财务上的审慎动机，和渴求"处于正确地位"而使财务储备资金超过使用者成本以及补充成本，以便在资本设备损耗殆尽和老化到不能使用以前（而非以后）即能清偿债务和收回成本。这种动机的强弱，主要取决于资本设备的数量和性质，以及技术变化的速度。

与这些能使人们抑制收入中消费部分的动机相应,有时候也存在着使消费超过收入的动机。上面列举的这些导致正储蓄的动机,有好几种是意在应付日后将会发生的负储蓄的。例如,用储蓄供家庭开支之用或养老之需。用借款来支付失业救济金,最足以视为负储蓄。

所有这些动机的强弱,在很大程度上取决于以下几方面的因素:我们所设定的经济社会的制度和组织体系,种族、教育、习俗、宗教和流行的道德观念所形成的习惯,现在的希望和过去的经验,资本设备的规模和技术水平,以及当前的财富分配和已经形成的生活标准。不过,在本书的论述里,除了偶尔几处题外话,我们并不关心社会变革的长远后果,或者长期进步中的缓慢影响。也就是说,我们把形成储蓄和消费的主观因素的主要背景视为既定。由于财富的分配取决于社会那多少有些永久性的社会结构,所以它也可以被认为是在长期中缓慢变化的因素,从而在本书现有的语境下被视为既定的因素。

II

因此,由于影响消费倾向的主观动机和社会动机变化缓慢,而利率和其他客观因素的短期影响又往往居于次要地位,所以我们得出的结论只能是:消费的短期变化主要取决于收入(以工资单位衡量)的多少,而不取决于既定收入下消费倾向的变化。

然而,我们还是得确保不会引起误解。上述的意思是说,利率的有限变化对消费**倾向**的影响通常很小。但这不是说,利率变化对**实际储蓄**和消费的数量只有很小的影响。恰好相反,利率的变化对实际储蓄量的影响非常重要,但其影响**方向**却**与通常设想的相反**。这是因为,虽然高利率带来的更高未来收入这一激励会使得消费倾向下降,但我们却可以肯定,利率上升将减少实际储蓄的数量。这是因为,总储蓄受总投资的支配，而利率的提高（除非被相应的投资需求表变化所抵消）总是会减少投资。所以，利率的提高必然会影响收入，把它降低到某一水平，在这个水平上储蓄会减少到与投资相等的地步。由于收入的下降在绝对量上要大于投资的下降，所以，当利率上升时消费量就会减少，这的确是正确无疑的。但这并不是说，利率的上升会使储蓄增加。相反，储蓄和消费支出**都会**下降。

由此来看，即使利率上升会使社会从**既定收入中**储蓄更多，但我们仍然可以十分确定地说，利率的上升（假设在投资的需求表中没有有利于投资的变动）会减少现实中的总储蓄量。类似的论证方法还告诉我们，在其他条件不变的情况下，利率的上升会使收入降低多少。因为收入的下降（或者再分配）必须是这样一个数量，即在当前的消费倾向下使储蓄减少的量，与利率上升在当前的资本边际效率条件下使投资减少的量相等。在下一章，我们将对这个方面予以详尽的考察。

如果我们的收入不变，则利率的上升将会诱使我们储蓄更多。但如果更高的利率阻碍了投资，那么我们的收入就不会，也不可能会保持不变。收入必定下降，从而会降低我们储蓄的能力，直到下降的储蓄能力足以抵消更高利率所带来的储蓄积极性。我们品德越是高尚，越是致力于勤俭节约，我们的国家和个人在财务上越是坚持正统原则，则当利率相对于资本边际效率上升时，我们的收入就会下降得越多。固执只能带来惩罚，而不会带来报酬，因为它所产导致的后果是确定不移的。

总之，按照上述说法，现实中的总储蓄量和总消费量并不取决于审慎、远见、筹谋、改善、独立、进取、虚荣和贪婪。美德和罪恶都不起作用。在给定的资本边际效率下，一切都要看利率对投资的有利程度。[1]

---

[1] 本节的某些段落里，我们已经预先使用了第四编的一些思想。

但事实并不是这样,这种说法未免言过其实。如果利率能够被控制在使它继续维持充分就业的水平,则节俭的美德仍将恢复它的影响,资本积累的速度还是要视消费倾向的衰弱程度而定。由此可见,古典学派经济学家们对节俭美德的颂扬,乃是由于他们隐含地假设,利率总是被控制在能维持充分就业的水平。

第十章 边际消费倾向和乘数

在第八章里,我们确认了一点:就业量只能随着投资的增加而增加。现在我们沿着这个思路再向前推进一步。在给定的就业量随投资增加而增加的情况下,我们可以在收入和投资之间确立一个确定的比率,这个比率就是**乘数**(multiplier)。在经过若干简化步骤后,还可以在总就业量和由投资所直接雇佣的就业量[我们称其为**初级就业量**(primary employment)]之间确定这个比率。这个进一步的推进,是我们整个就业理论中不可或缺的一个环节,因为在给定的消费倾向下,它可以在总就业量、总收入量和总投资量之间建立起一个精确的关系。乘数这个概念,是R.F.卡恩先生在其名为《国内投资与失业的关系》(*The Relation of Home Investment to Unemployment*,载于《经济学刊》,1931年6月号)的论文里首次引入经济理论的。在这篇论文中,他的论证来自这样一个基本想法:如果把各种假设情况下的(以及其他一些条件)消费倾向视为已知,如果国家的货币管理机构或其他的公共当局采取行动来刺激或遏制投资,那么就业量的变化就是投资量的净变化的函数。他的论证的目的,在于建立一个一般性原理,用来估计净投资的增加和由此导致的总就业量的增加之间的实际数量关系。不过,在论述乘数以前,有必要介绍**边际消费倾向**(marginal propensity to consume)这一概念。

I

本书所考察的实际收入的波动,是将不同的就业量(也即不同数量的劳动单位)用于给定数量的资本设备而造成的收入波动,从而实际工资随着被使用的劳动单位数量的增减而增减。如果像我们一般所假设的那样,边际报酬随一定的资本设备所雇佣的劳动单位的增加而递减,那么,用工资单位计量的收入增加的比例就会大于就业量增加的比例,而就业量增加的比例又大于用产品计量的(如果那是可能的话)实际收入增加的比例。然而,以产品计量的实际收入和用工资单位计量的收入会一起增加或减少(这是就短期内资本设备几乎没有变化的情况而言)。因为用产品计量的实际收入无法精确测量,所以用工资单位计量的收入(Y_w)往往被当作实际收入变动的实用的指标。在某些情境中,我们一定不要忽略这一事实:一般来说,Y_w 的增加和减少的比例大于实际收入增加和减少的比例。但在另外一些情境中,它们又总是同时增加或减少,这一事实使它们成为了几乎可以相互替代的东西。

我们常规的心理规律是这样的:当社会的实际收入增加或减少时,社会的消费也将增加或减少,但后者的增加或减少不如前者那样迅速。因此,我们可以把这一规律改写成——并不是绝对准确,而是受到限制条件的约束,这些限制条件显而易见,且能很容易地以完整的形式予以阐明——下面这个命题:ΔC_w 和 ΔY_w 符号相同,但 $\Delta Y_w > \Delta C_w$,其中 C_w 是用工资单位计量的消费量。这不过是重复上文(原书)第 29 页的那个命题罢了。这样,我们把 $\dfrac{dC_w}{dY_w}$ 定义为**边际消费倾向**。

这个量还是相当重要的,因为它告诉我们,产出的下一次增量将如何在消费和投资之间进行分割。由于 $\Delta Y_w = \Delta C_w + \Delta I_w$,其中 ΔC_w 和

ΔI_w 分别是消费和投资的增量；所以，我们写作 $\Delta Y_w = k \Delta I_w$，其中 $1 - \dfrac{1}{k}$ 等于边际消费倾向。

我们称 k 是**投资乘数**（investment multiplier）。它告诉我们：当总投资增加时，收入的增量等于投资增量的 k 倍。

II

卡恩先生的乘数与这里的略有差别，因为他的乘数衡量的是总就业量的增量和与之相关的投资品行业的初级就业量的增量之间的比例，我们可以把它称为**就业乘数**（employment multiplier），以 k' 表示。也就是说，如果投资的增量 ΔI_w 所导致的投资品行业的初级就业量的增量为 ΔN_2，那么，总就业量的增量 $\Delta N = k' \Delta N_2$。

一般来说，没有理由认定 $k = k'$。这是因为，我们没有充分的理由来假定，各个不同行业的总供给函数，其有关部分的形状，刚好使得某一类行业就业的增量对引发就业增加的需求的增量之比例，与另一类行业的比例相同。[1]的确，我们不难设想这种比例不相同的情况。例如，

---

[1] 更准确地说，如果 e_e 和 e'_e 分别是全部行业的就业弹性和投资品行业的就业弹性，而且如果 N 和 N_2 分别是全部行业的就业量和投资品行业的就业量，那么，我们可以得出：

$$\Delta Y_w = \frac{Y_w}{e_e \cdot N} \Delta N$$

以及

$$\Delta I_w = \frac{I_w}{e'_e \cdot N_2} \Delta N_2$$

所以，

$$\Delta N = \frac{e_e I_w N}{e'_e N_2 Y_w} k \cdot \Delta N_2$$

即：

$$k' = \frac{I_w}{e'_e \cdot N_2} \cdot \frac{e_e N}{Y_w} k \text{（转下页）}$$

当边际消费倾向和平均消费倾向的差异很大时，$\dfrac{\Delta Y_w}{\Delta N}$ 和 $\dfrac{\Delta I_w}{\Delta N_2}$ 就很可能会有一些差异。因为对消费品的需求和对投资品的总需求，其各自变化的比例会有很大的不同。如果我们把这两类行业各自的总供给函数相关部分的形状差异考虑在内，那么，把下面的论证改写成更加一般化的形式，并不会有什么困难。但是，为了阐明其中所包含的思想，我们还是讨论 $k = k'$ 这个简化的情况。

因此，根据上述的论述，我们可以据此推论，如果社会消费心理处于这样的状态，即人们把所增加的收入中的 9/10 都用于消费，[1] 则乘数就是 10；同时，（例如）扩大公共工程所导致的总就业量，就是为公共工程所提供的初级就业量的 10 倍（假定不减少其他投资项目）。此时，即使就业量和实际收入有所增长，而倘若消费量保持不变，那么，就业量的增加就只能限制在公共工程所提供的初级就业量上。另一方面，如果社会愿意消费掉收入的全部增加量，那么经济就不会出现稳定点，物价也将无限上涨。在正常的心理状态下，只有当就业量增加的同时消费倾向也发生了变化（例如，在战争时期，支持节制个人消费的宣传所产生的结果），就业量的增加才和消费的下降联系在一起。也只有在这种情况下，投资品行业的就业量增加才能与消费品行业在就业量上的不利影响联系起来。

这里只是把到目前为止对读者已然是一目了然的内容，用公式来总结一下而已。除非公众愿意增加他们的以工资单位计量的储蓄量，否则以工资单位计量的投资量就不会增加。通常而言，除非公众以工资单位

（接上页）不过，我们没有理由预期全部行业的总供给函数和投资品行业的总供给函数会有显著的差异，从而使 $\dfrac{I_w}{e'_e \cdot N_2} = \dfrac{Y_w}{e_e \cdot N}$，由此可知，$\dfrac{\Delta Y_w}{\Delta N} = \dfrac{\Delta I_w}{\Delta N_2}$，因此有 $k = k'$。

[1] 贯穿本书，我们使用的数量都以工资单位计量。

计量的总收入在增加，否则他们是不会增加储蓄的。于是，所增加的收入中被公众消费掉的部分就可以刺激生产，一直到收入（及其分配）的新水平所提供的储蓄的增加额，大到足以和所增加的投资额相等的地步为止。乘数告诉我们，公众的就业量应该增加多少，才能使实际收入增加到足以诱使公众进行必要的额外储蓄之地步；而且，乘数是公众心理上的消费倾向的函数。[1]如果储蓄是药丸，消费就是果酱，那么，额外的果酱之多少，必须与额外的药丸之多少适成比例。除非公众的心理倾向与我们所认为的不一样，我们在这里可以确立一条规律，即：投资品行业增加的就业量必然会刺激消费品行业的生产，由此而带来总就业量的增加，所增加的总就业量是投资本身带来的初级就业量的乘数倍。

由上可知，如果边际消费倾向的数值接近于1，则投资量的微小波动就会带来较大的就业量波动；同时，相对较小的投资增量就能导致充分就业。另一方面，如果边际消费倾向的数值接近于0，则投资量的微小波动只会相应地导致就业量的微小波动。同时，要创造充分就业，可能需要大量增加投资。在前一种情况下，非自愿失业将是一种容易救治的病症，虽然听任其发展下去也会造成问题。在后一种情况下，就业量固然不大可能有多大变化，却容易停留在一个较低的水平，此时除非施以猛药，否则很难救治。现实中，边际消费倾向似乎处于二者之间，更接近于1而不是0。结果，在一定的意义上，我们可以称得上是两种最坏的情况集于一身：既有着相当剧烈的就业量波动，同时，为了达到充分就业所需的投资量又大到难以筹措。不幸的是，就业量的波动幅度不足以使病症的性质一目了然，而其严重性却大到除非理解病症的性质否则便无从施诊的地步。

---

[1] 尽管在更为一般化的情况下，乘数也是投资品和消费品行业的物质生产条件的函数。

在达到充分就业后，无论边际消费倾向的数值如何，任何进一步增加投资的企图，都会造成价格无限上涨的趋势，也即我们到达了一种真正通货膨胀的境地。[1]不过，在到达这样的境地之前，物价水平总会随实际总收入的增加而上涨。

III

迄今为止，我们一直讨论的都是投资的**净**增加量。因此，如果我们想把上述内容无条件地应用于（例如）增加公共工程所发生的效果上去，那么，我们必须假设：一来没有其他方面投资的减少从而抵消这一效应，二来没有社会消费倾向的相关变化。卡恩先生在前面引述的他的那篇文章里，主要研究哪些是我们认为重要而应该虑及的抵消因素，并设法对它们作出数值上的估算。这是因为，在现实情况里，除了已知类型的投资之具体的增加额之外，还有几种因素影响最后的结果。例如，假设政府在公共工程上雇佣了10万名额外人员，再假设乘数（如前文所下定义）为4，那么，得出总就业增加量为40万的结论并不可靠。这是因为，新政策可能对其他方面的投资具有不利的影响。

在现代社会中，下面所列（依照卡恩先生）的这些因素，似乎都是最不容忽视的重要因素（虽然前面两点，我们要到本书第四编才能充分地加以理解）：

(i) 除非货币管理当局采取措施予以矫正，否则对公共工程资金的筹措，以及由于就业量增加和价格上涨而造成的周转现金的增加，都会引发利率的上升，从而阻挠其他方面的投资。与此同时，资本品成本的上涨，将使资本品的边际效率，对私人投资者而言，较前减低，而这种减低是需要利率出现切实的**下降**才能抵消的。

---

[1] 参见本书后文第二十一章，（原书）第314—315页。

(ii) 在混乱的心理状态下（这种情况甚为常见），政府的计划，通过它对"信心"所发生的影响，可以提高流动性偏好（liquidity-preference）或降低资本边际效率。除非采取措施予以抵消，否则这些影响会再次阻挠其他方面的投资。

(iii) 在一个有对外贸易的开放经济体系里，投资增加的乘数效应中有一部分是使外国得到增加就业的好处，这是因为一定比例的消费增加量会减少本国的贸易顺差。因此，如果我们仅考虑国内的而不是全世界的就业量，那么，我们就必须降低所计算出来的乘数数值。而另一方面，通过乘数效应在国外增加的经济活动，也可能为本国带来有利影响，因而使本国的这种外漏（leakage）获得部分补偿。

而且，如果考虑的是规模相当大的投资量变动，我们就必须考虑到，随着边际位置的逐渐移动而出现的边际消费倾向的递增变化，因之也必须考虑到乘数的变化。边际消费倾向并不是在一切就业量水平上都是一个常数，而且一般来说，当就业量增加时，边际消费倾向具有递减的趋势。也就是说，当实际收入增加时，社会愿意逐渐减少用于消费的比例。

除了前面刚刚提到的一般规则所发生的作用之外，还存在着其他因素来改变边际消费倾向，因之也会改变乘数；而且，一般而言，这些其他因素似乎很可能是加强而不是抵消一般规律的作用。这是因为，首先，由于短期内报酬递减规律的作用，就业量的增加将趋向于增加归于企业家的总收入比例，而企业家个人的边际消费倾向的数值，可能小于整个社会的平均值。其次，在某些私人和公共组织中，由于失业者可能依靠他们自己的储蓄或其亲友的储蓄，又或依靠来自贷款的公共救济来生活，所以失业的存在很可能会导致负储蓄；其结果是，失业者再就业，这些特殊的负储蓄行为会逐渐减少，从而减少边际消费倾向；在没有上述失业者再就业的情况下，即使社会实际收入增加的数量相同，边际消费倾向减小的速度相对也会更加缓慢。

无论是哪一种情况，投资净增量微小时的乘数值，总是大于投资净增量较大时的乘数值。因此，当我们考虑的是相当大投资量的变化时，我们必须基于所考虑范围以内的平均消费倾向来计算乘数的平均值。

卡恩先生曾经考察过，在某些特殊的假想情况下，这类因素会对乘数值造成什么样的影响。但这种研究显然不可能得到多么深入的一般化结论。例如，我们只能说，一个典型的现代社会，如果它是一个封闭的经济体系，同时它对失业者的消费补助只能来自其他消费者的消费部分的转移，这样，在考虑到各种抵消因素之后，它的乘数值不会超过5太多，那么，这个社会所消费的，大概不会少于实际收入的80%。不过，在一个进口品占其消费（比如）20%的国家，如果其失业者从贷款或其他类似方式中得到的补助收入，接近他们就业时正常消费量的（比如）20%，那么，此时的乘数值可能会降到2或3这样的低数值（即一个特定的新投资所提供的就业量的2或3倍）。如此一来，在一个对外贸易占有很大比重，而失业救济金又在很大规模上来源于借贷的国家里（例如1931年的英国就是这种情况），其投资波动所导致的就业量波动的激烈程度，要远小于上述因素不那么重要的国家（例如1932年的美国）。[1]

不过，我们还是要依靠乘数的一般原理来解释：在国民收入中相对只占微小比重的投资的波动，何以会造成其波动幅度远大于投资数量自身波动幅度的总就业量和总收入的波动。

IV

迄今为止，我们的讨论建立在这样的一个基础上，即总投资的变化事先已被充分地预见到，在这一前提之下，消费品行业和资本品行业的

---

[1] 有关美国的估计数字，参见（原书）第128页。

产量同时增长，从而除了产量增加而引起报酬递减之外，消费品价格不会受到更多的干扰。

但一般来说，我们应该考虑的，却是来自没有充分预见到的资本品行业的产量增加的情况。很显然，像这种主动的力量，要经过一段时期才能对就业量产生充分影响。然而，我却发现，在讨论之中，这一显而易见的事实往往引起下述两个方面的混淆：一方面是合乎逻辑推理的乘数理论，它在任何时点上连续有效，不存在时滞；另一方面是资本品行业扩张的后果，它具有时滞，仅能在一段时间后才能逐渐发挥作用。

这两个方面的关系，可以通过以下各点得到澄清：第一，未被预见到的或者不完全被预见到的资本品行业的扩张，均不会在总投资量的变化上立即发生同等程度的影响，而是使总投资量逐渐增加；第二，它可以使边际消费倾向暂时脱离其正常值，然后再逐渐回归正常值。

这样一来，在一段时间内，资本品行业的扩张会发生连续的一系列总投资量的增加；同时，在这个连续期内，还会发生一系列边际消费倾向的数值变化。这些数值不同于倘若资本品行业扩张能被预见到时应有的数值，也不同于社会已经确定总投资新水平时的数值。但在每一时间段内，乘数理论仍然能够在下述意义上有效：总需求的增加量，总归等于总投资的增加乘以边际消费倾向所决定的乘数所得之乘积。

对这两种事实的解释，可以通过考察一个极端的情况而看得更加清晰。这种极端情况就是：资本品行业就业的扩张，全然没有被预见到，以致在开始的第一个时期当中消费品行业的产量毫无增长可言。在这种情况下，那些在资本品行业新就业的人们消费掉其一部分收入的行为会抬高消费品价格，一直到需求和供给达到暂时的均衡为止。之所以能够达到这种暂时的均衡，部分是因为高物价使得消费后延，部分是因为收入再分配有利于储蓄者阶层。因为高物价造成了利润增加，部分地还造成了存货的减少。正是由于消费的后延而恢复了暂时的均衡，因而边际消费倾向（以及乘数值本身）暂时下降；正是由于存货的减少，所以，总投资量的增加必然少于资本品行业投资量的增加，也即在计算乘数的影响作用时，被乘的数值并不由于资本品行业投资的充分增加而增加。然而，随着时间的推移，消费品行业也会进行调整以适应新的需求，从而当被后延的消费实现时，边际消费倾向会暂时上升到高于正常水平，以达到能够补偿它过去下降到低于正常水平的差额，并最终恢复到其正常水平；与此同时，存货恢复到它们以前的数字，也会使总投资量的增长暂时大于资本品行业投资的增长（与较大产量相适应的营运资本的增加，也暂时会有相同的影响）。

一项没有预见到的变化，只有在一段时间以后，才会对就业量产生充分影响，这一事实在某些情境下是很重要的——尤其是在经济周期分析中，更是如此（像我在《货币论》中所遵从的思路那样）。但这一事实在各个方面都不影响本章所建立的乘数理论的意义，也不会使乘数无法作为一项指标，来说明资本品行业的扩张对就业所将产生的全部有利作用。此外，除非消费品行业的运营已经达到生产能力的极限（此时，产量的增加不能只靠更加集约地使用现有的设备，而必须增设新的厂房设备），我们并没有理由认为一定得要经过相当长的时间，才能使消费品行业的就业量与资本品行业的就业量同时增长，并使乘数大体以它的正常数值发挥作用。

V

从上述内容，我们已经看到：边际消费倾向越大，乘数就越大，因之在投资变化既定的情况下，就业量受到的影响也就越大。这一点似乎将导致一项矛盾的结论：一个贫穷社会（在这种社会中，储蓄只占收入一个极小的比例），却比一个富裕社会（在这种社会中，储蓄占收入一个较大的比例，从而乘数也较小）更容易遭遇剧烈的经济波动。

不过，这个结论忽视了边际消费倾向的影响和平均消费倾向的影响这两者之间的区别。这是因为，虽然对于既定投资变化的百分比，高数值的边际消费倾向会引起更大的**比例**效果，但是，如果**平均**消费倾向的数值也很高，则其**绝对**效果就会比较小。这可以用下面的数字例子来说明之。

让我们假定，一个社会的消费倾向是这样的：只要该社会的实际收入不超过在现有资本设备条件下雇佣500万人所得到的产量，它将消费掉其全部收入；额外增加雇佣10万人，它将消费掉其收入的99%；再额外增加雇佣10万人，它将消费掉其收入的98%；再额外增加雇佣10万人，它将消费掉其收入的97%；如此等等。雇佣1 000万人，就代表达到充分就业。由此可知，当雇佣人$5\,000\,000 + n \times 100\,000$时，此时的乘数值为$\frac{100}{n}$，国民收入中用于投资的比例为$\frac{n(n+1)}{2(50+n)}$。

这样一来，当520万人被雇佣时，乘数很大，为50。但投资却只占当期国民收入的很小一部分，为0.06%；结果，如果投资下降的比例很大，比如下降了大约$\frac{2}{3}$，那么，就业量仅仅下降到510万人，即下降约2%。另一方面，当雇佣900万人时，边际乘数较小，为$2\frac{1}{2}$。但现在的投资却占当期收入的一个相当大的比例，为9%。结果，如果投资下降$\frac{2}{3}$，则就业量将下降到690万人，即下降19%。如果投资下降到为零的极限情形时，在前一种情况下，就业量将下降约4%；在后一种情况下，就业量将下降44%。[1]

---

[1] 上面投资的数量乃是由被雇佣来生产投资品的人数来衡量。这样，当就业量增加时，如果出现每单位就业量报酬递减的情况，那么，以上述尺度为基础的投资量的加倍，将少于按实物尺度（如果存在这样的尺度的话）为基础的投资量的加倍。

在上述这个例子里，两个社会中比较贫穷的那一个之所以贫穷，是由于就业不足。但是，如果贫穷的原因是工作不够熟练、技术水平低下和机器设备不良，那么，这番论证只需要稍加修改，上述的投资可以提高收入的道理也可以适用。由此可见，虽然在贫穷社会乘数较大，但在富裕社会里，当前投资额占其当前收入的比例较大，所以，投资量的波动对就业量的影响也就更大。[1]

从上述的例子，还可以很显然地看到：当存在严重失业时，在公共工程中一定人数的就业（按照和例子中相同的假设条件下），会对总就业量产生比以后接近充分就业状态时更大的影响。在上述例子里，当就业量下降到 520 万人时，再额外雇佣 10 万人到公共工程中，则总就业量就会上升到 640 万人。但如果额外的 10 万人是在就业量已经达到 900 万人时被雇佣到公共工程中，则总就业量只会上升到 920 万人。因此，只要我们能肯定，当失业问题严重时，储蓄在人们的收入中所占的比例较小，那么，仅从减少救济金支出的代价而论，即使那些自身效用尚且存疑的公共工程，也值得一次又一次地推行下去。然而，当接近充分就业时，这样的公共工程是否值得推行，就大有疑问了。此外，如果我们假设的当接近充分就业时边际消费倾向将稳定地下降这一点正确无误，那么，要想从投资的持续增加中来进一步增加就业量，就会越来越困难。

从连续日期上的总收入和总投资的统计数字（如果可以取得的话）

---

[1] 更一般而言，总需求量变化的比例和投资量变化的比例之比为：

$$\frac{\frac{\Delta Y}{Y}}{\frac{\Delta I}{I}} = \frac{\Delta Y}{Y} \cdot \frac{Y-C}{\Delta Y - \Delta C} = \frac{1-\frac{C}{Y}}{1-\frac{dC}{dY}}$$

随着财富的增加，$\frac{dC}{dY}$ 递减，但 $\frac{C}{Y}$ 也递减。由此可见，上式中的分数值之增减，就取决于消费增减的比例是小于还是大于收入增减的比例。

中，编制一张旨在说明经济周期不同阶段边际消费倾向的数值表格，应该并非难事。然而，目前我们的统计数字，并没有精确到足以（或者按照我们的这个特定目的而收集到充分的数字）使我们能够得出比约莫的估计更精确的结果。据我所知，就我们的目的而言，最好的统计数字是库兹涅茨先生为美国所做的统计数字［在前文第103页（原书）引用过］，尽管这些数字还很不精确。这些包括国民收入在内的统计数字比我预期的数值要低，也比我预期的要更稳定。如果就一年一年来看，这些结果显得十分紊乱。但如果把它们排成一对一对来看，那么所得的乘数值似乎小于3，并且很可能稳定在2.5左右。这意味着边际消费倾向不超过60%—70%。这个数值对繁荣时期而言是很可能的，但根据我的判断，对萧条时期来说，则低得让人难以置信。虽然如此，美国极端保守的公司财务制度（甚至在萧条时期也是如此），或许也有可能造成这一结果。换言之，在由于没有对资本设备进行维修和更换而导致投资大幅下降的情况下，如果仍然在财务计算中扣除维修和更新的储备资金，那么，其影响所及将会阻碍边际消费倾向原本应有的升高。我猜想，在加重美国近来萧条的程度上，这一因素很可能起了重大作用。另一方面，这个统计数字也可能夸大了投资的下降程度。与1929年相比，1932年的投资下降了75%，同时净"资本形成"下降了95%以上。这些估计数字只要有轻微的变动，就可能对乘数值造成相当大的差异影响。

Ⅵ

当存在非自愿失业时，劳动的边际负效用必然小于边际产品的效用。事实上，它可能小很多。对于一个长期失业的人员来说，从事一定量的劳动，不仅不会带来负效用，反而可能有正的效用。如果接受这一点，则上述的推理就可以表明，为什么"浪费式的"举债支出（loan ex-

128 penditure)[1]在得失相抵之后，还可以增加社会财富。如果我们的政治家由于受到古典学派经济学的熏染太深，妨害了他们想出更好的办法来的话，那么建造金字塔、地震甚至战争，都可能起到增加财富的作用。

令人感到奇怪的是，为了摆脱古典学派所给出的荒谬结论，一般的常识往往倾向于采取**全属**"浪费式"的举债支出，而不是采取**部分**浪费式的形式，其原因在于：正是因为部分浪费式的形式并非全属浪费，所以它的采用与否是按照严格的"企业经营"原则进行判别的。例如，用借款来资助失业救济金，比起用借款筹措资金来进行效益小于当前利率的设备改进，更容易为人们所接受；同时，以开掘金矿为名在地上挖窟窿的做法，不但不能给世界增加实际的财富，反而会引起劳动的负效用，但它却是所有解决办法中最容易被接受的一个。

如果财政部把钞票塞进旧瓶子，然后把它们埋入废弃的矿井，再用城市垃圾把矿井填平，并且听任私人企业根据自由放任的原则，重新把钞票挖出来（当然，要通过投标来取得在填平的钞票区开采的权利），那么失业问题就不再存在，而且在由此带来的影响之下，社会的实际收入和资本财富很可能比现在多出很多。的确，建造房屋以及类似的东西会是更有意义的做法。但这样做，如果会遇到政治上和实际上的困难的话，那么上面讲的挖窟窿的办法总比什么都不做要好。

129 挖窟窿的办法和现实中开采金矿的办法，彼此完全相仿。经验表明，在金矿的深度适宜开采的时期，世界的财富迅速增加；而当适宜开采的金矿为数不多时，我们的财富数量即遭遇停滞或下降。由此可见，

---

[1] 通常为了方便，"举债支出"这个术语既包括从个人那里借款来为公共投资筹措资金，也包括从同一来源处取得资金的其他公共开支。严格而言，后者应该算作负储蓄，但这类官方行为并不受到像私人储蓄那样的心理动机的影响。因此，"举债支出"这个术语便可表示政府当局在一切账目上的净借款额，而不论借款是用于资本账目还是用于弥补预算赤字。举债支出的运用形式有两种，一种是增加投资，一种是提高消费倾向的数值。

金矿对于文明具有极大的价值和重要性。正如战争被政治家们认为是唯一大规模的和正当的举债支出形式一样,开采金矿也被银行家当作在地上挖窟窿的唯一借口,并认为这是一种健全的理财之道。战争和金矿开采对人类进步都发挥了作用——如果没有其他更好的办法的话。说得更详细一点,在萧条时期,用劳动力和原材料来衡量的黄金价格的上涨,有助于经济的最终复苏,因为黄金价格的上涨,增加了值得开采的金矿的深度,而且降低了值得开采的金矿的最低等级。

除了黄金供给量的增加可能影响利率之外,倘若我们没有其他的办法既能增加就业量,又能同时增加有用的财富存量,那么,基于下述两个原因,开采金矿就是非常可行的投资形式:第一,由于开采金矿具有赌博的性质,因此人们并不会十分注意时下的利率;第二,作为开采金矿的结果,黄金存量的增加并不像其他事物那样,会使其边际效用递减。一栋房屋的价值取决于它的效用,所以每增建一栋房屋,就会减少进一步增建房屋所能取得的租金,从而除非利率同比例下降,否则建造房屋的吸引力就会减少。但开采金矿的结果却不会遭此不利。抑制开采的条件,只能来自用黄金计量的工资单位的上升。而除非就业的情况大有改善,否则这种条件就不大可能出现。此外,黄金也不像其他耐久性较差的财富形式那样,因为支付使用者成本和补充成本而随后产生反效果。

古代埃及有着双重的幸运,它那神话般的财富无疑即源于此,因为它开展了**两项**活动:建造金字塔和寻求贵金属。这两项活动的果实,能以不被消费掉的方式来满足人们的需要。所以,它们不会由于数量充裕而降低其效用。中世纪则是忙于建造教堂,唱挽歌。两座金字塔,或者为逝者完成的两次弥撒,其效果两倍于一座金字塔和一次弥撒;但在伦敦和约克之间造两条铁路则不是如此。由是观之,我们现在如此明智,把自己训练成如此接近于一个谨慎的金融家的模样,以致我们在为后代建造住房时，事先要想好不要为后代增添更多的"财务"负担，结果，我们也就没有了像古埃及和中世纪时期那样的简便办法来避免失业的痛苦。我们必须承认，失业是运用私人"致富"之道于国家事务所无可避免的结果。私人的"致富"之道，其方式是使个人不断累积他对享受的要求权，而这些要求权他又并不想在任何确定的时间内加以行使。

第四编　投资诱力

第十一章　资本边际效率

I

当一个人购买一件投资品或一项资本资产时,他实际上是在购买从该项投资取得一系列预期报酬(prospective returns)的权利。他期望在该资产的寿命期限内,能借着出售该资产所得的收入,减去为生产时所支出的经常开支,以获得这一系列的报酬。为了方便,我们把这一系列的年收入 Q_1, Q_2, …, Q_n, 称为该项投资的**预期收益**(prospective yield)。

与该项投资的预期收益相对应的,是资本资产的**供给价格**。这个供给价格,指的不是资产在市场上能够实际被买到的市场价格,而是正好诱使制造商新生产一项相同的资本资产的价格,也即有时所称的**重置成本**(replacement cost)。一项资本资产的未来收益与其供给价格或重置成本之间的关系——资本资产增加一单位预期收益与该单位的重置成本之间的关系——就告诉了我们这种**资本的边际效率**(marginal efficiency of capital)。更确切地说,我所指的**资本边际效率**,是等于一项贴现率,应用这项贴现率,可以使资本资产在其寿命期限内所将产生的一系列预期年收入的现值,恰好等于该项资本资产的供给价格。这使我们可以求得各种特定类型的资本资产的边际效率,而不同资本资产的边际效率中的最大值,即可被视为一般的资本边际效率。

读者应该注意，这里的资本边际效率，是根据对收入和资本资产的当前供给价格的预期而加以定义的。它要看以货币投资于一项新生产出来的资产预期由此能够获得报酬率而定；而不是看该资产寿命结束后，我们检视它的记录，看原来的投资成本究竟产生多少收益的历史结果而定。

在任何时期内，如果对任何一种给定类型资本增加投资，则该类资本的边际效率将会随着投资的增加而减小。这一部分是因为，当这种类型的资本增加时，其未来收益将会下降；还有一部分原因则在于，一般而言，对生产该种类型的资本之设备造成的压力，会致其供给价格提高。短期内，在形成均衡状态上，第二种因素通常会更加重要；但时间一长，第一种因素就更形重要了。因此，我们可以为每一种类型的资本建立一个列表，以表明为使资本边际效率下降到某一给定的数值，在同一时期内需要追加多少投资。然后，我们把各种资产的列表加总到一起，这样便可给出一个表示总投资量与相应的一般资本边际效率之间关系的列表来。我们称这个列表为投资需求表，或者称之为资本边际效率表。

显而易见的是，当前的实际投资率，会被推进到这样一点，在这一点，不再有任何种类的资产，其资本边际效率超过当前的利率。换言之，投资率会推进到投资曲线上的某一点，在这一点，一般的资本边际效率恰好等于利率。[1]

上述这同样的事情还可以表述如下。如果 Q_r 表示在 r 时的预期收益，d_r 是 1 英镑在 r 年以后按当前利率折算的现值，那么，$\sum Q_r d_r$ 就是

---

[1] 为了简化叙述，我忽略这样一点，即我们所讨论的，乃是相应于不同时间长度的一系列的利率和贴现率，而只有在不同时长的时期结束后，资产的各种预期收益才能实现。但要想重新改变叙述方式，以便把这一点涵盖进去，也并不是什么难事。

投资的需求价格。投资会达到这样一点，即在此一点上，$\sum Q_r d_r$ 等于前述定义下的投资的供给价格。另一方面，如果 $\sum Q_r d_r$ 下降到低于供给价格，那就不会有我们所讨论的此类资产的当前投资。

由此可知，对投资的诱力，部分地取决于投资需求表，部分地取决于利率。只有在本书第四篇的结论里，我们才能根据其实际的复杂性，对决定投资率的各种因素作出综合的考察。不过，我要请读者现在就注意一点：我们对于一项资产预期收益的知识，以及对于该项资产边际效率的知识，均不能使我们推算出利率或该项资产的现值。我们必须从其他来源确定利率，而且只有在做到这一点之后，我们才能通过对资产预期收益的"资本化"来估定一项资产的价值。

II

上述关于资本边际效率的定义，与普通的用法有什么关系呢？资本的边际生产率，或边际收益，或边际效率，或边际效用，是我们经常使用的耳熟能详的术语。但要想在经济学文献中，找到有关经济学者在使用这些术语时对其含义的清楚表达，却并不容易。

至少有三处含混不清的地方需要澄清。首先，这些术语所表达的，到底是单位时间内由于增加一个物质单位（physical unit）的资本所引起的物质产品的增量，还是由于增加一个价值单位（value unit）的资本所引起的价值产品的增量。前者涉及资本的物质单位在定义上的种种困难。我认为这些困难既无法解决，也没有解决的必要。当然，或许我们可以这样说：10 名劳动者在利用更多的机器时，可以在一块给定面积的土地上收获更多的小麦。但若是不引入价值单位，我不知道能有什么办法把这句话的内容转换成人们可以理解的数字比例。尽管如此，有关这一主题的诸多讨论,似乎主要关心的还是某种意义上的资本的物质生产率,虽然论者自己并未明白说出。

其次,还有一个问题就是资本边际效率到底是一个绝对量,还是一个比率。根据它所使用的情境,以及实际上把它和利率当作同一维度来看,资本的边际效率似乎应该是一个比率。但是,构成这个比例的分子分母到底指的又是什么,通常也不是很清楚。

最后,需要对下面两个概念作出区分——无视二者之间的区别将带来混乱和误解。一个概念是:在当前情况下,多使用一定量的资本所能得到的价值增量。另一个概念是:在所增加的资本资产的整个寿命期间,预期得到的一系列的价值增量。这两个概念的区别,就是 Q_1 与整个序列 Q_1,Q_2,…,Q_r,…之间的区别。这会引起预期在经济理论中的地位的整个问题。大多数关于资本边际效率问题的讨论,似乎对 Q_1 之外的这个序列的任何其他部分未做关注。然而,除非是在所有的 Q 都相等的静态理论中,否则这样做并不合理。普通的分配理论只有在静止状态中才成立,因为资本被假设为目前正在取得其(某种意义上的)边际生产力。资本的当前总报酬和它的边际效率没有直接关系,而在生产的边际上,资本的当期收益(也即产品的供给价格中包含的资本报酬)正是它的边际使用者成本,这与它的边际效率也没有什么密切联系。

如前所述,人们关于这个问题显然缺乏清晰的说明。同时,我相信,我在前文给出的定义和马歇尔曾经使用过的该术语的意义相当接近。马歇尔自己使用的术语是生产要素的"边际净效率"(marginal net efficiency)或"资本的边际效用"。下面的引文,是我在他的《经济学原理》(第六版,第 519—520 页)中所能找到的最有关联的一段的摘要。这段引文原本是不相连的句子,我把它们连起来,为的是方便表达他的说法之要旨:

有某工厂可以增用价值100镑的机器，而不增加其他开支，该工厂每年纯产量之值（即除去该机器本身的耗损外），增加4镑。[1]如果投资者尽先把投资投向利益优厚的地方，又如果经此程序达到均衡以后，投资者尚觉值得而且仅仅值得雇佣该机器，那么，我们由此一事实可以推断年利率为4%。但是这种举例，不过指出价值决定原因的一部分而已。如把这类例证当作利息论或工资论，那么就会犯下循环推理的毛病……假设在毫无风险的证券上，年利率是4%，而制帽业吸收资本100万镑。这就表示，制帽业可以善用这100万镑资本，宁可对它付4%的年利息，而不愿弃此资本于不用。假设年利率为20%，也许有其他机器，制帽业不能不用，年利率为10%时，所用的机器增多，年利率为6%时，所用的机器更多；如果年利率为5%，所用的机器进一步加多；最后因为年利率为4%，所以该行业使用的机器会继续增加下去。当制帽业拥有这个数量的机器时，则机器的边际效用——即仅仅值得使用的那个机器的效用——为4%。

上述引文显然表明，马歇尔非常清楚，若试图按照这种方式决定实际利率的数值，则将陷入循环推理。[2]从这段引文看，他似乎接受了我们前面所提出的观点：当资本的边际效率既定时，利率会决定新投资的数量。如果利率为4%，则意味着没有人会用100镑来购买一部机器，除非扣除成本和折旧之后，该机器仍能为他的年净产量增加至少4镑的数额。但我们将在本书第十四章看到，马歇尔在其他一些段落中并不是那

---

[1] 此段引文中凯恩斯所引为3镑，后面的年利率自然也就是3%，译者查看马歇尔《经济学原理》（第八版），发现此处是4镑，后面的年利率自然就是4%。为了统一，我们现在都使用马歇尔第八版《经济学原理》的数字。——译者注

[2] 但他认为工资的边际生产率论也同样具有循环推理性质，他是不是错了呢？

样谨慎——虽然当他的论证使他处于令人怀疑的境地时,他仍然可能退了回去。

尽管欧文·费雪教授并没有把它叫作"资本的边际效率",但在《利息理论》(Theory of Interest,1930年)一书中,他对他的所谓"超过成本的报酬率"下过定义。他的定义和我的是一样的。他写道:[1]"超过成本的报酬率是这样一种数值,它被用来计算所有成本和所有收益的现值,并且会使这两个现值相等。"费雪教授解释说,任何方面的投资数量取决于超过成本的报酬率和利率的比较。为了引诱新的投资,"超过成本的报酬率必须大于利率"。[2]"这一新的数量(或因素)在我们研究利息理论的投资机会方面,发挥着核心的作用。"[3]由此可见,费雪教授使用"超过成本的报酬率"这个术语,在意义上和目的上,和我使用"资本的边际效率"这个术语全无二致。

III

关于资本边际效率的意义和重要性的最严重的混淆,来源于未能看清它取决于资本的**预期**收益,而非仅仅取决于资本的当期收益。要说明这一点,最好的方式是指出生产成本的预期变化对资本边际效率的影响——无论这些变化是来自劳动成本(即工资单位)的变化,还是来自发明和新技术。今天生产出来的机器设备的产品,将在机器设备的寿命期间,和以后生产出来的机器设备的产品相竞争。而以后生产出来的机器设备,可能由于生产它们的劳动成本更低,或者也可能由于技术的改进,其产品的价格更低。因此,以后生产出来的机器设备的数量,将会

---

[1] 《利息理论》第168页。
[2] 前引书第159页。
[3] 前引书第155页。

一直增加到它们的产品价格下降到所容许的更低程度为止。此外，如果所有的产品都以较前为低的成本生产出来，那么企业家从旧机器或者新机器设备中所得到的利润（用货币计量）就会减少。只要这种发展事先被认为不可能发生，则今天所生产的资本，其边际效率就会适当地减小。

这就是人们对货币价值变动所做的预期能够影响当期产量的原因所在。如果预期货币价值下跌，则会刺激投资，因此刺激就业总量，因为这种预期提高了资本的边际效率列表，也就是提高了投资需求表；如果预期货币价值上升，则会发生抑制的作用，因为这种预期降低了资本的边际效率列表。

这就是被欧文·费雪教授最初称为"增值与利息"（appreciation and interest）理论背后的真谛之所在——这一理论区分货币利率和实际利率，经过货币价值校正之后，后者即等于前者。仅从他的理论表述中很难理解其真正的含义，因为它没有明确指出，货币价值的变化到底是否被假定为事先可以预料。如果事先并未预料到，则变化对当前事务就不会有什么影响；如果事先预料到，则当前商品的价格将立即获得调整，以使持有货币的利益和持有商品的利益再次相等；而且，要想使货币持有人从利率的变化上获得利益或蒙受损失，时间上也嫌太迟，因为利率的变化将抵消贷放出去的货币的价值在贷放期间的预期变化。所以，无论事先预料到或没预料到，都没有办法摆脱这种窘境。庇古教授假设一部分人预料到了货币价值的变化，而另一部分人则没有预料到，这样的权宜之计，也未能使他成功避开这一进退两难的问题。

这里的错误在于，它假定货币价值的预期变化直接影响利率，而不是影响既定的资本存量的边际效率。**当前**资产价格总是在不断调整以适应货币未来价值的预期变化。这种预期变化的重要性在于，通过它对资本边际效率的作用而影响生产**新**资产的积极性。预期价格上升之所以产生刺激作用，并不是由于它提高利率（在这里，用利率的上升刺激产量，是一种自相矛盾的做法——因为利率的上升会削弱这种刺激），而是由于提高了既有的资本存量的边际效率。**如果**利率随着资本边际效率的提高而作出了**相应的**上升，那么，对价格上升的预期便**不会**产生刺激的作用。这是因为，对生产的刺激，要看既定资本存量的边际效率**相对于**利率而言是否也发生提高而定。事实上，费雪教授的理论，完全可以根据"实际利率"这个概念来重写。所谓"实际利率"，是指人们对货币未来价值的预期状态发生变化后，为了使这种变化不影响到当前的生产，所必须有的利率。[1]

值得注意的是，若预期利率在将来下降，则会产生**降低**资本边际效率曲线的效果。这是因为，它意味着今天生产出来的机器设备，在它的部分寿命期限内所制造的产品，必须和满足于获得更低报酬的机器设备所制造的产品竞争。不过，这种预期并不具有很大的降低作用，因为对各种期限的将来利率的预期，会部分地反映在相应的今天的利率上。尽管如此，仍然还是会有一些抑制的作用，因为今天生产出来的机器设备所制造的产品，会在该机器设备寿命终结之前，和更新的机器设备所制造的产品竞争，而更新的机器设备由于更低的利率而满足于获得更低的报酬，因为今天生产出来的机器设备，在其寿命终结之后的时期，利率也将更低。

既定量资本的边际效率取决于预期的变化，理解这一点至关重要。

---

[1] 参看罗伯逊先生的文章："Industrial Fluctuations and the Natural Rate of Interest", *Economic Journal*, 1934 年 12 月号。

因为主要是这种依赖关系,才使资本边际效率发生相当剧烈的波动,而这种剧烈波动可以用来解释经济周期。在本书后文第二十二章,我们将表明,资本边际效率相对于利率的波动,可以用来描述和分析繁荣与萧条的交替发生。

Ⅳ

有两类风险影响投资量,通常人们对此不加区分,但对它们作出区分是很重要的。第一类风险是企业家或借款者的风险,它来自企业家或借款者对他自己希望得到的未来收益可能性的怀疑。如果人们用自己的钱从事冒险事业,那么,这便是唯一有关的风险。

但当存在借贷制度时,就会出现第二类风险。所谓借贷制度,我的意思是指,贷出一笔款项要有动产或者不动产的担保。这第二类风险,可以称为放款者的风险。这类风险可能源于道德风险(moral hazard),即故意不履行债务或使用合法手段来逃避债务,也可能源自缺乏足够的担保,即由于未能实现预期结果而造成的对债务的非自愿拖欠。此外还可能存在第三类风险,这就是货币的价值可能发生不利的变化,因而使货币贷款在这种变化范围内没有实物资产那样可靠;不过,这种风险的全部或大部分应当早已反映在耐用性资产的价格中,而且已经纳入耐用性资产的价格之内。

第一类风险,在某种意义上是一种实际的社会成本,虽然这种成本通过平均化或者增加预期的准确性可以减少。然而,第二类风险则是投资成本的纯增加,如果借款者和放款者是同一个人,那么这种风险就不会存在。此外,它还牵涉到重复计算企业家所承担的风险的一部分,即这部分风险被加进纯利率内**两次**,以求得引诱投资的最低预期收益。这是因为,如果一项投资具有较大风险,那么,借款者就会要求预期收益和利率之间有一个很大的差额，只有这样他才认为值得借款。同样的理由，也使放款者要求在他所收取的利率和纯利率之间具有一个较大的差额，以诱使他放款（除非借款者实力强大而且富有，能够提供特别保证）。也许，期望未来能产生极有利的结果，可以使借款者心中的风险因素减轻，但这种希望却不会缓解放款者心中的疑虑。

据我所知，这种重复计算企业风险的部分从未受人重视，但在某些情况下，指出这一点非常重要。在繁荣时期，人们对借款者风险和放款者风险的估计，很容易变得非常之低，而流于轻率行事。

V

资本边际效率列表具有根本的重要性，乃是因为对未来的预期之所以影响现在，主要是通过这个因素（利率这个因素的作用远不如之）。认为资本的边际效率主要是以资本设备的**当前**收益来表示（这只有在静态情况下，未来不会变化，因而不会影响现在，才是正确的），乃是不对的。这种认识上的错误，割断了今天和明天之间在理论上的联系。即使以利率而论，它实际上[1]也是一个**现时**的现象；而如果我们把资本边际效率也转换成同一状态，那么当分析当前均衡时，我们就无法直接说明未来的影响力了。

今天的经济理论往往以静态假设为前提，这使得经济理论在很大程度上缺乏现实性。但若引入前文所定义的使用者成本和资本边际效率概念，则我认为，经济理论就又回到现实中来了；而且，还可以把需要修改经济理论的地方，减少到了最低的限度。

---

[1] 并不全然如此；这是因为，利率的高低，有一部分反映了未来的不确定性（uncertainty）。而且，不同期限的利率之间的关系取决于预期。

正是由于存在着耐用性的机器设备,所以经济上的未来就与现在连接了起来。因此,对未来的预期,应能通过耐用性机器设备的需求价格而影响到现在,这与我们思想上的一般原理是一致且相容的。

第十二章 长期预期状态

I

在上一章我们已经看到,投资规模取决于利率与资本边际效率列表之间的关系。不同规模的当前投资,有着与之相应的资本边际效率数值;而资本边际效率的数值又取决于资本资产的供给价格及其预期收益。在这一章,我们将就决定一项资产的预期收益的各种因素,加以较详尽的讨论。

对未来收益的预期,我们所根据的各种考虑,有一部分是现有事实,对于这些事实,我们可以假定已经多多少少确切知道,另一部分则是未来事件,对于这些未来事件,我们只能以或多或少的信心加以预测。现有事实可以举出的有:现有的各类资本资产的存量、现有的资本资产的总量,以及消费者对那些需要较大资本帮助才能从事有效生产的物品的现有需求强度。未来事件可以举出的有:资本资产的种类和数量在未来的变化、消费者偏好的改变、在投资品的寿命期限内有效需求的强弱,以及在资本品的同一寿命期限内可能发生的用货币计量的工资单位变化。我们对于后一类考虑的心理预期状况,可以总括称之为**长期预期状态**(the state of long-term expectation),以区别于短期预期:当生产者决定以现有机器设备在今天生产某一产品时,他所据以估计该项产品制造完成后所能获得的收入，就是短期预期。关于这一点，我们在第五章已经考察过。

II

在形成我们的预期上，若是给非常不确定（very uncertain）[1]的事物赋予很高的权重，未免愚蠢。因此，有理由认为，在相当大的程度上，预期取决于我们感到比较有信心的事实，即使对我们所面临的问题来说，这些事实比起其他我们感到模糊不清和缺乏了解的事实来，可能不那么有决定性的关系。鉴于这一原因，现有情况下的各种事实，就会以不相称的比例进入我们长期预期的形成中来。我们通常的做法，总是掌握当前情况，然后引申到将来，只有当我们多多少少有确定理由预期它会有变化时，我们才加以修正。

由此可知，作为我们决策基础的长期预期状态，并不仅仅取决于我们所能作的最具可能性的预测，还取决于作出这一预测时所抱持的**信心**（confidence），即我们对于我们所做的最佳预测到头来全然错误的可能性给予多高的评价。如果我们预期会有大的变化，但又对变化的具体形式感到很不确定，那我们的信心就是微弱的。

实践中的人，对于他们所称的**信心状态**，总是给予最密切和最忧虑的关注。但经济学家们从未对它仔细分析，一般总是满足于对它的泛泛之论。尤其是没有说明，它对经济问题的重大意义，来自它对资本边际效率列表所产生的重大影响。资本边际效率列表和信心状态，这两个影响投资率的因素，并非截然可分。信心状态之所以重要，乃是因为它是决定资本边际效率列表的主要因素之一，而资本边际效率列表与投资需

---

[1] 这里的"非常不确定"（very uncertain），在我看来与"非常不可能"（very improbable）并非一回事。参看拙著《论概率》第六章，《论点的权重》。

求列表是一回事。

不过,对于信心状态,我们无法多做先验上的说明。我们的种种结论,主要取决于对市场和商业心理的实际观察。这就是为什么这里有些离题的论述,与本书大部分抽象分析有所不同的原因。

为了方便表述,在下面关于信心状态的讨论中,我们将假设利率没有变化;同时,在下面的各节里,我们把投资品价值的变化,仅归因于由于投资品的未来收益的预期所发生的变化,而非将未来收益资本化的利率的变化。而利率变化的影响,则可以很容易地加到信心状态变化的影响上去。

Ⅲ

明显的事实是:我们对未来收益作出估计所凭借的知识基础,极不可靠。我们对支配一项投资几年后收益的知识,所知不多,而且往往微不足道。坦率地说,应该承认,在我们对诸如铁路、铜矿、纺织工厂、专利药品的信誉、大西洋上的往来船舶、伦敦的城市建筑等投资项目十年后的收益加以评估时,我们所凭借的知识基础非常有限,有时一无所知,甚至对投资五年后的收益所做的估计,亦是如此。事实上,那些对此加以认真估计的人,通常为数极少,他们的行为也不足以支配市场。

以前,企业主要为创业者或他们的亲友所有,投资的多少取决于具有活跃性格和事业心的人是否足够多,他们把从事企业经营作为一种生活方式,并不真正依赖于对未来利润的精确计算。虽然在很大程度上,最终结果要看经营者的能力和品质是高于还是低于平均水平,但还是有点像买彩票。有人失败,有人成功。即使在事后也没人知晓,以投资金额来表示的平均结果,究竟是高于、等于还是低于通行的利率。虽则除去自然资源的开发和垄断的情况,其他各种投资的实际平均结果很可能使投资者失望,即使是在上升期和繁荣期,也是如此。经营者们所玩的,是技巧和运气相互混杂的游戏。终局之后,它的平均结果如何,参与者无从得知。如果人类的本性不受运气的诱惑,又从建造工厂、铁路、矿井或者农场中得不到乐趣(除了利润的满足之外),那么,仅凭冷静的计算,恐怕不可能会有大量的投资发生。

在旧日情形下,对投资于私人企业所做的决定,多半是不能中途撤销的,这不只对整个社会来说是如此,对于个人来说也是如此。在今天通行的所有权和管理权分离的情况下,随着有组织的投资市场的发展,这就产生了一个新的重要因素。它有时方便了投资,有时又给经济体系增添了极大的不稳定性。在证券市场不存在时,我们对业已存在的某一投资不时重新评估,是毫无意义的。证券交易所则每天都对许多投资项目重新评估,而这种重新估价,又经常向个人(虽然不是向整个社会)提供修改其所做投资的机会。这就相当于,一个农民在早饭后看过他的晴雨表,就可以决定在上午 10 点到 11 点之间把资本从农业经营中撤回,然后重新考虑他是否应该在本周的后面几天再投回农业经营里一样。然而,证券交易所每日的重新估价,虽然主要在便利原有投资从一个人转到另一个人,却必然会对当期投资率产生决定性的影响。这是因为,建造一家新企业的成本要大于购买一家类似企业的成本,所以,重新建立一家新的企业而另起炉灶,并没有什么意义可言。而在另一方面,如果有一个新的投资项目看上去耗资巨大,但它的股票却能在证券交易所卖出去并直接获利,那么,这种投资就还是具有吸引力的。[1]因此,某些种类的

---

[1] 在拙著《货币论》(第二卷,第 195 页)中,我曾指出:当一家公司的股票的市场价值很高,从而这家公司能够以优惠的条件发行更多的股票来筹集更多的资金时,这和用低利率借入一笔贷款具有同样的作用。现在,我应该这样描述这一事实:当前股票的较高市场价格,表示与此产权相应的资本边际效率增加,因此和利率的下降具有相同效果(因为投资额取决于资本边际效率和利率之间的比较)。

投资，与其说取决于专业的企业家纯正的预期，还不如说取决于由股票价格所显示的那些在证券交易所从事交易的人们的平均预期。[1]既然如此，每天（甚至每小时）对现有投资所做的这类具有高度重要性的重新估价，究竟是怎样进行的呢？

IV

实际上，人们通常都默契地按照某一习惯（convention）在行事。这一习惯的实质——虽然实际运作起来并不那么简单——在假定当前的情况将永远持续下去，除非有特定的理由预期事态会发生变化。这并不表示，我们真正相信当前的情况会永远持续——从大量的经验中，我们知道这是不可能的。一项投资在长期中的实际结果，很少与最初的预期相符。我们也不能通过下面这样的辩解，而为我们的行为提供合理化的解释：一个处于无知状态的人，在两个不同方向的任何一方发生错误的可能性是一样的，因此仍然有一个以均等的概率为根据的保险精算上的平均预期值。之所以无法给出合理化的解释，乃是因为我们可以很容易地说明，以无知状态为根据所做的算术上的均等概率假定，会导致荒谬的结果。实际上，我们是在假定当前的市场估价（不管它怎样得来），对于我们所具备的有关影响投资收益各项事实的知识而言，是唯一正确的估价，而且它只随这种知识的变动而同步变动。虽然从哲学的角度上看，它并不是唯一正确的，因为我们现有的知识，并不能提供充分的根据，来计算一个数学上的预期值。事实上，市场估价中包含各种各样的考虑，而这些考虑根本与投资的预期收益无关。

---

[1] 当然，这并不适用于那些不容易上市或缺乏与之密切因应的流通证券的企业。但从它们在新投资的总值中所占比例来看，这类企业的重要性正在迅速下降。

但上述习惯上的计算方法，**只要我们能够信赖它会继续维持下去**，那么，它倒也可以和我们所讨论的事项中的连续性和稳定性相符。

这是因为，如果存在有组织的投资市场，同时假定我们能够信赖习惯方法的维持，那么，一个投资者就可以很正当地觉得他所冒的风险乃是**不久的将来**在信息方面的真正变化。对于这类信息方面的变化可能性，他可以尝试着自己去下判断，而这类变化也不会很大。因为如果习惯方式不错，则只有这类信息方面的变化才能影响到投资者的投资价值。他不至于仅仅因为不知道他的投资在十年后所值几何而辗转难眠。这样，在短期内，对个体投资者来说，投资是相当安全的。同时，在许多个短期（无论有多少个）的连续期间内，投资也是相当安全的，只要投资者能够合理地信赖习惯的继续维持，并能因此而获得机会，在重大变化还没来得及发生之前，有机会修改他的判断和改变他的投资。因此，对社会来说是"固定"的投资，对个人来说则成了"流动"的投资。

我确信，我们的主要投资市场，就是在这类程序的基础上发展起来的。但一项习惯，以如此随意的方式形成对事物的绝对看法，不免有其弱点，这一点并不奇怪。事实上，我们所面临的当代问题——如何确保得到充分的投资——有不少地方就是由于这项习惯的不稳定性所造成的。

V

加深这种不稳定性的因素，其中一部分可以简述如下：

(1) 在社会的总资本投资中，不从事实际经营且对实际经营情况和未来的情况缺乏专门知识的人所持有的权益占比日渐增加，因此无论是投资的所有者还是打算购买投资的人，他们对投资所做的估价，其中所包含的真正知识成分也就越来越少。

(2) 现有投资的利润经常波动，这种波动固然明显是暂时性的和不

153 重要的,但对市场却具有过分到荒唐地步的影响力。例如,据说美国制冰公司的股票在夏季时的售价比在冬季时为高,因为在夏季时它们的利润因季节关系升高,而在冬季时无人需要买冰。银行休业假期的反复出现,也可能使市场对英国铁路公司的估价上涨数百万英镑。

(3) 由大量无知个人的群众心理所形成的习惯性估价,容易因为想法的突然改变而发生剧烈变动,而由此造成这种想法的突然改变的因素,对于预期收益并不真正发生多大影响。习惯上的估价之所以容易发生剧烈变化,乃是因为没有坚强的信心基础来维持它的稳定。尤其是在非正常时期,即使没有明确的理由可以预见到某种确定变化,人们也不像平常那样认为现有的事态会无限期持续下去。此时,市场会受到乐观情绪和悲观情绪的冲击。这类情绪固然是盲目的,但在缺乏合理计算的坚实基础时,它在某种意义上也可算是正常的。

(4) 但有一点特别之处,值得我们特别注意。人们可能会认为:知识和判断力超越一般投资者的市场专业人士之间的竞争,会校正无知个人的胡思乱想。然而,事实上专业投资者和投机者的精力和技能却主要用在了别的地方。这些人中的大部分,实际上关心的并不是对一项投资在其整个寿命期限内所可能获得的收益作出优质的长期预测,而是关心 154 能比一般公众提前一点预测到估价的习惯基础将发生何种变化。他们关心的,不是像那些购买一项投资并想长期"持有"的人们所关心的该投资的真正所值,而是市场在群众心理的影响下,对这项投资在今后三个月或一年的评价如何。而且,他们的这种行为可不是走向错误方向的结果,而是沿着上述路线组织起来的投资市场的必然结果。这是因为,如果你相信一项投资的预期收益使它值得 30,同时你还相信市场三个月后对它的评价是 20,那么,你用 25 去购买该项投资,就不是明智之举。

因此,专业投资者不得不去预测那些即将到来的相关信息和社会氛围的变化,而这些变化,根据经验,最能影响市场上的群众心理。这乃是以所谓"流动性"为目标而组织起来的投资市场的必然结果。在传统的理财准则里,肯定没有比流动性崇拜更不利于社会的了。流动性崇拜的准则认为,投资机构把它们的资源集中于持有具有"流动性"的股票,乃是一项积极的美德,但它忘记了,对整个社会而言,并不存在什么投资的流动性。有技巧的投资,其社会目标应该是去击败包围我们未来的各种无知和时间的黑暗力量。然而,今天最有技巧的投资,其实际上的私人目标,却是美国人所称的那种"抢先一步"(to beat the gun),以机智取胜于大众,把劣质的或贬值的半克朗币(half-crown,合二先令半)脱手给他人。

这种预测几个月后的习惯性估价基础而非投资的长期预期收益的斗智,甚至不需要在公众中有许多愚夫愚妇来作为专业投资者的牺牲品——它也可以发生在专业投资者中间。同时,这种斗智也不需要任何人对习惯性的估价基础保持着单纯的信仰,认为这种估价基础具有任何真正的长期效力。可以这样说,这是因为这种斗智好像是一种"叫停"(Snap)的游戏,一种"传花"(Old Maid)的游戏,一种"占位"(Musical Chairs)的游戏——一种消遣,在这种消遣当中,谁能不早不晚地喊出"停"字,或在游戏结束之前能把东西传给邻座,或者在音乐停止前能占到座位,胜利就属于谁。这些游戏可以玩得妙趣横生,虽然参加者都知道,有一个人们都不要的东西在传递当中,而在音乐停止时总会有人发现自己没有座位。

或者,我们把这个比喻稍做改变,把专业投资者的情况与报纸上的选美比赛相比拟。在这种比赛中,参与者要从报纸上登出的 100 张照片里选出 6 张最美的来。谁选出来的 6 张照片最接近全部参加者一起选出的 6 张照片,奖品就属于谁。因此,每一个参与者所必须挑选的,并不是那些他自己认为的最美的人，而是那些他认为其他参与者最能挑中的那些人。所有的参与者都这样来看待这个问题。这里的挑选，并不是根据一个人的最佳判断来挑出真正的最美者，甚至也不是根据平均意见来挑出真正的最美者。我们已经到了第三级：我们在发挥才智来推测平均意见所期望的平均意见到底是怎么样的。我相信，还会有人从事第四级、第五级和更高级的选择和推测。

如果读者在此插话问道：一个技能高超的投资者，能够不为现在流行的游戏所动，仍然按照他所构想的最佳的真正长期预期去购买投资品，那么，他在长期中肯定会从其他参与者那里获得大量利益。对这个问题，我们首先必须回答他说：这样严肃认真的人的确是有的，而且这类人对于所有参加游戏的人是否具有优势的影响力，会使投资市场发生很大的差别。但是，我必须还要补充一句：在现代投资市场上，存在着诸多因素，会使这类人的影响力减弱。根据真正的长期预期进行投资，在今天是如此艰难，以致很难付诸实际。凡是企图这样行为的人，比那些试图对群众行为作出较佳的猜测，从而洞悉群众行为的人，肯定要付出更多的精力，而且还要冒更大的风险。即使两种人的智力相同，但前者可能会犯更多灾难性的错误。从经验上看，我们尚且找不到明确的依据表明，对社会有利的投资也就是利润最大的投资。要击败时间的力量和我们对未来的无知，比"抢先一步"需要**更多**的智力。而且人生短暂，人类的本性希望很快就有结果出现，于是人们对快速赚钱有着特别的热情。对于遥远的收益，普通人会给它打上大大的折扣。专业投资的游戏，对于任何一个毫无赌性的人来说，实在是一件极令人厌恶和极辛苦的事，但对那些有赌性的人，他们却愿意为此付出应有的代价。此外，一个忽视市场在近期内的波动的投资者，为了安全起见，需要较多的资金，而且还不能用借来的钱从事大规模的经营——这就是一定量的智力和资金需要从这种消遣游戏中获得更高报酬的又一个理由。最后,在投资基金由人数众多的委员会、董事会或者银行来管理的情况下,最能促进公共利益的长期投资者,也恰恰是在现实中招致批评最多的人。[1]这是因为,就长期投资者的行为之本质而言,他在普通人看来,应该是古怪、不守常规而且鲁莽的。如果他成功了,这只会证实一般人对他的鲁莽之看法;如果在短期内,他没有取得成功——这种情况是非常可能的——那么,他也不会得到多少怜惜。世俗的智慧教导我们:就人们的声誉而言,守常规的失败要好过不守常规的成功。

(5) 迄今我们主要关注的,是投机者或投机型投资者本人的信心状态。这可能会使人们感到,我们已经暗中作出假设,认为只要投机型投资者对前景感到满意,他就可以在市场利率下拥有对货币的无限制的支配力。实际情况当然不是这样。因此,我们必须对信心状态的其他方面也加以考虑,即考虑贷款机构对这些借进款项的人所抱持的信心,有时也被称为信用状态 (state of credit)。信心和信用状态,二者之中的任何一个的低迷不振,都可能导致股票价格的崩溃,对资本边际效率造成灾难性的后果。但是,虽然二者之中只要有一个低迷不振,就足以造成经济崩溃,但经济的复苏,却要求二者一起恢复。这是因为,信用的低迷不振固然足以带来经济崩溃,但它的增强,虽然是复苏的必要条件,却非充分条件。

VI

上述这些考虑,不应该排除在经济学家的视界之外。不过,它们必

---

[1] 一个投资信托或保险公司,不仅要常常计算所持有的有价证券的股息收入,而且还要计算资本的市场价值。这种办法通常被认为是稳妥之举,但也可能过于重视资本估价方面的短期波动。

须被置于正确的角度上。如果让我把"投机"(speculation)这个术语用来指预测市场心理的活动,把"企业"(enterprise)这个术语用来指预测资产在其整个寿命年限中的预期收益的活动,那么投机不一定总能居于企业的上风。但随着投资市场组织的改善,投机占据上风所带来的风险却与之俱增。在世界上最大投资市场之一的纽约,(上述意义上的)投机的影响力非常之大。甚至在金融范围以外,美国人对于发现平均意见所认为的平均意见到底是怎样的,也常常过分热衷;这一国民性的弱点,在股票市场上得到了它的报应。一个美国人很难得像许多英国人那样,会"为了收入"去投资;他不会轻易地去购买一项投资,除非他期望发生资本增值。这只不过是以另外一种方式在说明下面这个事实:当一个美国人买进一项投资时,他对该项投资的预期收益所寄予的希望,不及他对习惯性估价基础的有利变化所寄予的希望,这就是说,他是上述意义上的投机者。如果投机者只是企业水流上的泡沫,那么他们可能毫无害处。但如果企业变成投机漩涡上的泡沫,情况就严重了。当一个国家的资本发展成赌博游戏的一项副产品时,它是不可能发展得好的。华尔街被认为是一个机构,其正当的社会目的,在于指导新的投资流入最有利(根据未来收益计算)的途径。但华尔街所达到的成功程度,并不能认为是自由放任的资本主义的各种令人瞩目的胜利之一——我认为华尔街最有头脑的人,其精力事实上是用在与此不同的目的上。如果我这种想法不错,那么上面所说也就不足为奇了。

这些趋势,是我们已经成功地组织"流动"投资市场后,很少能够避免的一项结果。人们通常认为,为了公共利益,赌场应该很难进入而且非常昂贵才是。也许,同样的道理可以应用到证券交易所上。伦敦证券交易所的罪恶之所以比华尔街的罪恶少些,其原因更多的不是英美两国国民性的差异,而是下面这个事实:对于一个普通英国人来说,思罗克英顿大街（Throgmorton Street）[1]远比华尔街对一个普通美国人更为难进和昂贵。股票经纪人的"赚头"（turn）、高额佣金以及付给财政部的高额转移税，这些手续费或税负，随伦敦股票交易所的交易连带发生，使市场的流动性大为减少（尽管两个星期结账一次的办法，其作用适与此相反），像华尔街那样的交易将有一大部分被排除出去。[2]要想减轻美国方面投机居于企业上风的现象，也许最恰当的改革办法，是对所有交易征收相当数量的转移税。

现代投资市场的情景，有时使我趋向于这样的结论，即为了救治我们当代的弊病，把投资的购买变为永久性的和不可分离的行为（犹如结婚，除了死亡或其他重大原因外，不得改变），也许是一个有效的办法。这是因为，如此则可迫使投资者把他的心思用在——而且也只用在——长期预期上。但我们只要对这种权宜办法稍加思虑，就不难发现它会让我们进退两难，而且显示出投资市场的流动性如何便利了新投资的进行，尽管它有时也妨碍了新投资的进行。这是因为，每个投资者以他所从事的买卖是"流动的"而感到自得（所谓"流动的"，就全体投资者来说，并不存在），这一事实使他的神经得以镇静下来，并使他愿意去冒险。如果个人对投资的购买变成非流动的，那么只要该投资者能够以其他方式保有他的储蓄，新投资将会受到严重的妨害。这就是上面所讲的进退两难。只要个人能够把他的财富贮藏起来或**借给他人**，那么，**另一种**以财富去购买实际资本资产的方式，就不会具有充分的吸引力了（特别是对于一个不经管资本资产而且对资本资产所知甚少的人，更其如此），除非去组织市场，使这些资产在该市场内可以很容易地变现。

---

[1] 伦敦证券交易所所在街名。——译者注

[2] 据说，当华尔街交易兴旺时，投机者对于投资者的买进（或卖出），其中至少有一半是要在当天又卖出（或买进）的。在商品交易所中，也常有这类情形。

信心的危机，使现代世界的经济生活罹受痛苦。解除这类危机的唯一治本之法，将是不允许个人在以下两者之间有所选择：一方面是消费他的收入，另一方面是命令别人生产特定的资本资产，而他认为这种资产是他所能从事的最有前途的投资（尽管此种判断，可能构筑在主观臆断之上）。当某一个人对于未来感到非常怀疑时，很可能他在困惑之余，转而去消费而少做新投资。但如此一来，却可以避免另外一种情况所带来的不幸的、累积性的和影响深远的后果：当他深为怀疑所扰时，他可以把他的收入既不用在消费上，也不用在投资上。

那些强调贮藏货币对社会的危险性的人，当然抱持着一些与上述相似的观点。但他们却忽视了一项可能的情况：上述现象，在货币贮藏毫无变化之际，或者至少没有发生等量变化之时，也能发生。

VII

除了投机所造成的不稳定之外，人类的本性也会造成不稳定，因为在人们的积极活动中，有很大一部分取决于自发的乐观情绪而非冷静的数学期望值，不管这些乐观情绪是来自道德伦理，还是来自享乐主义，抑或来自经济方面的考虑。我们之所以决定从事一些积极性的活动（这些结果的全部后果，要在许多天之后才能见分晓），恐怕只能说是动物精神（animal spirits）——一股发自天然的冲动，要有所作为，而不是饱食终日——造成的结果，而非以数量上的概率乘以数量上的利益，然后求出其加权平均值所造成的结果。不管各家企业在其组织章程中说得何等坦率和真诚，它只不过是在矫揉造作，假装自己主要是受章程中的声明所鼓舞。要说它是根据未来收益的精确计算而来，那也就比南极探险的利益计算稍多一点而已。因此，如果动物精神暗淡无光，自发的乐观情绪萎靡不振，因而使我们除了数学期望以外别无凭借，那么企业也将逐渐凋零殆尽；——虽然对亏损的担心可能有其根据，但并不会比之前对利润的渴望的根据更加合理。

我们可以有把握地说，因为对未来满怀希望而兴办的企业有益于整个社会，但就个人创办企业而言，合理的计算只有辅之以动物精神，才堪称完备，由此而使个人把最后损失的念头置于一旁，正如健康之人把死的念头置于一旁一样（这种最后损失的念头，常常侵袭创业者的意志，经验已经毫无疑问地对我们和创业者说明了这一点）。

很不幸，上述情况不仅意味着萧条和衰退的程度被人加以夸大，而且意味着经济繁荣过于依赖一种与普通工商业者气味相投的政治和社会氛围。如果因为对英国工党政府和美国新政的恐惧而使企业泄气，那么，这不一定是合理计算或政治图谋的结果，它只是发乎自然的乐观主义的美妙平衡遭到破坏的结果。因此，在估计投资的前景时，我们必须考虑到有些人的胆略、亢奋程度，甚至他们的消化情况和对天气的反应，因为投资大部分就靠这些人的发乎自然的活动。

但我们不应该据此得出结论，认为一切都取决于非理性的心理浪潮。相反，长期预期状态常常是稳定的，而且即使在它不稳定时，也会有其他因素发挥抵偿的作用。我们不过是在这里提醒自己：无论在个人事务，还是在政治和经济问题中，影响未来的人类决策，并不取决于严格的数学期望值，因为作出这种计算的基础是不存在的；而推动社会车轮运转的，正是我们内在里渴望有所作为的天性。至于我们理性的自我（rational selves），固然尽其所能地在各种可能途径中作最佳的选择，尽可能筹谋计算，但却常常为了我们的动机而依靠幻念、感情或运气行事。

VIII

此外，还有其他一些重要的因素，它们在现实中多少也会减轻我们对未来的无知所产生的影响。由于复利的作用，再加上随时间的推移而可能出现的资本设备的老化，许多投资项目对未来收益的考虑，主要着眼于相对而言比较近的未来回报。在最重要的一类长期投资情况（比如房屋建造业）里，投资风险经常可以通过长期契约由投资者转移到占有者身上——至少可以彼此分摊。长期契约可以使占有者感到，由契约的连续性和保障性所取得的利益，超过了风险。在另一类重要的长期投资情况（比如公用事业）里，其预期收益中相当大的部分，实际上已经为垄断特权加以保证，而且还有权利来按某一既定的利润空间来收费。最后，还有公共当局所举办的（或承担风险的）为数日益增加的投资。公共当局从事这类投资，坦白说来是由于它认为这类投资可以产生预期的社会利益，因此即使投资的商业利益可能相差很大也在所不惜，而且也不汲汲于谋求投资收益的数学期望值至少要和当期的利率相等，——尽管公共当局所要支付的利率，在决定它所能从事的投资规模时，可能仍然起着决定性的作用。

因此，在我们对长期预期状态的短期变化（区别于利率的变化）所产生的影响给予充分重视之后，我们仍然可以回过头来说，利率在正常条件下，无论如何对投资率都具有很大的（虽然不是决定性的）影响。但利率的管理，究竟能继续不断刺激适量投资到何种程度，只有经验才能表明。

就我自己而言，我现在对仅仅利用货币政策来控制利率是否能够取得成功，是略表怀疑的。我希望看到政府负起更大的责任来直接组织投资，因为政府能够依据长期观点和一般社会利益，来计算资本品的边际效率。而且，根据我上面阐述过的原则，市场对于不同类型的资本的边际效率所做的估计，变化非常之大，这绝非利率方面任何行得通的变化所能抵消。

第十三章　利率的一般理论

I

第十一章曾指出，虽然有各种因素使投资率上升或下降，从而令资本边际效率与利率相等，但资本边际效率本身却是与当前利率不同的事物。资本边际效率列表可以说是支配了人们需要可贷资金以从事新投资的条件，而利率则支配了人们在当期供应资金的条件。因此，为了使我们的理论完整，我们需要知道是什么决定了利率。

在第十四章及其附录中，我们将考察到目前为止对这个问题的答案。我们将会发现，大体而言，这些答案都把利率看作资本边际效率列表和储蓄的心理倾向之间相互作用的结果。但是，认为利率是一项平衡因素，可以使储蓄需求（即在一定利率水平下所将出现的新投资对储蓄的需求）和储蓄供给（即在该利率水平下由社会心理储蓄倾向决定的对储蓄的供给）彼此相等，是不可能成立的，因为我们无法仅仅根据这两个因素的知识推算出利率来。只要我们认识到这一点，那么，上述这些说法就不战自溃。

既然如此，那么对于这个问题，我们的答案又是什么呢？

II

一个人心理上的时间偏好要想得到完全体现,需要两种截然不同的决策。第一种是关于我称之为**消费倾向**的那个时间偏好的方面,也就是在本书第三编中所阐述的各种动机的影响下,消费倾向决定了每一个人的收入当中,多少比例用来消费掉,多少比例以**某种**对未来消费的支配权形式保留起来。

而一旦作出了这种决策,那就还有另外一个决策等待着他去作出。那就是他以**何种**形式来持有对未来消费的支配权。无论是对他的当期收入,还是对他的过去储蓄,他都需要作出这另外一个决策。是采取即时的、流动性的支配权形式(也即采取货币或者其等价物的形式),还是采取准备在一定的期限和非固定的期限内放弃这个支配权的即时流动性,而留待将来由市场情况决定,以在必要的时候能够按照何种条件把他对特定物品的延期支配权,转换成他对一般物品的即时支配权呢?换言之,他的**流动性偏好**(liquidity preference)程度有多高?在这里,一个人的流动性偏好,可以由他在不同情况下希望以货币形式保留的资源数量(以货币或者工资单位计量)的列表所表示。

我们将会发现,一般所接受的利率理论,其错误在于它们企图从上述两种心理上的时间偏好中的第一种来得出利率,然而却忽视了第二种。现在,我们必须努力补上这个缺陷。

显然,利率不可能是储蓄或等待的报酬。这是因为,如果一个人把他的储蓄用现金贮藏起来,虽然他的储蓄与之前一样多,但他并没有赚到利息。相反,仅凭利率的定义本身,我们就可以知道,利率是在一个特定的期限内,由于放弃流动性而得到的报酬。因为就其本身而言，利率无非是在一定期限内放弃一定数量货币的控制权以换取相应数额的债权[1]所得到的报酬，与这一数量货币之间的一个比例。[2]

可见，正是由于利率是放弃流动性的报酬，利率，在任何时候，所衡量的都是那些持有货币的人放弃他们对货币的流动性控制的不愿意程度。利率并不是平衡人们对投资资金的需求和人们抑制目前消费意愿这两者的"价格"，而是平衡以现金形式保有其财富的愿望与现有的现金数量的"价格"。这意味着，如果利率比较低，即如果放弃现金所得到的报酬下降，公众想要持有的现金总量就会超过现有的现金供给量；而如果利率提高，则会出现无人愿意持有的剩余的现金。倘若这种解释是正确的，那么货币数量就是流动性偏好之外的另外一个决定实际利率的因素。流动性偏好代表一种潜在的因素或者是一种函数关系趋向，它决定在给定利率水平下公众愿意持有的货币数量。因此，如果 r 代表利率，M 代表货币数量，L 表示流动性偏好函数，那么，我们就有：$M = L(r)$。这就是货币数量进入经济系统的所在和方式。

但在此处，我们且回过头去考察一下，为什么像流动性偏好这样的东西能够存在。关于这个方面，我们可以利用这个古老的区别来帮助说明：一方面是供目前商业交易用的货币用途，另一方面是供贮藏财富用

---

[1] 在"货币"（money）和"债权"（debts）之间划分出一条界限，需要看对具体问题的方便程度而定，这不会影响它们的定义。例如，我们可以把货币当作一般购买力的支配权，而这一支配权在三个月内不会和货币所有者脱离。而把债权当作在此期限内不能变回现金的支配权。我们可以用 1 个月，或者 3 天，或者 3 小时，或者任何其他的时期来代替"3 个月"。我们也能把在任何情况下都不是法定货币的东西排除在"货币"之外。但在现实中，为了方便，经常使用的形式是把银行定期存款，有时也把类似短期国库券的证券包含在货币之内。我一般还是像我在拙著《货币论》中所做的那样，把银行存款也看作货币。

[2] 与对具体问题的讨论不同（在那里，债权期限是已知的），在一般性的讨论中，我们所说的利率指的是适合于不同期限（也即，适用于不同期限的债权）的各种利率的复合体（complex）。

的货币用途。就这两种用途的第一种而言，显然可以看到，在一定限度内，为了流动性而牺牲一定数量的利息是值得的。但是，利率从来不是负值，那么，为什么人们宁肯采取只能产生很少或不产生利息的形式来保有财富，而不愿采取以产生利息的形式来保有财富呢（当然，在这里，我们假设不能赚取利息的银行存款和能赚取利息的债券具有相同的风险）？就此给出的充分解释，是非常复杂的，且留待第十五章加以说明。但在这里应予指出一个必要条件——没有这个必要条件，对货币作为保有财富的手段的流动性偏好，根本就不能存在。

这个必要条件便是存在着对未来利率的**不确定性**（uncertainty），也即不能确定未来不同期限的利率的复合体。这是因为，如果对于在未来时间居于支配地位的各种利率，我们都能事先确定预期到，那么，所有未来利率，就都可以从目前各种不同期限的债务所适用的利率中推算出来，而这些当前利率自将对应着未来利率的知识而调整。例如，如果 $_1d_r$ 是 r 年后的 1 英镑在第 1 年的现值，又已知 $_nd_r$ 是从第 n 年算起，r 年以后的 1 英镑在第 n 年时的值，那么，我们有：

$$_nd_r = \frac{_1d_{n+r}}{_1d_n}$$

从上式可知，n 年后把任何债券折算成现金的贴现率，都可以根据当前利率复合体中的两个而被推算出来。如果每一期限债券的当前利率都是正值，那么，购买债券来贮藏财富，必然总是比以现金的形式贮藏财富更为有利。

相反，如果未来的利率不确定，那么，我们就不能安稳地推算出，当第 n 年到来之时，$_nd_r$ 会等于 $\frac{_1d_{n+r}}{_1d_n}$。因此，如果在第 n 年到来之前产生了对流动现金的需求（这种情况不难想象），那么，与持有现金相比，购买长期债券然后再把它转换为现金,就多一个蒙受损失的风险。按照当前概率计算出来的收益的数学期望值或保险精算下的利润——虽然能否以这样的方式加以计算尚未可知,但假如它能这般加以计算的话——必须足以补偿希望落空的风险。

此外,如果存在有组织的债券交易市场,那么,由于未来利率存在不确定性而引起的流动性偏好,还有它更进一步的根据。这是因为,不同的人对前景的估计各有不同,而市场价格表示的是主要的看法。任何一个人,如果持有与此不同的意见,那么,他持有流动性资金的理由就很充分。因为倘若他的意见是对的,便可以从各个 $_id_r$ 彼此之间的错误关系中牟利。[1]

这与我们在前面针对资本边际效率所做的详细讨论极为相近。在前面的讨论中,我们已经发现:资本边际效率并不取决于"最佳的"看法,而是由群众心理所决定的市场估价而定。同样,由群众心理所确定的对未来利率的预期,对流动性偏好也有它的反作用——但在这里需要补充一点:那些相信未来的利率会高于当前市场利率的人们,有理由持有流动性资金,[2]而那些相信未来利率会低于当前市场利率的人们,就有动机从事短期借款,以便用来购买长期债券。此时,市场价格就会确定在"空头"的卖出量与"多头"的买入量相等的那一点。

前面我们对流动性偏好的三种类别所做的区分,可以解释为系由以下各项动机确定:(i)交易动机(transactions-motive),即由于个人或经

---

[1] 这一点与我在拙著《货币论》中所讨论的两种看法和"多头-空头"的情况是一样的。

[2] 或许有人这样认为,按照相同的逻辑,那些相信投资的预期收益将低于市场预期值的个人,会有充足的理由来持有流动现金。但实际的情况并非如此。这些人会有充足的理由持有现金或债券而非股票。但是,除非他也相信未来的利率要比市场目前所预期的数值为高,否则他会更愿意购买债券,而非持有现金。

营上的当前交易而产生的对现金的需要;(ii)预防动机(precautionary-motive),即为了安全起见,以现金的形式持有全部资金的一部分;(iii)投机动机(speculative-motive),即相信自己对将来的行情具有更为精确的估计,因而企图从中牟利。正如我们讨论资本边际效率时一样,一个高度组织化的债券交易市场,到底是好是坏,的确使我们感到为难。这是因为,在缺乏有组织的市场的情况下,由于预防动机所引起的流动性偏好将会大大增强;而当存在有组织的市场时,又会提供机会,使投机动机所形成的流动性偏好发生大幅波动。

上述论证可以下述方式说明:假设由交易动机和预防动机而形成的流动性偏好,它所吸收的现金数量对利率的改变(抛开它对收入水平的反作用)不太敏感,而且它对收入水平的反作用亦暂且不论,因而总货币量中减去这一数量后,剩下的部分即能用来满足来自投机动机的流动性偏好,那么,此时利率和债券的价格就必须定在这样的水平上,以确保某些人愿意持有的现金(因为在这一水平上,他们未来债券的价格持"空头"态度)正好等于可以用来满足投机东西所需要的货币数量。如此一来,每一次货币数量的增加,必然能把债券的价格提高到一定程度,使其高出某些"多头"的预期值,并由此而影响他们出售债券换取现金,加入"空头"的行列。然而,除去短暂的过渡期间以外,如果来自投机动机的货币需求微不足道,那么,货币数量的增加会立即把利率降低到必要的程度,以致就业量和工资单位得到充分提高,使所增加的货币数量能够完全被交易动机和预防动机所吸收。

一般来说,我们可假定:表明货币数量和利率之间关系的流动性偏好曲线,是一条平滑的曲线;这条曲线告诉我们,货币数量增加,利率就会下降。导致这一结果的原因有以下几个:

首先,如果其他条件不变,那么,随着利率的下降,有可能会有更多的货币被交易动机下的流动性偏好所吸收。这是因为，如果利率的下降增加了国民收入，那么，为了应付交易而持有的货币量，就会大体按照收入增加的相同比例而增加；与此同时，保持充足的现金以求方便的代价（用利息的损失来表示）也会减少。除非我们用工资单位而不用货币（在某些情况下更为方便）来衡量流动性偏好，否则，只要随利率下降而增加的就业量带来了工资的增长，亦即引起了工资单位的货币价值的增加，那么，同样的结果也会发生。其次，正如我们之前所见，利率的每一次下降，都会增加某些人所愿意持有的现金数量，因为他们对未来利率的看法不同于市场上一般的看法。

尽管如此，还是可能会出现这样的情况：即使货币量大幅增加，但也只能对利率产生相对较小的影响。因为货币数量的大幅增加，可能会大大加重未来的不确定性，以致由于安全动机所引起的流动性偏好会得到加强。同时，人们对于未来利率所持的看法，可能彼此一致，因而当前利率的微小变化也会造成大批人转向持有现金。有趣的是：经济体系的稳定性及其对货币数量变动的敏感性，竟然如此地依赖于人们对不确定性的**各种不同的**看法。我们若能未卜先知固然最好。但若是不能，而我们又想通过改变货币数量来控制经济体系的活动，那么，各人看法不一致就显得非常重要。因此，这种控制办法在美国要比在英国更加不稳定，因为在美国，同一时期每个人都倾向于抱持相同的意见，在英国，意见不一致则更为常见。

III

现在，我们已经把货币首次引入我们的因果链条中，并对货币数量的改变如何影响经济体系做了初步的窥探。不过，如果我们据此断定货币是刺激经济体系使其活跃的酒，那么，我们就必须提醒自己，在酒杯和嘴唇之间，还可能有几个容易滑脱的环节。这是因为，假设其他条件不变，货币数量的增加虽然可能会使利率下降，但倘若公众流动性偏好的增加大于货币数量的增加，那么，货币数量的增加就不会使利率降低。此外，假设其他条件相同，虽然利率的下降可以增加投资数量，但是，如果资本边际效率曲线下降得比利率还要快，那么，利率的下降就不能增加投资数量。再有，假设其他条件相同，虽然投资数量的增加可能增加就业量，但如果消费倾向下降，那么，投资量的增加也不会使就业量增加。最后，如果就业量增加，则价格将会上涨，上涨的程度部分地取决于物质供给函数的形状，部分地取决于以货币计量的工资单位是否易于提高。当产量增加，价格上涨时，它们对流动性偏好的影响，将会使货币数量增加，以便维持一定的利率。

Ⅳ

虽然投机动机下的流动性偏好，相当于我在拙著《货币论》中所称的"空头状态"的东西，但这两者绝非同一事物。因为在《货币论》中，"空头状态"被定义为一种函数关系。它不是利率（或债券价格）与货币数量之间的关系，而是资产价格和债券价格合起来与货币数量之间的关系。不过，这种处理办法会使利率变化所造成的后果与资本边际效率曲线变化所造成的后果，彼此混淆。我希望我在此已经避免了这种混淆。

Ⅴ

贮藏货币（hoarding）这个概念，可以视为最接近于**流动性偏好**这个概念。的确，如果我们用"贮藏货币倾向"代替"贮藏货币"，这两者大体上是一回事。但是，如果我们把"贮藏货币"视为实际现金持有量的增加,那么,它的意义就不够完整,——而且,如果它使我们认为"贮藏"和"不贮藏"只是单纯的非此即彼,则还会造成严重误导。原因在于:贮藏货币的决策并非绝对的,或者根本没有考虑放弃流动性所能获得的利益。——它是权衡各种利益所得到的结果,所以,我们必须知道天平的另一端上是什么。而且,只要我们把"贮藏货币"看作实际持有的现金量,那么,公众的决策便不能改变贮藏的货币量。因为,贮藏的货币量必须等于货币数量(或者——按照某种定义——等于货币数量**减去**为满足交易动机所要求的部分),而货币数量并不是由公众所确定的。公众贮藏货币的倾向所能做到的,不过是确定利率的水平。在这个利率水平下,公众愿意贮藏的货币总量与现有的现金总量相等。人们忽视利率与贮藏货币之间关系的习惯,可以部分地解释为什么利息通常被当作不花钱的报酬,而实际上却是不贮藏货币的报酬。

174

第十四章　古典学派的利率理论

什么是古典学派的利率理论呢？它是熏陶了我们所有人的一种经济思想，而且直到最近，我们都还在无所保留地加以接受。然而，我发现，要想把它精准地阐述出来，或者在现代古典学派的权威著作中找到对它的明确的论述，却很困难。[1]

不过，古典学派的传统，是把利率当作能使投资需求和储蓄意愿保持均衡的因素，这是相当明确的。投资代表对可投入资源的需求，储蓄代表对可投入资源的供给，利率则是能使这两者相等的可投入资源的"价格"。就像商品价格必然处在使对该商品的需求等于对其的供给之点一样，利率在市场力量的作用之下，也必然处在能使投资量与储蓄量相等的那一点上。

在马歇尔的《经济学原理》（《原理》）一书里的诸多字句中，倒是找不到与上述说法完全相合的。然而，他的理论似乎就是这样的。我自己就是受此熏陶，我多年来也是这样教育别人的。例如，从他的《原理》中，我们可以找出下面这段话来说明："利息即为任何市场上使用资本的代价，所以，它常趋向于某一均衡点，使得该市场在该利率下对资本的

---

[1] 参看本章附录给出的我所能找到的摘要。

需求总量，恰等于在该利率下即将来到的资本的总供给量。"[1]又比如，卡塞尔教授（Professor Cassel）的《利息的本质和必要性》（*Nature and Necessity of Interest*）曾解释：投资构成"对等待的需求"，储蓄构成"对等待的供给"，而利息是使二者相等的"价格"。不过，在这本书里，我也一样没有找到可以摘引的字句。卡尔佛教授（Professor Carver）《财富的分配》（*Distribution of Wealth*）一书第六章，明显把利息看成是使等待的边际负效用与资本的边际生产力保持均衡的因素。[2]阿尔弗雷德·弗拉克斯爵士（Sir Alfred Flux）［《经济学原理》（*Economic Principles*），第95页］写道："如果我们的一般性讨论有其道理的话，那么，就必须承认，储蓄和资本二者有利可图地运用机会之间，发生着自动的调整。……只要净利率大于零……储蓄就不会超过其各种有用的可能性。"陶西格教授（Professor Taussig）［《经济学原理》（*Principles*），第 ii 卷，第29页］画出了一条储蓄供给曲线，和一条代表"资本逐步增加时生产力递减"的需求曲线。此前他还写道（第20页）："利率最终会稳定在这样一点上，在该点，资本的边际生产力足以引诱出储蓄的边际增量。"[3]瓦尔

---

[1] 参阅原书186页及以后关于这段话的进一步论述（本处引文曾参考了商务印书馆出版的马歇尔《经济学原理》（下册）的相关译文，译者是陈良璧先生。——译者注）。

[2] 卡尔佛教授关于利息的讨论殊难理解，原因在于：第一，他所说的"资本的边际生产力"是指"边际产品的数量"，还是指"边际产品的价值"，前后并不一致；第二，他没有对资本的数量给出定义。

[3] 在关于这些问题的最近一次讨论中［F.H.奈特教授（F.H.Knight）在《经济期刊》（*Economica*）1934年8月号发表的题为《资本、时间和利率》（*Capital, Time and the Interest Rate*）的文章］，对资本的性质做了诸多有意义的和深刻的考察。他认为庞巴维克（Böhm-Bawerkian）式的分析无用，证实了马歇尔式传统的正确性。他所提出的利息理论，正好是传统的古典学派的模式。按照奈特教授的说法，资本生产领域的均衡，意味着"这样一种利率，在此利率下，储蓄流入市场的单位时间的量或速度，正好等于储蓄按照相同的净收益率流入投资的单位时间的量或速度。这个净收益率，又和市场上因利用储蓄而支付给储蓄者的净报酬率相同"。

拉斯在其《纯粹经济学要义》（*Éléments d'économie pure*）一书附录 I (III) 中论述"储蓄与新资本的交换"，曾明白指出，相应于每一个可能的利率，有着各人所将储蓄的总金额，也有着各人所将投资于新资本资产的总金额，二者趋于相等，而使二者相等的变量，就是利率。因此，利率就定于这样一点，在这一点上，代表新资本供给的储蓄和对新资本的需求彼此相等。所以，他是严格承袭了古典学派的传统的。

受传统理论熏陶出来的普通人——银行家、公务员或政治家——以及训练有素的经济学家，当然已经接受了这样一种思想：无论什么时候，当一个人进行储蓄时，这一行为会自动使利率下跌，而这又会自动刺激资本的生产。他们还认为，利率的下降程度，又刚好使由此导致的资本产量的增长与储蓄的增长量相等。他们还进一步认为，这是一个自我调节的调整过程，它的发生并不需要货币当局作任何特殊的干预，或者给予老祖母一样的照顾。同样，他们相信——这是一个更为普遍的信念，甚至在今天也是如此——每一次增加投资的行为，必然都会提高利率，倘若这种提高没有储蓄倾向的变化予以抵消的话。

现在，前面几章的分析应该已清楚地说明，上述这种说法肯定是错误的。然而，我们若要追寻意见分歧的根源，还是要先从意见一致的地方开始。

与新古典学派相信储蓄和投资实际上可以不相等不同，纯粹的古典学派接受二者相等的观点。例如，虽然马歇尔没有明白无误地表达出来，但他肯定相信总储蓄和总投资必然相等。事实上，古典学派的大部分成员把这一信念推进得太远了。因为他们认为，一个人每一次增加储蓄的行为，都必然会造成相应的增加投资的行动。在这个意义上，我的资本边际效率列表或投资需求列表，与上面引用的古典学派经济学者心目中的投资需求列表，并没有什么实质性的区别。但当我们谈到消费倾向以及它的连带概念储蓄倾向时,彼此之间就开始出现了意见分歧。原因在于,他们把重点放在了利率对储蓄倾向的影响上。不过,可以想见,他们大概不会否认收入水平对储蓄数量也具有重要影响。而在我这方面,我也并不否认,利率或许会对**既定收入**中的储蓄量有影响(虽然影响作用可能不像他们所设想的那样)。所有这些一致之处,可以概括为一个古典学派会接受而我也不会反对的命题,那就是:假设收入水平既定,则我们便可以推断,当前利率必须处于某一点,在该点处,对应于不同利率的资本需求曲线,与不同利率下既定收入中的不同储蓄量曲线,彼此相交。

但就在这里,确定的错误开始溜进了古典学派的理论。如果古典学派仅仅从上述命题中推论说,当资本需求曲线为已知,同时利率变化对既定收入中储蓄意愿的影响也为已知,收入水平和利率之间必然存在着唯一的相关关系,那么,对此就不会有什么可争论之处。而且这个命题还自然会引出另一个含有重大真理的命题,即如果利率为已知,同时资本需求曲线和利率对既定收入水平下储蓄意愿的影响亦为已知,那么收入水平就必然是使储蓄量等于投资量的因素。但事实上,古典学派的理论不仅忽视了收入水平变化所产生的影响,而且还包含着形式上的错误。

这是因为,从上述引文中可以看出,古典学派的理论认为,可以由此进而考察(例如)资本需求曲线的移动对利率的影响,而不需要取消或修改它对储蓄得来的既定收入量所做的假设。古典利率理论中的自变量,是资本需求曲线和利率对在既定收入条件下的储蓄量的影响;而(例如)当资本需求曲线移动时,根据该理论,新的利率就由两条曲线的交点来决定:一条是新的资本需求曲线,另一条是体现利率对既定收入中储蓄量的关系的曲线。古典学派的利率理论似乎认为,如果资本需求曲线移动，或者体现利率对既定收入中储蓄量的关系的曲线移动，或者两条曲线都有所移动，那么，新的利率就由这两条曲线新位置上的交点来确定。但这是一种毫无意义的理论。这是因为，该理论所假定的收入不变，和它关于两条曲线能够相互独立移动的假设，是彼此矛盾的。如果两条曲线中的任何一条发生移动，那么，一般来说，收入将会发生变化；其结果是，建立在既定收入这一假设条件之上的整个理论大厦就要坍塌。若想避免这种坍塌，就得另外作出某种复杂的假设，即假设上述曲线移动时，工资单位会自动变化，其变化的数量，恰好足以使它对流动性偏好的影响形成一个新的利率，这个新利率正好可以抵消上面假定的曲线的移动，从而使生产量仍然保持在曲线移动之前的水平上。而事实上，在前面所引述的著作中，是找不到任何有关这种假设必要性的蛛丝马迹。这种假设，最多只有在讨论长期均衡时才算合理，它并不能构成一项短期理论的基础。即便在长期中，也没有理由认为这种假设就能够成立。老实说，古典学派的理论一直都没有意识到收入水平的变化和他们所讨论的问题的关联性，也没有意识到收入水平实际上是投资量的函数的可能性。

上面的论述，可以用下图（图1）[1]加以说明：

在这幅图中，纵轴表示投资量（或储蓄量）I，横轴表示利率 r。$X_1 X_1'$ 表示投资需求曲线的第一次位置，$X_2 X_2'$ 表示该曲线的第二次位置。Y_1 曲线表示：当收入为 Y_1，在不同利率下的储蓄量。Y_2，Y_3 等曲线表示当收入为 Y_2，Y_3 等时的相应的情况。我们假设：Y_1 曲线是与投资需求曲线 $X_1 X_1'$ 相一致的 Y 曲线，二者的交点就是利率 r_1。现在，

---

[1] 此图是 R.F.哈罗德先生（R.F.Harrod）建议给我的。也可以参看 D.H.罗伯逊先生（D.H.Robertson）的与此部分类似的图解，载于《经济学刊》，1934 年 12 月号，第 652 页。

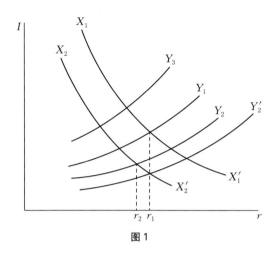

图 1

如果投资需求曲线从 $X_1 X_1'$ 移动到 $X_2 X_2'$，收入一般也会发生移动。但是，该图并没有包含足够的**数据**告诉我们这个新的收入的数值是多少，这样，由于我们不知道哪一条曲线是应有的 Y 曲线，所以，我们也就不知道新的投资需求曲线和应有的 Y 曲线的交点在哪里。然而，如果我们引入流动性偏好的状态和货币数量，而这两者又一起决定了利率 r_2，那么，整个情况就可以确定了。这是因为，与 $X_2 X_2'$ 曲线相交于 r_2 点上的 Y 曲线，就是应有的 Y_2 曲线。因此，X 曲线和 Y 曲线并不能告诉我们 r 是多少。如果我们先从其他方面知道利率水平是怎样的，那它们也只能告诉我们收入是多少。如果流动性偏好和货币数量均保持不变，因之利率也保持不变，那么，在 Y_1 曲线和原投资需求曲线交点的垂直线下面，与新投资需求曲线相交的 Y_2' 曲线，就是应有的 Y 曲线，而 Y_2' 就是应有的新收入水平。

因此，古典学派理论所使用的函数——即投资量与既定收入下的储蓄量对利率变动的反应——并不能提供一项利率理论所需要的材料；但它们可以用来告诉我们，在既定的（从其他方面可以得知的）利率条件下，收入的水平会是多少；或者换一种说法就是：要使收入保持在一个既定的水平（例如，相当于充分就业的水平），利率必须是多少。

古典学派的错误，在于把利率当作等待的报酬，而不是把它视为不贮藏货币的报酬；正如包含不同程度风险的贷款或者投资的收益率，不应该被视为等待本身的报酬，而应该被看成甘冒风险的报酬一样。实际上，在这些报酬和所谓"纯粹的"利率之间，并没有一条泾渭分明的分界线，它们都是甘冒这一种或那一种不确定性的风险的报酬。只有当货币只被用来满足交易的需要，而不被用作价值贮藏的手段时，一项不同的理论才会适用。[1]

然而，有两个大家都熟知的点，或许已使我们对古典学派的某些错误有所警惕。首先，至少从卡塞尔教授的《利息的本质与必要性》发表以来，大家都同意：当利率提高时，既定收入中的储蓄量是否一定会增加并不确定。同时，也没有人怀疑：投资需求列表会随着利率的上升而下降。但如果 Y 曲线和 X 曲线在利率上升时一起下降，就不能保证一条既定的 Y 曲线和一条既定的 X 曲线会相交。这就向我们表明，仅凭 Y 曲线和 X 曲线尚不能对利率加以决定。

其次，古典学派一般假定，货币量的增加具有降低利率的倾向，至少在短期内的最初阶段是这样。然而，对货币量的改变为什么会影响投资需求曲线和在既定收入下的储蓄量，古典学派却没有给出什么理由。因此，古典学派在第一卷论述价值论时所说的利率理论，就与它在第二卷论述货币理论时所说的利率理论大相径庭。它似乎并没有因为这个矛盾而感到不安。而且据我所知，它也没有试图对这两种利率理论加以调和，以打通其中的关节。这里所说的古典学派，是指真正地道的古典派；因为新古典学派试图调和两者，结果造成了一片混乱。这是因为，

---

[1] 参阅本书后文第十七章。

新古典学派曾给出推论认为，为配合投资需求列表，必须有**两种供给的**来源：其一是真正纯粹的储蓄，也就是古典学派所谓的储蓄，**还有其二**，由于货币数量的增加所带来的储蓄［某种对公众的征税行为，被称为"强制储蓄"（forced saving），或诸如此类的名称］。这就产生了"自然的""中性的"[1]或"均衡的"利率的说法，即认为存在一种利率，能使投资等于古典学派的真正纯粹而不包含任何"强制储蓄"的储蓄；最后，从他们认为正确的出发点，新古典学派提出了一个最明显的解决方案，即如果在一切情况下，货币数量均能保持**不变**，那么，这些麻烦就不会产生，因为设想中的投资超过真正纯粹储蓄的种种弊端，也就不可能出现。但正是在这一点上，我们陷入了万丈深渊。"野鸭子使劲扎到水底下，死啃住海藻海带——还有水里那些脏东西。它们再也不钻出来了。这就需要有一只非常机灵的狗。那只狗追着野鸭钻下水去，把它叼上来。"[2]

所以，传统的分析是错误的，因为它未能把经济体系的自变量正确地分离出来。投资与储蓄是由经济体系所决定的因素，而非决定经济体系的因素。它们是经济体系中的决定因素——即消费倾向、资本边际效率曲线和利率——所导致的结果。这三个决定因素，本身确实也很复杂，而且每个因素都会由于其他两个因素的预期变化而受到影响。但是，它们的数值不能相互推算出来，从这个意义来说，它们仍然是自变量。传统的分析认识到储蓄取决于收入，但它却忽视了收入取决于投资

---

[1] 当代经济学家的"中性"利率不同于庞巴维克的"自然"利率，也不同于维克塞尔的"自然"利率。

[2] 凯恩斯引述的这段话来自挪威剧作家易卜生的戏剧《野鸭》（*Wild Duck*），但并不是原文引用，而是由剧中人物艾克达尔对葛瑞格斯所说的两段话综合而成。我的译文参考了人民文学出版社出版的由著名翻译家潘家洵翻译的《易卜生戏剧》中的相关译文。——译者注

这一事实,这就是说:当投资改变时,收入必然也会改变,改变的程度刚好能使储蓄的变化等于投资的变化。

那些企图使利率取决于"资本边际效率"的理论,也并未比传统理论更为成功。在均衡时,利率确实等于资本的边际效率,因为一直到二者相等以前,增加(或减少)当前投资的规模都是有利可图的。但试图因此而形成一项利率理论,或由此推导出利率来,却会引发循环推理的问题。正如马歇尔一样,沿着这条解释利率的思路,走到半道就发现了这个问题。[1]这是因为,"资本边际效率"部分地取决于当前投资规模,而在能计算出这个规模之前,我们必须首先知道利率的数值。这里的重要结论是:新投资的生产量将会被推进到资本边际效率等于利率的那一点,而资本边际效率列表告诉我们的,并不是利率是多少,而是在利率给定的条件下,新投资的生产量会被推进到那一点。

读者从上面会很容易理解,我们在这里所讨论的问题,实在具有最根本的理论意义和压倒一切的实际重要性。这是因为,经济学家们赖以对现实问题提出建议的经济学原理实际上总是这样假设:在其他条件不变的情况下,支出减少会降低利率,而投资增加则会提高利率。但是,如果上述两者所决定的不是利率,而是总就业量,那么,我们对经济体系运行机制的看法,便会有深刻的改变。因为在其他条件不变的情况下,如果不把支出愿望的消减当作增加投资的因素,而是把它当作减少就业量的因素,那么,我们对于支出意愿减弱的看法,就会大为不同。

---

[1] 参见本章附录。

第十四章附录　马歇尔《经济学原理》、李嘉图《政治经济学及赋税原理》以及其他著作中的利率理论

I

在马歇尔、埃奇沃斯或庇古教授的著作中,均没有关于利率的连贯性的讨论——只不过是一些附带论及的文字。除了前文已经引用过的(原书第139页)的段落之外,马歇尔关于利率的看法仅有的一些重要线索,只能在他的《经济学原理》(第6版)第6编第534页和第593页上找得到,撮要引述如下:

> 利息既为任何市场上使用资本的代价,所以,它常趋向于某一均衡点,使得该市场在该利率下对资本的需求总量,恰等于在该利率下即将来到的资本[1]的总供给量。如果我们所讨论的市场是一小市场,例如一城或进步国家中的一业,则当该市场对资本的需求增

---

[1] 需要注意的是,马歇尔使用"资本"(capital)一词而不是"货币"(money),使用"资本量"(stock)一词而不是"贷款"(loan)。然而,利息却是为了借入货币而做的支付,从这个意义上说,"资本需求"应该解释为"为了购买一定量的资本品而对货币贷款的需求"。但是,是价格使资本品的供给量和需求量相等,而不是利率。利率能使之相等的是货币贷款的需求和供给,也即债务的需求和供给。

加时，可以从邻区或他业抽调资本，增加资本的供给，而迅速满足之。但是如果我们把全世界或一个大国当作资本市场，我们就不能认为，资本的供给总量，因利率的改变，而有迅速和大量的增加。因为资本的一般财源是劳动和等待的结果，利息提高，固然可以引入作额外劳动和额外等待，但在短期内，这种额外劳动[1]和额外等待，较之现有资本中的劳动和等待，不会很多。所以在短期内，对资本的需求大量增加时，满足这种需求的增加，出于供给的增加者少，而出于利率的上涨者多。[2]因为利率既涨，所以有一部分资本将从它的边际效率最低的使用中逐渐退出。提高利率，只能慢慢地、逐渐地增加资本的总供给量。（第534页）

我们不能不反复申述，"利率"一词，用在旧有资本投资品上，意义非常受限制。[3]例如，我们也许可以说，投于本国工商业的资

---

[1] 这里假设收入并非恒定不变。但是，利率的上升如何导致"额外劳动"（extra work）却不清楚。难道是由于上升的利率可以增加储蓄的吸引力，从而也增加劳动的吸引力，所以，我们把利率的上升看成一种类似实际工资的增加，从而可以诱使生产要素为了较低的工资而从事劳动吗？我想，这或许是 D.H.罗伯逊先生心目中对类似情况的想法。当然，"这不会很快形成一个很大的数量"，而且试图用这个因素来解释投资量的实际波动，最是不能令人信服，实际上也确实是无比荒谬的。对于这句引文的后半部分，我重写如下："如果由于资本边际效率列表的增加，对一般资本的需求大量增加，但这种增加没有被利率的上升所抵消，那么，作为资本品生产增加之结果的就业量的增加额和收入水平的上升，就会导致用货币计量的额外等待的数量，正等于当前资本品增加量的价值，从而正好满足后者的要求。"

[2] 为什么不能由资本品的价格上升来应付它呢？例如，假设"对一般资本的需求大量增加"乃是由于利率的**降**所造成，我会建议把这段文字改写成："因此，从对资本品的需求大量增加不能立即由增加的供给所满足而论，它必须由资本品的供给价格的提高而受到抑制。资本品的价格会作出足够的提高，从而使资本边际效率等于利率，而无需投资规模作出很大的变动。与此同时（正与任何时候一样），适用于生产资本品的生产要素将会被用于生产在新情况下的资本边际效率最高的资本品。"

[3] 事实上，我们根本就不能这样说。我们所能说的只是：为了购买投资的资本品（无论新旧，或者为了其他目的）而借入货币的利率。

本，约为 70 亿镑，年得纯利 3 厘。不过这种说法虽然方便，在许多场合也是容许的，但并不正确。我们应当说，如果在各工商业中新投资本所得的纯利率约为年利 3 厘，则各工商业旧有投资的收入，若以 33 倍乘之（即用 3 厘利率），以收入还原为资本，则约等于 70 亿镑。因为资本一经投于改良土地，建造房屋、铁路和机器，则该资本的价值是它预期的未来纯收入（或准租）折成现值之和；如果该资本在未来产生收入的能力减少，则它的价值相应减少，它的新价值可以从较小收入中减去折旧，再加以资本还原化求得。（第 593 页）

在他的《福利经济学》（*Economics of Welfare*）（第三版，第 163 页），庇古教授写道："'等待'作为一种服务，其性质受到了很大的误解。有时，它被认为能够提供货币；有时，它被认为能够提供时间；根据这两种说法，它又被认为不会对国民收入作出任何贡献。这两种说法都不正确。'等待'不过是指人们把立即享受的消费予以推迟，从而使那部分可能被消耗掉的资源转化为生产工具[1]……因此，'等待'的单位是一定量资源（例如劳动或机器）的一定时间的使用[2]……用更为一般化的语言，我们可以说，等待的单位是年价值单位（year-value-unit），或者用比较简单但也不太准确的卡塞尔博士的用语，等待的单位是一个年英镑单位（year-pound）……一种更普遍的看法认为，在任何一年资本积累的量必然等于该年当中储蓄的量。对这种看法应该更加审慎。因为事实并非如此，甚至即使把储蓄解释为净储蓄，从而消除掉一个人借款给另

---

[1] 这里的用语比较含混：我们是否能够据此推断，消费的推迟必然具有这种作用，或者，它是否仅仅释放出或者被闲置不用，或者被用于投资则需视具体情况而定的资源。

[2] 需要注意的是，并不是收入的持有者可以用于消费而没有用于消费的货币量；所以，等待的报酬不是利息，而是准租金。这句话似乎意味着，所释放出来的资源必然为人所使用。这是因为，如果被释放出来的资源没有被使用，那么，等待的报酬又是什么呢？

一个人用于消费的储蓄，或者略去未被使用的对劳务的支配权而采取银行存款形式的暂时积累，事实也不是这样。这是因为，许多意欲转化为资本的储蓄，事实上由于使用不当而被浪费掉，从而未能达到目的。"[1]

我认为，庇古教授关于什么决定利率的唯一重要论点，可以在他的《工业波动》(*Industrial Fluctuations*，第1版，第251—253页)一书中找到。在这本书中，他驳斥了这样一种观点，该观点认为，利率取决于实际资本的一般需求和供给状况，处于中央银行或者任何其他银行的控制之外。针对这一观点，他争辩道："当银行家们为工商业者创造出更多的信用时，实际是银行家们为了自己的利益，以第1编第13章作出的解释为条件，[2]为工商业者们向公众强制征课实物，从而增加了工商业者们所掌握的实际资本流，降低了长期和短期贷款的实际利率。总之，银行放款的利率和长期的实际利率，确实有着机械的联系，但这种长期放款的实际利率，却并不是由全然在银行控制以外的条件所决定。"

上述所介绍的理论，我已经在脚注里加以简略评论。我发现，马歇

---

[1] 在这段引文里，庇古教授没有告诉我们：如果我们略去使用不当的投资，而把"略去未被使用的对劳务的支配权而采取银行存款形式的暂时积累"计算在内，那么，净储蓄还是否等于资本的增加量。但在《工业波动》(*Industrial Fluctuations*)一书第22页，庇古教授明确指出：这样的积累对于他所谓的"实际储蓄"，并没有什么影响。

[2] 这里（同前引书第129—134页）包含了庇古教授的这样一种观点，即银行创造的一笔新的信用可以为企业家增加多少可用的实际资本量。实际上，他企图"通过信用创造所提供给工商业者的流动资本"减去"银行不存在时用其他方法也会形成的流动资本"。减去以后，他的论点晦涩难明。一开始，食利者有收入1 500，其中他们把500用于消费，储蓄1 000。创造信用的行为，把他们的收入减少到1 300。其中消费了 $500-x$，储蓄了 $800+x$。可是，庇古教授却给出结论说，x 代表信用创造所增加的能为企业家所使用的资本净额。这里，企业家的收入究竟被认为增加多少呢？增加额等于他们从银行借来的数额（减去上述企图减去的数额），还是食利者的收入减少的数额即200呢？在二者中的任一情况下，是否认为企业家会储蓄其全部增加额？增加的投资是否等于信用创造额减去上述企图减去的数量？或者，它等于 x？庇古教授的论证，似乎停止在了他论证应该开始的地方。

尔在观点上的混乱，基本上是由于他把属于货币经济领域的"利息"概念，引入到了不考虑货币的理论中。在马歇尔的《经济学原理》中，"利息"一词实在没有什么理由出现——它属于经济学的另一个分支。庇古教授（在他的《福利经济学》中）引导我们去推断，等待单位就是当前投资量的单位，而等待的报酬就是准地租。实际上，他从未提到过利息——这当然是应有的结果，因为这符合他的其他隐含的假设。然而，这些学者所论述的，并非一种没有货币的经济（如果真有这样一种经济体系的话）。他们非常明确地认定，人们在使用货币，而且还存在银行体系。此外，在庇古教授的《工业波动》（主要是对资本边际效率的研究）或在他的《失业论》（*Theory of Unemployment*）（主要是在假设没有非自愿失业的条件下研究决定就业量变动的因素）中，利率所起的作用很难说得上像在他的《福利经济学》中那样重要。

II

下面这段引文摘自李嘉图的《政治经济学及赋税原理》（第511页），可以道出他的利率理论的要旨所在：

> 货币的利息非由银行放款时的利率所规定，不论它是5%、3%还是2%，而是由投资所能得到的利润率所决定。而利润率和货币的数量与价值全然无关。不论银行贷出100万、1 000万还是1个亿，它们都不会永久地改变市场利率，而只能改变由此发行的货币的价值。为了相同的经济活动，一种情况下需要的货币量，可能比另一种情况下需要的货币量大10倍或者20倍。因此，向银行请求贷款的数量，取决于使用贷款时所能取得的利润率和银行贷款时索取的利率之间的比较。如果索取的利率低于市场利率，那么，银行可以

贷出任何数量的货币；如果索取的利率高于市场利率，那么，只有败家子和挥霍无度之辈才会去借款。

这段引文说得如此明确，以致比起其后的学者们的说法，更能提供一个好的讨论起点。李嘉图之后的学者们，虽然没有真正脱离开他的学说的实质内容，但总觉它多有不适，试图在含糊其词中寻求躲避。对上述引文，一如对待李嘉图的其他著作一样，当然只能理解为是一种长期理论，其重点在引文中的"永久地"一词。这里，对这种学说赖以成立的假设条件做些考察，当是有意义的做法。

这里所需要的假设条件，仍然是古典学派通常的假设条件，即总是存在充分就业；所以，如果用产出物来表示的劳动的供给曲线没有发生变化，那么，在长期均衡中就会只有一个可能的就业水平。在这一假设条件下，再加上通常要求的其他条件不变的假设，即除了货币数量的变化所引起的后果之外，不存在心理倾向和预期上的变化，李嘉图的理论在下述意义上还是正确的，即在上述假设下，只有一个利率的数值，符合长期充分就业状态。李嘉图及其后继者，忽视了这样一个事实：即使在长期当中，就业量也并不一定是充分的，而可能处于变动之中，从而相应于每一种银行政策，就存在着一个不相同的长期就业水平。结果，相应于货币当局的各种不同的利率，就会有许多长期均衡所处的位置。

如果李嘉图满足于让他的论点只适用于货币当局所创造的货币数量既定的情况，那么，在货币工资具有伸缩性的假设下，他的论点仍然正确。也就是说，如果李嘉图主张，不论货币当局把货币数量固定在1 000万还是1个亿的水平，都不会造成利率的永久性改变，那么，他的结论就能够成立。但是，如果货币当局的政策乃是指货币当局增加或减少货币数量时的条件，也即：货币当局通过改变贴现量或公开市场业务以增加或减少其资产时所要求的利率——这也就是李嘉图在上述引文中所表明的货币政策——那么，货币当局的政策既不是无足轻重，长期均衡也不是只和一种政策相符合；如果有非自愿失业存在，失业者彼此为了就业而展开无益的竞争，从而假定货币工资无限制地下降，那么，即使在此极端情况之下，也只存有两种可能的长期均衡位置——一个是充分就业的位置，一个是和流动性偏好变得绝对时的利率相应的就业水平（此时的就业量小于充分就业水平）。假设货币工资具有伸缩性，货币数量本身在长期中确实无足轻重；但货币当局改变货币量的条件，却可以进入经济体系，成为一项真正的决定因素。

值得再说一句的是，上述引文的最后几句表明：李嘉图忽视了随着投资量变化而可能出现的资本边际效率的变化。不过，这一点可以再一次被当作一个例子来说明，和其后继者们相比，李嘉图在理论上具有更大程度的内在一致性。这是因为，如果就业量和社会的心理倾向被视为既定，那么，事实上就只会存在一个资本积累率，从而也就只可能有一个资本边际效率值。李嘉图为我们提供了一个智慧上的卓越成就，这个成就远非智力有所不逮的人所能达到。他把一个远离现实的假想世界当作了真实世界，然后始终如一地置身于这个假想的世界之中。然而，他的后继者们大多数都无法不对常识有所考虑——结果破坏了他们在逻辑上的一致性。

III

冯·米塞斯教授（Professor von Mises）曾经提出了一个奇特的利率理论，这个理论被哈耶克教授所接受，而且我认为也为罗宾斯教授（Professor Robbins）所接受。这个理论称：利率的变化就是消费品价格水平与资本品价格水平的相对变化。[1]这个结论是如何得出的,并不清楚。但是,其论证似乎是这样的:经过一定程度的严格简化后,新消费品的价格与新投资品价格之间的比例,被认为可以用来衡量资本的边际效率。[2]然后,把这一比例等同于利率。同时,他还提请我们注意利率下降有利于投资的事实。因此,消费品价格与资本品价格之间的比例下降,也有利于投资。

通过这种办法,个人储蓄的增加与总投资的增加之间的联系,就建立了起来。这是因为,人们普遍认为,个人储蓄的增加会使消费品价格下降,而且其程度很可能比资本品价格的下降大一些。因此,根据上述说法,这就意味着利率的下降会刺激投资。当然,某些特殊资本资产的边际效率发生下降,以及由此而引起的一般资本品的边际效率列表的下降,所起到的作用恰与上述论断设想的相反。这是因为,投资既可以被资本边际效率列表的**提高**所刺激,也可以被利率的**下降**所刺激。由于把资本边际效率与利率混淆在了一起,冯·米塞斯教授与他的追随者们得出了恰与事实相反的结论。下面这段引文为类似的混淆提供了一个恰当的例子,它来自阿尔文·汉森教授(Professor Alvin Hansen):[3]"某些经济学家认为支出减少后,其净效应将是消费品的价格水平较未减少时为低,同时,对固定资本投资的刺激也将因此就趋于减小。可是,这种观点并不正确,它把(1)消费品价格的上升和下降,与(2)利率的变化

---

[1] 参见《货币与信用理论》(*The Theory of Money and Credit*)第339页以及该书的其他部分,尤其是第363页。

[2] 如果我们处于长期均衡状态,那么我们或许可以想出一种特殊的假设,使这种说法得以成立。但是,如果这些价格是萧条状态下通行的价格,那么,简单地认为企业家在形成他们的预期时会假定这些价格永久不变,这就肯定是一种误导。而且,如果他果真如此假设,那么,当前的资本品(producer's goods)的价格就会和消费品的价格同比例地下降。

[3] 参见《经济重建》(*Economic Reconstruction*)第233页。

对资本形成的影响混淆在了一起。消费支出的减少和储蓄的增加，其结果确实会使消费品的价格相对于资本品的价格更低一些。但实际上，这意味着利率更低，而一个更低的利率，可以使在那些利率更高时无利可图的行业去扩大资本投资。" 193

第十五章　流动性偏好的心理动机和经营动机

I

关于流动性偏好的动机，第十三章已经进行过初步论述。现在我们对它做更详尽的分析。这个主题人们有时会在货币的需求标题下加以讨论，实质上二者是相同的。它与所谓货币的收入流通速度（income-velocity of money）密切相关，因为货币的收入流通速度只是测量公众在他们的收入中选择多大比例以现金形式持有，所以货币的收入流通速度增加可以表示流动性偏好减小。然而二者并不是一回事。个人在流动性和非流动性之间所能进行选择的，乃是就他已经积累起的储蓄而言，而非就他的收入而言。"货币的收入流通速度"这一名词，无论如何都会使人引起误解，认为对货币总体的需求，乃是和收入的大小成比例，或与收入具有某种确定的关系。而事实上，正如我们后面将要看到的那样，这种假定应该只适用于公众持有的现金的一部分；这种误解所带来的结果，是使人们忽略了利率的作用。

在拙著《货币论》中，我在三个标题下研究了对货币的需求总量：收入存款、经营存款和储蓄存款。这里就无需赘述我在该书第三章的分析了。尽管如此，为了这三种目的而持有的货币额，实际上集中在一个资金池里，持有者不必把它分成三个互不连通的水仓，甚至在持有者本人的心目中，也不认为存在严格区分的界限。而且，同样一笔钱，我们可能主要是为了一种目的而持有，其次才为了另一种目的而持有。因此，我们可以把既定情况下个人对货币的总需求视为一项单一决策，这是一个一样好甚或更好的研究方法。当然，这个单一的决策，乃是许多不同的动机所带来的综合结果。

不过，在分析这些动机时，把它们加以分类仍然比较方便。第一类大体相当于上述对收入存款和经营存款的区分，后两类相当于储蓄存款。关于这些类别，我曾在第十三章加以概述，并把它们区分为交易动机（这可以进一步区分为收入动机和经营动机）、预防动机和投机动机。

(i) **收入动机**（income-motive）。持有现金的原因之一，是为了在两次取得收入之间作为支付之用。这种动机在诱使人们作出持有一定量现金额的决策中，其力量的强弱主要取决于收入的多少以及收入和支付期间的长短。严格说来，货币的收入流通速度这个概念只有在这一场合才适用。

(ii) **经营动机**（business-motive）。同样，为了在经营开支和取得销售货款之间求得过渡，也需要持有现金；经营者所持有的在进货和售出之间做支付之用的现金也属此列。这类需求的强弱程度，主要取决于当前产量的价值（因之取决于当前的收入），以及出售产品时所需转手的次数。

(iii) **预防动机**（precautionary-motive）。为了应对需要突然支出的偶发事件，以及为意想不到的有利购买机会预作准备，及应付未来一项固定金额的负债而保留一项固定金额的资产，都构成持有现金的动机。

上述三种动机之强弱，部分地取决于需要现金时，取得现金的方法的便宜程度和可靠程度，尤其是银行透支或类似透支的方法——当需要现金时，如果能毫无困难地得到现金，那么，就没有必要持有闲散的现金以备不时之需,也取决于持有现金的相对成本——如果持有现金的代价是牺牲掉对有利可图的资产的购买,则持有现金的成本增加,持有现金的动机随之减弱;而如果存款可以得到利息,或者持有现金可以免除银行所收的费用,则会降低持有现金的成本,并增强持有现金的动机。不过除非持有现金的成本变化很大,否则这就很可能只是一个次要的因素。

(iv) 还剩下的这个是**投机动机**(speculative-motive)。对这个动机,需要比对其他动机做更加详细的考察,这既是因为人们对这个动机缺乏充分理解,也是因为它在传递货币**量变化**的影响上具有特殊的重要性。

在正常情况下,满足交易动机和预防动机所需要的货币量,主要是经济体系一般活动和货币收入水平的结果。但正是因为能利用投机动机的作用,所以对货币量的控制(或者,在不加控制的情况下,货币量的自我变动)才会对经济体系产生影响。这是因为,由于满足前两个动机而引起的对货币的需求,除了对一般经济活动和实际收入水平的变化作出反应外,并不受其他因素的影响。而经验表明:满足投机动机而引起的对货币需求的总量,随着利率的逐渐变动,通常会出现连续不断的反应。也就是说,存在着一条连续的曲线,这条曲线表达的是:满足投机动机对货币需求量的变动,和由不同期限的债券或其他债务证券所决定的利率的变动之间的关系。

诚然,如果不存在这种关系,那么,"公开市场业务"就不可能实行。我在前面已经指出,经验表明的连续性关系之所以存在,是因为在正常的情况下,银行体系事实上总是能够在市场上通过稍微提高(或降低)债券的价格,来购买(或者出售)债券以换取现金。银行体系通过购买(或出售)债券和债务证券来寻求创造(或者消除)的现金数量越多,则利率的下降(或者上升)幅度也必然越大。当然,在公开市场业务被限制在只能购买短期证券的地方（例如在 1933—1934 年间的美国），它的影响也就主要限于短期利率，对更重要的长期利率，只具有很小的作用。

不过在讨论投机动机时，重要的是区分利率的不同变化。一是在流动性函数没有任何变化的情况下，由于能满足投机动机的货币供给量发生改变所造成的利率变化；二是主要由于影响流动性函数本身的预期发生改变所造成的利率变化。公开市场业务对这两种情况下的利率确实都能产生影响，因为它不但能改变货币量，还能改变公众对政府或中央银行未来政策的预期。由于信息的改变所导致的预期变动而产生的流动性函数本身的变化，通常是非连续性的，所以它所引起的利率的变化也相应地具有非连续性。只有当信息的改变被不同人给出不同解释时，或者信息的改变对个人的利益影响不同时，债券市场才会有增加交易活动的可能。如果信息的改变对每个人的判断和需要的影响完全相同，那么，利率（以债务和债券证券的价格所表示的利率）会立即被调整到与新情况相适应的地步，而无需经由任何市场交易。

因此，在人人彼此相同且彼此的处境也相同这种最为简单的情况下，环境或预期的变化不会造成任何货币在人与人之间的转移，这种最简单的情况只是把利率改变到一种必要的程度，从而足以抵消每个人在原来的利率水平上，为适应新的环境和预期而改变持有现金量的愿望。而且，由于在环境或预期状态改变的情况下，每个人所要求的上述利率的改变都是相同的，所以不会引起任何货币转手的交易。相应于每一种环境和预期的状态，就会有一个适当的利率，而且不会发生任何人改变其通常所持有的货币量的问题。

不过，一般而言，环境或者预期的改变，会造成个人货币持有上的某些调整，因为事实上，这种改变对不同的个人在思想上会有不同的影响。之所以会产生不同的影响,部分原因在于环境和持有货币的理由不同,另一部分原因则在于信息和对新情况的解释不同。这样,新的均衡利率就会与货币持有量的再分配相伴而生。虽然如此,我们所主要关注的仍然应该是利率的改变,而不是现金持有量的重新分配。后者乃是随个人之间的差异而产生的现象,而在上述最简单的情况下出现的现象才是实质性的东西。此外,即使在一般情况下,利率的变动通常也是对信息的变化所作出的最主要的反应。正如报纸所常说的那样,债券价格的变动,"与债券交易活动完全不相称"——这正是应该出现的事实情况,因为人们在对新信息的反应上,相同之处远多于不同之处。

II

虽然个人决定为满足交易动机和预防动机而持有的现金量,与为满足投机动机而有的现金量,并非全然无关,但大体上,我们可以把这两组现金持有量看成是彼此完全无关的。因此,为了进一步分析之目的,我们以上述方式来对我们的问题加以区分。

用 M_1 表示满足交易动机和预防动机而持有的现金量,M_2 表示满足投机动机而持有的现金量。相应于这两种类别的现金,我们会有两种流动性偏好函数 L_1 和 L_2。L_1 主要取决于收入水平,L_2 主要取决于当前利率和预期状态之间的关系。由此得出:

$$M = M_1 + M_2 = L_1(Y) + L_2(r)$$

其中,L_1 是相应于 Y 收入的流动性偏好函数,L_2 是利率 (r) 的流动性偏好函数,其中 r 决定 M_2。由此可知,我们需要考察的事项有三:(i) M 的变化对 Y 和 r 的关系,(ii) 是什么因素决定了 L_1 的形状,(iii) 是什么因素决定了 L_2 的形状。

(i) M 的变化对 Y 和 r 的关系，首先取决于 M 的变化是如何产生的。假设 M 由金币构成，那么 M 的变化就只能来自金矿开采活动的回报的增加。金矿开采者属于我们考虑的经济体系之内。在这种情况下，M 的变化首先直接与 Y 的变化有关，因为新开采出来的黄金总会成为某些人的收入。如果 M 的变化乃是源于政府为了偿付当前开支而增发的纸币，那么后果与上述相同——在这种情况下，新发行的纸币也会成为某些人的收入。尽管如此，新的收入水平却不会继续高到一种程度，足以使 M_1 的需求量吸收全部 M 的增加量，因为 M 的增加量中的一部分会被用于购买债券或其他资产，直到 r 下降，由此一方面使 M_2 的量增加，另一方面又刺激 Y 上升，结果新的货币或者被 M_2 吸收，或者被 M_1 吸收。这个 M_1 则与由 r 的下降所造成的 Y 的增加相当。由此可见，这种情况只差一步就和另外一种情况相同，即要发行新货币，首先银行体系必须放宽信用条件，以便诱使人们向银行出售债务或债券，从而换取新发行的现金。

因此，我们有足够的理由把后一种情况视为典型的情况。M 的变化可以被认为是由 r 的改变而来，而 r 的改变还会部分通过 M_2 的改变，部分通过 Y 的改变，从而通过 M_1 的改变导向新的均衡。在这个新均衡的位置，新增的现金（新增的 M）在 M_1 和 M_2 之间如何分配，将取决于投资对利率的下降所作出的反应，以及收入对投资的增加所作出的反应。[1] 由于 Y 部分地取决于 r，所以 M 的一定量的变化，必然会使 r 产生足够的变化，以致 M_1 和 M_2 分别作出的变化之和等于 M 的上述定量的变化。

(ii) 货币的收入流通速度到底应该被定义为 Y 对 M 的比例，还是

---

[1] 我们必须得推迟到本书第五编才能来讨论是什么决定了新均衡的这一特征。

Y 对 M_1 的比例，一直没有搞得很清楚。不过，我倒是主张使用后一个定义。用 V 代表货币的收入流通速度，有：

$$L_1(Y) = \frac{Y}{V} = M_1$$

当然，我们没有理由认为 V 是固定不变的。它的数值，取决于银行业和工业组织的特点、社会习俗、不同阶层之间的收入分配以及持有闲散的现金的实际代价。尽管如此，如果我们是从短期的角度来看，同时可以假定任何这些因素都没有发生实质上的变化，那么，我们还是可以把 V 大体上当作一个常数来看待的。

(iii) 最后，还有一个 M_2 与 r 之间的关系问题。在第十三章我们已经看到，有关利率未来变化的**不确定性**，是对类似流动性偏好 L_2（这种偏好导致人们持有现金 M_2）的唯一合理的解释。因此，一定量的 M_2 和一定水平的利率 r 之间并没有明确的数量关系，即问题所在，不是 r 的**绝对**水平是多少，而是它和一项被认为比较**安全**的 r 的水平差异程度有多大，其中比较安全的 r 的水平是通过可靠的概率计算出来的。尽管如此，还是有着两个理由，认为在任何给定的预期状态下，r 的下降将会伴随有 M_2 的增加。首先，如果一般人关于什么构成安全的 r 的看法不变，那么，r 的每一次下降都会使市场利率相对于"安全"利率为少，从而增加了放弃流动性的风险。其次，r 的下降会减少放弃流动性而持有债券所获得的收益；这种收益可以被看作是一种保险赔偿金，用以抵消资本账户蒙受损失的风险；利率的下降会使这种风险赔偿金减少，其减少的数额等于新旧利率的平方差。例如，如果长期债券的年利率是 4%，那么就值得去牺牲流动性，除非根据概率权衡得失之后，认为长期利率每年的上涨程度，可能快于原来利率 4% 的 4%，即每年上涨 0.16% 以上。不过，如果利率已经低到 2% 的程度，那么，其经常收益将只能抵消每年

0.04%的利率上涨。这也许是阻碍利率下降到很低水平的主要原因。除非人们有理由相信未来的情况会与过去大不相同，否则，类似2%的长期利率，只能给人带来更多的疑惧而非更多的希望，同时，它所提供的经常收益，也只够抵消极小量的疑惧。

因此，利率显然是一种具有高度心理作用的现象。事实上，我们将在本书第五编中看到：**低于**相应充分就业水平的利率，是不可能处于均衡之中的；因为当利率**低于**充分就业水平时，真正的通货膨胀就会显现。其结果就是，就会完全吸收掉一直在增加的现金量。但是，当利率**高于**它相应的充分就业水平时，长期市场利率就不仅取决于货币当局的当前政策，还取决于市场对货币当局未来政策的预期。短期利率容易为货币当局所控制，这一方面是因为，货币当局不难使人们相信，其政策在最近的将来不会有太大的变化；另一方面是因为，除非利息收入接近于零，否则，债券价值的损失和利息收入相比微不足道。但是，一旦长期市场利率降到人们根据过去的经验和对**未来**货币政策的预期而普遍认为"不安全的"水平时，它就会相对难以控制了。例如，在一个奉行金本位的国家，其利率若低于其他任何国家所通行的利率，别人对之势将缺乏信心。然而，该国国内的利率却可以人为地提高到与属于国际金本位体系国家中通行的**最高利率**（考虑到风险以后）相等的程度，则此项利率又可能远远高于国内充分就业所需要的利率水平。

因此，一项货币政策，如果被公众认为具有试验性或容易改变，则它可能难以实现其大幅降低长期利率的目标。这是因为，当 r 降低到某一既定水平以下时，M_2 可以作出近乎无限制的增长。另一方面，同样的政策如果被公众认为是合理的、具有现实性的、合乎公共利益的、有坚强的信念作为根基的，而且当局只能不断推进而无法改弦更张，那么，这一政策又可能很容易获得成功。

或许，更准确地说，利率乃是一种高度习惯性现象，而非高度的心理性现象。这是因为，它的实际值在很大程度上取决于流行的观点认为它应该是多少。**任何**一个利率水平，若人们有充分的信心认为它**可能会**持久不变，那么，**它就会**持久不变。当然，在一个变动不居的社会里，由于种种原因，利率围绕着人们所预期的正常水平，还是会上下波动。尤其是当 M_1 的增长比 M 的增长更快时，利率将会上升；反之，利率将会下降。但是，围绕其上下波动的那个利率水平，却可以在数十年中长期高于充分就业所应有的利率水平，尤其是，如果流行的观点认为利率可以自行调节，因而本来是由习惯建立起来的利率水平，也被认为建立在比习惯更为坚实的客观根据上。此时，在公众和管理当局的心目中，就业量之所以达不到最优水平，就与一项停留在不合适的水平上的利率全然无涉。

维持一个足以确保充分就业的有效需求水平，之所以存在种种困难，就是因为一项根据习惯而又相当稳定的长期利率，和一项易变而又高度不稳定的资本边际效率连在一起。这一点，读者现在总应该清楚了解了。

从乐观的角度加以考虑，唯一值得宽慰的希望在于，正是由于习惯并非源于确切的知识，因此，它对货币当局持续一贯的温和的政策措施，并不总是过分地加以抵制。公共舆论能够相当迅速地适应利率的温和下降，而习惯上对未来的预期，也会作出相应的调整。这就为货币当局进一步压低利率铺平了道路——当然只是在一定限度之内方能如此。英国脱离金本位后长期利率的下降，为此提供了一个有意思的例证。当时由于公众习惯于利率的连续下降，他们的流动性函数对于信息方面或当局政策方面的一些新刺激，已经做好了适应的准备，因此，重要的变动都是由一系列不连续的跳跃来完成。

III

我们可以把上述内容总结成下面这个命题：在任何既定的预期状态下，公众心目中存在着某种潜在的愿望，想保留超出交易动机和预防动机所需的现金，这种潜在愿望将体现在实际的现金持有上，其体现的程度取决于货币当局依据何种条件创造现金。而流动性偏好函数所概括的，正是这种潜在愿望。

因此，在其他条件不变的情况下，相应于货币当局所创造出来的每一水平的货币量，都有一个确定的利率，或者更严格地说，都有一个确定的、不同期限债券的各种利率的复合体。不过，除了货币数量之外，经济体系中任何其他一个因素单独拿出来，它的变动也同样会影响利率。由是观之，这里的个别分析，只在下面这种情况下才是有用和有意义的，即在货币数量的变动和利率的变动之间有着某种特别直接和明确的联系。我们这样设想的原因，乃在于这样的事实：大体而言，银行体系和货币当局都是货币和债券的交易者，而非资本品或消费品的交易者。

如果货币当局准备按照规定条件交易所有期限的债券，尤其是当它准备买卖不同程度风险的债券时，则各种利率的复合体和货币数量之间的关系，将是直接的关系。此时，各种利率的复合体将只是银行体系准备买进或卖出债券所根据的条件之表示。而货币数量则是每个人手中所拥有的现金数量，他们对一切有关情况进行综合考虑之后，宁愿持有具有流动性的现金，而不愿按照市场利率所表示的条件，用现金去购买债券。在货币管理的技术上，最重要的实际改良，或许是由中央银行按照规定的价格买卖一切期限的金边债券（gilt-edged bonds）[1]，而不是按

---

[1] 这里指的是由英国政府发行的公债券。因为英国政府发行的公债从前带有金黄边，其安全性高，并被认为是最稳定可靠的债券，因此被誉为"金边债券"。——译者注

照单一的银行利率买卖短期票据。

不过,在今天的实际操作中,银行体系所能决定的债券价格在市场上的"有效程度",从银行体系支配债券的实际市场价格这个意义上说,在不同体系之间存在着差异。有时,价格在某一个方面比另一个方面更有效。也就是说,银行体系可以按照某种价格购买债券,而不必按照与购买价相差无几的价格(再加上一点转手费)出售债券,虽然并没有什么理由可以解释,为什么借助公开市场业务价格不能在买和卖这两个方面都有效。而且,这里还有一个更为重要的限制条件,这就是货币当局通常多集中于短期债券的买卖,而听任长期债券的价格受短期债券的迟到而又不完全的反应所影响。即使在这里,我们仍然没有理由认为他们需要这样做。在这些限制条件发生作用的地方,利率和货币数量之间的直接关系亦应随之改变。在英国,审慎控制的范围似乎在扩大之中。但是,在应用这种理论于任何特殊情况时,我们必须顾及货币当局实际所采用的政策的特点。如果货币当局仅仅买卖短期债券,那么,我们就必须考虑到短期债券的价格对长期债券将发生何种影响——实际上的影响和预期中的影响。

因此,货币当局在对不同期限和风险的债券建立某一给定的利率复合体时,其能力是受到某些限制的。这些限制条件可以概括如下:

(1)来自货币当局自身的限制,因为在现实中,货币当局只愿意交易某种特定类型的债券。

(2)由于上述已经讨论过的原因,当利率下降到某一水平之后,流动性偏好可能成为绝对性的,这就是说,差不多每个人都宁可持有现金而不愿持有一项利率极低的债券。在这种情况下,货币当局就已经丧失掉了其对利率的有效控制。虽然这种极端的情况在将来可能变成一种重要的事态,但直到目前,我仍然没有看到过这样的事例。实际上,由于货币当局大多不愿意大胆地买卖长期债券，所以一直也就没有更多的机会来对此加以检验。而且，如果这种情况真的出现，那么，这就意味着政府本身可以经由银行体系，按照一项有名无实的利率，来无限制地借进款项。

（3）由于流动性函数在某一方向或另一方向变成一条水平线，使得利率的稳定性完全陷入崩溃，其最显著的例子，都发生在很不正常的环境中。在第一次世界大战后的俄国和中欧，都曾经历过通货危机或逃避通货的现象。当时，无论是什么条件，都没有办法诱使人们持有货币或债券，甚至一项高水平而又在不断攀升的利率，也赶不上资本（尤其是流动性商品存量）的边际效率，因为人们都预期货币价值将有更大的下跌。而美国在 1932 年的某些时候，也曾出现过另一种与此相反的危机——金融危机或流动性危机，当时，几乎没有人愿意在任何合理的条件下放弃他所持有的货币。

（4）最后，还存在着在第十一章第 IV 节（原书第 144 页）讨论过的，把有效的利率降低到一定水平之下的困难。这种困难在低利率时代有着重要的作用。这些困难包括：把借款者和最后的放款者撮合到一起的中间费用，放款者所要求的在纯利率之上的风险费用，尤其是道德风险（moral risk）费用。当纯利率下降时，这并不表明上述的费用和风险会随之下降。因此，一个典型的借款者所必须支付的利率，可能比纯利率下降得更慢，而且通过现有银行业和金融机构，无法把利率压低到某种最低水平以下。这种情形，在道德风险可以清楚估计的情况下，尤为重要。这是因为，如果风险来源于放款者怀疑借款者是否诚实可靠，即使借款者并无不诚之念，也无法抵消取得借款的高额费用。这种情形，在费用昂贵的短期借款（例如向银行借款）的情况下，也很重要。即使放款者的纯利率接近于零，但银行还是会向它的顾客索取 1.5% 到 2% 的利率。

IV

本来，这个主题属于后面第二十一章的内容，但在这里先加以简略说明，虽稍有提前之嫌，也许仍然值得一做。

在一个静态社会，或者在一个没有人因任何理由而感到对未来的利率无法确定的社会里，流动性偏好函数 L_2 或贮藏货币的倾向（正如我们对它所赋予的术语），在均衡状态时总是等于零。因此，在均衡状态下，$M_2 = 0$ 且 $M_1 = M$；所以，M 的任何变化都将会使利率发生波动，直到收入达到这样一个水平，在该水平上，M_1 的变动等于所认定的 M 的变动。我们知道，$M_1 V = Y$，其中 V 是前面已经定义过的货币的收入流通速度，Y 是总收入。由此可见，如果在现实中可以衡量当期的产量 O 和价格 P，那么，我们会得到 $Y = OP$，因此有 $MV = OP$；这与传统形式的货币数量论基本一致。[1]

就真实世界的目的而言，货币数量论的最大缺点在于，它未能区分产量变化引起的价格变化和工资单位变化引起的价格变化。[2] 这种忽略也许源自货币数量论的假设条件：它假设没有贮藏货币的倾向，还假设充分就业总是存在。对于这种情况，由于 O 是常数且 M_2 是零，因此，如果我们也能把 V 视为一个常数，则工资单位和价格水平都会直接与货币数量成比例。

---

[1] 如果我们不把 V 定义为等于 Y/M_1，而是定义为等于 Y/M，那么，货币数量论当然就是一个自明之理，无论在什么条件下都成立，虽然并没有什么现实意义。

[2] 这点我们将在后文第二十一章进一步加以论述。

第十六章　关于资本性质的几点考察

I

个人的储蓄行为不妨理解为今天少吃一顿的决策。但这并不意味着他已经决心一周后或一年后多吃一顿饭，或者多买双皮靴，或在某个特定的日期消费某种特定物品。因此，它并没有在抑制准备今天饭食的工商业的同时，刺激准备将来消费活动的工商业。它不是拿未来的消费需求来替代现在的消费需求，而只是单纯地减少现在的需求。不仅如此，而且人们对未来消费需求的预期在很大程度上还取决于现在消费的经验，因此现在消费的减少还可能抑制未来的消费。结果，储蓄行为不仅会压低消费品的价格，而且还要降低资本的边际效率。因此，储蓄行为除了会减少现在对消费的需求，还可能减少现在对投资品的需求。

如果储蓄不仅意味着放弃现在的消费，而且还同时代表着增加未来的消费订单，则其影响确实会有所不同。因为在这种情况下，对投资的未来收益的预期会有所改善，而且从准备供给现在消费之用的资源中释放出来的部分，也可以转移到准备供给未来消费之用。但即便在这种情况下，准备供给未来消费之用的部分，在规模上也未必等于从供给现在的消费中所释放出来的资源数量，因为愿意推迟消费的这段时间，可能需要采取一种不大方便的"迂回"（roundabout）生产方法，其边际效率远低于现有的利率水平。于是,为未来消费而预下的订单对就业量的有利影响,就不能立即实现,而要留待日后的某个时日,因而储蓄的**即刻**(immediate)影响仍然是对就业量不利的。不过,无论如何,个人对储蓄所做的决策,在现实中并不包含为了未来消费而预下的订单,而只是代表取消了现在的消费订单。又因为雇佣工人的唯一理由乃是对消费的预期,所以也就不难理解:消费倾向降低而其他条件不变,则定会对就业产生不利影响。

这样一来,麻烦接踵而至,因为储蓄行为指的并不是以某种特定的未来消费来代替目前的消费(即使有这样的含意,但为准备这项未来消费额外消费所即刻需要的经济活动,也没有为准备目前消费所需要的那样多,后者在价值上等于储蓄下来的金额),而是对"财富"的一种欲求,即在未来某一不确定时间消费某一未事先确定的物品的欲求。一种流行的错误看法认为,对有效需求而言,个人的储蓄行为和消费行为效果是完全相同的。这种错误看法源自于一个看似有理的谬论:持有财富的欲望增加,和持有投资品的欲望增加乃是一回事,而一旦增加投资品需求,必然会刺激对它们的生产。因此当个人增加储蓄时,当前投资量的增加刚好和当前消费量的减少相等。

由于这种谬论的存在,要解除人们脑海中的迷惑,何其困难! 它源自这样一种信念:财富所有者希望拥有的是资本资产**本身**。殊不知,他真正想拥有的,乃是资本资产的**预期收益**。但预期收益完全取决于对未来有效需求和未来供给情况之间关系的预期。所以,如果一项储蓄行为不能改善预期收益,它便不能刺激任何投资。而且,为了使个别储蓄者能达到他所希望的持有财富的目的,并不必非要又去生产一项**新的**资本资产品来满足他的意图。正如我们前面所指出过的那样,仅仅凭某一个人的储蓄行为,就可以迫使另一个人把一宗新的或旧的财富转移给他。

每一储蓄行为，必然牵涉到一宗"强迫的"、不可避免的财富转移（转移给储蓄的人），虽然该储蓄者也可能因他人的储蓄而遭受同样的命运。这些财富的转移并不需要创造出新的财富——诚然，正如我们已经看到的那样，甚至它们反而不利于新财富的创造。新财富的创造，完全取决于新财富的预期收益能否达到当前利率所决定的水平。边际上新投资的预期收益，不会由于某人增加财富的愿望而有所增加，因为边际上新投资的预期收益取决于对某一特定物品在某一具体日期的需求之预期。

如果我们辩称，财富所有者希望得到的不是一定的预期收益，而是可能有的最好的预期收益，因而持有财富的欲望增加，就减少了新投资品的生产者所必须引为满足的预期收益，我们仍然没有办法避免上述的结论。因为这种辩解忽略了这样一个事实：在拥有实际资本资产以外，还存在着其他的持有财富途径，例如持有货币和债券所有权。因此，新投资品的生产者必须引为满足的预期收益，不能跌至当前利率规定的标准以下。而且，当前利率，正如我们已经看到的那样，并不取决于持有财富意愿的强度，而是取决于采取流动性形式持有财富的意愿强度，和以非流动性形式持有财富的意愿强度，以及这两种形式的财富彼此的相对供给量。如果读者到现在仍然困惑不解，那么可以自问：当货币量不变时，为什么在当前利率之下，一项新的储蓄行为会降低以流动性形式持有财富的金额？

当我们试图进一步探究时，还将产生更深层次的疑惑，这些留待下一章讨论。

II

我们与其说一项资本品是**生产性的**，不如说在其寿命年限间，能够产生较它原有成本为多的收益更为恰当。一项资本品因在其寿命期间提供服务而得到的收益的总和,之所以大于它原有的供给价格,唯一的原因在于它是**稀缺**的;而它之所以稀缺,乃是因为有货币利率的竞争。如果资本的稀缺性下降,那么,它的超额收益就会减少,虽然它的生产力并未减少——至少在物质意义上没有减少。

因此,我同情古典学派以前的学说。该学说认为,每一物品都由**劳动生产**出来,而协助劳动进行生产的,一是过去被称为手艺(art)而现在被称为技术的事物;二是自由取用的,或按其稀缺性或丰裕程度而付出代价或租金的自然资源;三是体现在资产中,并根据其稀缺性或者丰裕程度而支付代价的过去劳动的成果。我们宁可把劳动(这当然要把企业家和他的助手的个人服务包括在内)当作唯一的生产要素,在给定的技术条件、自然资源、资本设备以及有效需求的环境中发挥作用。这也部分地解释了,为什么在货币单位和时间单位之外,我们把劳动单位当作经济体系所需要的唯一物质单位。

的确,某些周期较长或迂回的生产过程,在物质上确实很有效率。但某些周期较短的生产过程也是如此。周期较长的生产过程,并不因其时间长而必然具有效率。有些周期较长的生产过程,甚至是大多数周期较长的生产过程,都非常缺乏效率,因为有些物品不耐储藏,会有损耗。[1] 若给定劳动力的数量,则能够有利运用的迂回生产过程中所体现的劳动数量,将有一定的限度。除了其他的考量之外,在被安排到制造机器和使用机器的劳动力之间,必须保持一个适当的比例。随着生产过程越来越多地采取迂回的形式,甚至它们的物质效率仍在增长,产品最终的**价值**也不会随迂回过程中劳动力的增加而无限增加。只有当推迟消费的愿望强烈到足够的程度,以致充分就业需要极大的投资量,因而资

---

[1] 参见马歇尔对庞巴维克所给出的脚注,《经济学原理》第 583 页。

本的边际效率为负时，才能使生产过程仅仅由于时间长而变得有利。在这种情况下，只有物质上**缺乏效率**的生产过程具有足够的时间长度，以致能使推迟消费所带来的利益大于生产过程的效率缺失，我们才应该采取它。实际上，我们会处于这样一种状态，在其中**短期**生产过程必须足够稀缺，以使它们在物质上的效率超过它们产品早日交货所蒙受的损失。所以，一项正确的理论必须是可以来回反转的，即既能说明利率为正时资本边际效率的状态，也能说明利率为负时资本边际效率的状态。我认为，只有上面所概述的稀缺性理论，才能做到这一点。

此外，还有各种理由可以说明，为什么相对于体现在其中的劳动量而言，各种服务和便利是稀缺的，因而也是昂贵的。例如，气味难闻的生产过程必须支付较高的报酬，要不然人们就不会从事这类工作。有风险的生产过程也是如此。

然而我们并不因此而提出一个气味难闻，或有风险的生产过程的生产力理论。总之，并不是所有的劳动都是在同样令人满意的环境下开展的，均衡条件要求在不太令人满意的情况（以气味难闻、有风险或时间流逝为特征）下生产出来的物品，必须充分地保持稀缺，才能使这类物品取得较高的价格。但如果时间间隔成了一个令人满意的劳动环境——这是一种十分可能出现的情况，并且对很多人都适用——那么，正如我们前面所讲，则周期较短的生产过程反倒要保持足够稀缺。

给定生产过程的最优迂回比例，我们当然会选最有效率的迂回生产过程，我们可以使它达到所要求的比例为止。但所谓最优迂回比例，是指能够在适当的日期提供给消费者，以满足他们所希望延缓的那一部分需求的数量。换言之，在最优的情况下，生产必须以最有效率的方式进行，并且能在消费者需求成为有效需求的日期交货。如果改变交货日期，则即使可以因此增加物质产量，生产仍然是徒劳，除非消费者预料

215 会有一顿更加丰盛的饮食可吃,因而提早或延迟用餐时间。假如消费者在充分获悉他在不同进餐时间能得到的饮食之后,决定八点钟用餐,则此时不管最适合于厨师的时间是七点半、八点还是八点半,他的职责所在,乃是在八点钟把最好的正餐端到消费者面前,他的唯一任务就是去生产这绝对最好的正餐。在社会生活的某些阶段,如果开饭的时间晚一点,我们可能得到在物质上较好的正餐;但同样可以想象得到,在其他阶段上,如果开饭时间早一点,我们同样可能得到较好的正餐。如前所说,我们的理论必须涵盖这两种可能性。

如果利率是零,那么对于任何一件物品而言,其平均投入日期和消费日期之间,将会有一个最优时间间隔。在这个最优时间间隔下,劳动成本最低。短于这个最优时间间隔的生产过程,技术上的效率将要更低,而更长的生产过程,因为储藏成本和损毁,效率也将更低。但如果利率大于零,则又增加一个新的成本,且这一成本随着生产过程的延长而增加,所以前面所说的最优生产期间将缩短。同时,为了产品最后交货而准备的目前投入量也必须予以削减,一直到预期价格的上涨足以补偿成本的增加为止。这个增加的成本,一方面来自利息费用,另一方面来自因生产过程缩短而引起的效率下降。如果利率下降到小于零的程度(假设这在技术上是可能的),则情况刚好相反。如果给定未来消费者的需求,那么究竟是在今天把生产要素投入于生产,还是在日后再投入生产,二者之间必然发生竞争。于是,现在投入只有在下述情形下才是值得的:由于较高的技术效率或未来价格的变化,日后生产而非目前生产固然可以获得较大的利益,但其程度尚不足以抵消负利率方面较少的利

216 益。对绝大多数产品而言,如果生产要素的投入远在它们的未来消费到来之前即已开始,则将引起较大的技术上的非效率。由此可见,即使利率为零,未来消费者需求中值得事先加以准备的部分,仍然受到严格限

制；而且，随着利率的上升，未来消费者需求中值得在今天或事先加以生产或准备的部分，亦将随之缩小。

III

我们已经看到，资本在长时期内必须保持足够的稀缺性，以使其边际效率在资本的寿命期间至少等于利率的水平，而利率则由心理状态和社会的组织结构状况所定。这对社会会造成什么样的影响呢？假设该社会的资本设备已经足够丰裕，以致资本的边际效率为零，而且随着投资的增长还会变成负值；同时，该社会还有一项货币制度：货币被"保藏"起来，而且储藏和安全保管的费用降到几乎为零的地步，以致利率实际上不能为负；此外，在充分就业的条件下，该社会仍有储蓄的意向。

在上述条件下，假设我们从充分就业的情况开始。此时如果企业家继续在利用现有的全部资本存量来提供就业机会，那么他们必然会蒙受损失。因此，资本存量和就业水平必将收缩，一直到该社会变得足够贫穷，从而总储蓄量等于零为止。此时，社会上某些个人和集体的正储蓄，正好被另一部分人的负储蓄所抵消。由此可见，对于我们所假设的这个社会而言，在**自由放任**（laissez-faire）条件下的均衡位置，将是一个就业水平十分低落，生活水准极度困苦，以致储蓄为零的均衡位置。更加可能的是，围绕这一均衡位置，将会出现周期性的运动。这是因为，如果社会上对未来仍然存有不确定的想法，则资本边际效率可能有时大于零，从而把经济引向"繁荣状态"，而在继之而来的"萧条状态"下，资本存量在一段时期内可以降到长期资本边际效率为零时的水平以下。假如对未来的预期是正确的，那么刚好能使边际效率为零的均衡状态的资本存量，当然要小于能使现有劳动者充分就业的资本存量；这是因为，它就是相当于失业数量中，保证储蓄为零的那一部分失业的资本设备。

唯一的另一种均衡位置，将在这样一种情况下产生：资本存量大到足以使边际效率为零，并且财富量也足够大，从而能满足公众在充分就业和利率为零时愿意为将来进行的储备。然而，这却是难能出现的巧合，因为充分就业条件下的储蓄倾向，未必恰好在资本存量达到其边际效率为零时得到满足。因此，如果这一比较有利的可能性真能发生补救作用，那么，它可能发生作用的不是在利率为零这一点，而是在利率为零以前逐渐下降的某个点。

迄今为止，我们一直假定，社会体制和组织因素使得持有货币的费用微不足道，从而可以阻止利率变为负值。然而，事实上在社会体制和组织的因素之外，还有心理因素一起发挥作用，因此利率远在零点之前已经受到限制不能再往下降。尤其是前面已经考察过的把借款者和放款者撮合到一起的费用，以及未来利率的不确定性，这些因素规定了利率的下限。在当前情况下，长期利率的下限或许高达 2% 或者 $2\frac{1}{2}$%。如果这个说法被证明是正确的，那么在利率不可能再降的情况下，财富存量日增的不利局面可能很快就会在现实经验中出现。此外，如果利率下降实际能达到的最低水平明显高于零，那么在利率达到最低水平以前，社会积累财富的愿望得到满足的可能性更小。

一战后英国和美国的经验，正可为我们提供实际的例证。这些例子表明，为何积累的财富已经非常之大，致使其边际效率的下降速度，远快于利率在社会制度和心理的因素影响下可能有的下降速度。在总体**自由放任**（laissez-faire）的条件下，这种状态妨碍了生产技术条件本来可以提供的合理就业水平和生活水准。

由此可知，假如有两个拥有相同技术和不同资本存量的社会，则其中资本存量较少的社会目前所能享受的生活标准，可能反而较资本存量较多的社会为高；虽然当资本较为贫乏的社会赶上资本富裕的社会时——可以想象最终会做到这一点——这两个社会都会遭遇希腊神话故事中那位点物成金的迈达斯国王的命运。[1]显然，这个令人感到不安的结论取决于这样一种假设，即消费倾向和投资数量都没有从社会的利益出发加以审慎地控制，而是主要**放任其自由**发展。

如果——无论何种原因——利率的下降速度小于资本边际效率下降速度（此时已有的资本积累率和社会在某一利率下所欲储蓄的数额相当，所谓某一利率，等于充分就业状态下的资本边际效率），则即使把积累财富的欲望转到持有资产上（实际上这不会产生任何经济效果），也会增加经济福利。亿万富翁们为求满足，生时营造宏大的宅院以容其肉体，死后修筑金字塔以护其尸身，或为忏悔其罪业而兴建教堂、捐赠教会或国外布道使团，就这些现象而论，资本充裕损害产品充裕之日，将可能推迟到来。从储蓄中支付"在地上挖窟窿"的费用，不仅可以增加就业，还可以增加由有用的物品和劳务构成的真实国民红利。不过一个理性的社会，一旦了解了有效需求受何种力量影响之后，依然仰仗这些偶然的，而且往往是浪费的缓解之法来满足自己，就显得极不合理。

IV

让我们假定，社会已经采取措施，保证利率与相当于充分就业的投

---

[1] 在希腊神话故事中，森林之神西勒诺斯和酒神狄俄尼索斯为了回报迈达斯国王的盛情款待，许诺可以实现他的任何愿望。贪财的迈达斯国王请求让自己碰到的东西都变成黄金，但他很快就感到后悔了，因为就连他的食物和水，甚至他的女儿也都变成了黄金。——译者注

资率相符。再假定国家的行为加入进来，构成一个平衡因素，使得资本设备在朝向饱和点增长的过程中，其增加率不致使目前一代的生活水准承受不相称的重负。

在这类假设下，我推测，一个运行良好，具有现代技术资源，而人口增加速度不是非常迅速的社会，可以在一代人的时间内，把均衡状态时的资本边际效率降低到大致为零的地步；这样，我们的社会就应该可以到达一个准静态的社会，其中变化和进步只来自技术、偏好、人口和制度的变革。同时，资本品和在生产中需要很少资本量的消费品，都按照相同的原则确定价格，即价格与包含在消费品中的劳动量及其他因素适成比例。

如果我所做的假定（即我们比较容易使资本品充裕到资本边际效率为零的地步）正确无误，则这可能就是逐渐消除资本主义诸多不良特点的最合理的办法。这是因为，只要稍加思考就可以看出，当积累的财富的回报率逐渐消失时，将会导致多么大的社会变动。人们将仍然可以自由地去积累他的劳动所得，以便日后花费。但他的积累将不能增殖。他只能像蒲柏（Pope）的父亲一样，当他从商业经营中退休以后，带着一箱金币回到他的家乡特维克南，以此应付他的家庭开支。[1]

虽然食利者将会消失，但在估计预期收益时，各人意见可能不同，因而企业管理和经营才干仍有发挥作用的空间。这是因为，上面所述主要是就纯利率而言，而没有把风险等相关因素计算在内，而且也并非指资产的总收益（包括风险的报酬在内）。因此除非纯利率被保持在负值水平上，否则对预期收益不大可靠的个别资产所做的技巧高超的投资，仍

---

[1] 这里当是指英国诗人亚历山大·蒲柏（Alexander Pope）的父亲，他的父亲出自唐恩伯爵之家，后因经商变得富有，晚年衣锦还乡。——译者注

然会得到正值水平的收益。同时，只要人们不大愿意去承担风险，那么，在一段时间内，这类资产整体而言就仍然有正值水平的收益。不过，在这种情况下，由于人们热衷于从不大可靠的投资中获得收益，所以，这类资产整体来说也并非不可能产生**负**的净收益。　221

第十七章　利息和货币的基本性质

I

从前文的论述来看，**货币的利率**（rate of interest on money）在限制就业量水平上，似乎起着一种特殊的作用。这是因为，它为资本资产的边际效率订立了一个标准，要想生产这一资本资产，它的边际效率必须达到这个标准。乍一看，这个说法很是让人困惑。于是，我们很自然地要问：货币和其他资产相区别的特殊之处何在？是否只有货币才有利率？一个非货币经济体将会发生什么情况？在这些问题得到回答以前，我们理论的全部意义不可能得到理解。

货币利率（money-rate of interest）——我想提醒一下读者诸君——不过是根据合约规定在未来交割（例如一年以后交割）的一笔款额超过其"现货"（spot）价格或现金价格的百分比。因此，似乎可以说，对每一种资本资产而言，必然都存在一个类似货币利率的东西。例如一年后交割的小麦，总有一个确定的数量，其交换价值相当于今天"现货"交割的 100 夸脱小麦。如果一年以后交割的数量是 105 夸脱，那么，我们便可以说，小麦的利率是每年 5%；如果一年以后交割的数量为 95 夸脱，那么，小麦的利率是每年 -5%。由此可见，就每一种耐久性的商品而言，我们都有一个用它本身来表示的利率——有小麦利率，有铜利率，有房屋利率，甚至有钢铁厂利率等。

对于像小麦那样的商品，市场上的"期货"（future）和"现货"合约价格的差异，对小麦利率具有确定的关系。但由于期货合约的行情是以未来交割的货币来表示，而非以"现货"交割的小麦来表示，所以，它也同时带来货币利率。其中确切的关系可以表述如下：

让我们假设：小麦的现货价格是每 100 夸脱 100 英镑，一年以后交割的"期货"价格是每 100 夸脱 107 英镑。同时假定货币利率是每年 5%。那么，此时小麦的利率是多少呢？既然 100 英镑的现货能买 105 英镑的期货，那么，105 英镑的期货就能买到 $\frac{105}{107} \times 100$（= 98）夸脱的期货。也就是说，100 英镑的现货能买到现在交割的 100 夸脱的小麦，而 100 夸脱小麦的现货只能买到 98 夸脱小麦的期货。这样，小麦的利率就是每年 − 2%。[1]

由此可知，没有理由认为，不同的商品会有相同的利率；也就是说，没有理由认为小麦利率会等于铜利率。这是因为，从市场上的行情来看，"现货"和"期货"合约的关系，对于不同的商品显然是很不一样的。我们将会发现，这会给我们正在寻求的东西提供一个线索。这是因为，在各种商品的自有利率（own-rates of interest，我们如此称呼各种商品的利率）中，真正起作用的很可能是其中**最高数值**的自有利率（这乃是因为如果资本品要想重新生产出来，则它的边际效率必须达到这个最高数值）；而且我们还有理由认为，货币利率就是其中最高数值的自有利率（因为正如我们将看到的那样，在减少其他资产的自有利率中起作用的某些力量，在货币情况下不起作用）。

---

[1] 这一关系是斯拉法先生（Sraffa）首次提出来的，载于《经济学刊》，1932 年 3 月号，第 50 页。

还有一点，正如任何时候都存在不同的商品利率一样，外汇交易商也都熟悉这样一个事实，即两种不同的货币，例如英镑和美元，它们所给出的利率也不一样。这是因为，用英镑表示的外国货币的"现货"价格和"期货"价格的差异，对不同的外国货币来说，一般也是不同的。

上述任何一种商品都可以像货币那样，作为衡量标准来衡量资本的边际效率。因为我们能够用我们选择的任何商品，例如小麦，来计算任何资本资产的用小麦表示的预期收益；之后，看何种贴现率可以使得这一系列小麦年金的现值等于用小麦计量的资本资产的现有供给价格，这个贴现率就是用小麦计量的该资本资产的资本边际效率。如果作为衡量标准的两种商品的相对价值预计不会发生变化，那么，不管使用二者之中的哪一种作为衡量标准，资本资产的资本边际效率都将是相同的。因为这两种标准计算得到的资本边际效率的分数，其分子和分母乃是按照同一比例在变化。但如果两种标准的商品的相对价值在将来有所改变，那么，各种资本资产的资本边际效率也将依照各自的衡量标准发生相同比例的变化。我们用一个最简单的事例来说明这一点。例如，作为两种衡量标准之一的小麦，其货币价值预期将以稳定的每年 $a\%$ 的比例上升，那么，若任何一项以货币计量的资本资产的资本边际效率为 $x\%$，换成小麦来计算，就是 $(x-a)\%$。由于所有资本资产的资本边际效率都会以相同的比例变化，所以，不论哪一种商品被用作衡量标准，各资本边际效率之间的差异大小在排序上仍然不变。

如果存在某种复合商品（composite commodity），严格而言，该复合商品可以作为一个代表，那么，我们就可以把它所计量的利率和资本边际效率在一定意义上当作唯一的**利率和资本边际效率**。但是，这样做当然会遇到同建立唯一价值标准一样的困难。

因此，到目前来看，货币利率与其他利率相比并非唯一，而是处于和其他利率同等的地位上。既是这样,那么,以前各章赋予货币利率在现实中的重大意义,到底是来自它的哪些特性呢?为什么产出量和就业量与货币利率密切相关,而不是与小麦利率或房屋利率紧密相关呢?

II

现在且让我们看看不同种类的资本资产,在一定时期内(比如一年)其各自的商品利率可能是什么情况。由于每一种商品依次被当作衡量标准,所以每种商品的回报也就必须用它自身的数量来衡量。

不同的资本资产在不同的程度上具有三种特质,即:

(i) 通过在生产过程中的作用,或者为消费者提供的服务,有些资产可以生产出一个用其自身计量的收益或产量 q。

(ii) 除了货币之外,大多数资本资产无论是否被用于生产一项收益,都会遭遇损耗,或者仅仅由于时间的推进而引起某些费用(除了资产之间的相对价值的变化以外),也即它们会引起一种用它们自身计量的保管费 c。就我们目前的目的而言,到底怎么区别在计算 q 时所应减去的费用和在计算 c 时所应加上的费用,都无关宏旨。因为我们以后关心的只是 $q-c$。

(iii) 最后,对某项资产在某一时期内具有自由处分的权利,可能为我们提供一种潜在的便利性和安全性,而这种便利性和安全性,在不同资产之间各不相同,虽然这些资产本身的原始价值彼此相等。可以说,这种便利性和安全性是无法由期终时的产量体现出来的,但是,人们愿意为了它们而支付一定的代价。人们愿意为了获得这种处分权利所产生的潜在便利性或安全性而支付的(除了资产的收益或保管费以外)代价(用其自身来衡量),被我们称作该资产的流动性溢价(liquidity-premium)l。

由此可见，在一段时期内，从资产所有权中预期可以得到的总收益，应该等于该资产的收益**减去**它的保管费，**再加上**它的流动性溢价，即：$q-c+l$。也就是说，$q-c+l$ 是任一商品的自有利率，其中 q、c 和 l 都以该商品自身作为标准来衡量。

正在使用中的工具性资本（instrumental capital）（例如，一部机器）或消费性资本（例如，一栋房屋），其特征在于它的收益（q）通常应该大于其保管费（c），而它的流动性溢价（l）很可能可以忽略不计。至于流动性商品的存货或剩余而闲置不用的工具性资本或消费性资本的特征，则在于承担用它们自身所衡量的保管费，而又没有任何收益与之相抵消。至于流动性溢价，虽然在特殊情况下也可能十分重要，但通常说来，当它们的存量超过普通的水平，通常也可以忽略不计。最后，就货币而论，其特征在于它的收益为零，它的保管费可以忽略不计，而它的流动性溢价却相当之大。的确，不同的商品可能具有不同程度的流动性溢价，而货币也会具有某种程度的保管费，比如安全保管费用。但货币和所有（或大多数）其他资产的实质性区别在于：货币的流动性溢价大大超过了其保管费，而其他商品的保管费则大大超过了它们的流动性溢价。为了说明这个问题，我们假设：住房的收益为 q_1，保管费和流动性溢价可以忽略不计；小麦的保管费为 c_2，收益和流动性溢价可以忽略不计；货币的流动性溢价为 l_3，收益和保管费可以忽略不计。也就是说，q_1 是住房利率，$-c_2$ 是小麦利率，而 l_3 是货币利率。

为了确定不同种类的资产在均衡状态下的预期收益之间的关系，我们还必须知道在所预期的那一年各种资产相对价值的变化。用货币（这里只要是供计算用的货币即可，小麦也同样适用）作为我们的衡量标准，再假设住房预期的升值（或贬值）百分比为 a_1，小麦的升值比例预期是 a_2。前面我们已经称 q_1、$-c_2$、l_3 是住宅、小麦和货币的自有利率。也就是说，q_1是用住房衡量的住房利率，$-c_2$是用小麦衡量的小麦利率，l_3是用货币衡量的货币利率。如果把货币作为衡量标准，那么，a_1+q_1，a_2-c_2和l_3也可以依次称作住宅折算成货币后的利率、小麦折算成货币后的利率以及货币折算成货币后的利率。使用这种符号，可以让我们很容易看到：持有财富的所有者是否需要持有住宅、小麦或货币，取决于a_1+q_1，a_2-c_2和l_3哪一个最大。由是观之，在均衡状态下，用货币衡量的住房和小麦的需求价格将会处于这种状态：在该状态下，各种选择所得到的利益没有差别，也即a_1+q_1，a_2-c_2和l_3彼此会相等。价值标准的选择对上述这一结论并无影响，因为从一种标准转换成另一种标准，会使所有这三项发生同等的变化，即等于新标准对旧标准所造成的应有的升值率（或贬值率）。

现在，那些正常供给价格小于需求价格的资产会被重新生产出来；而这些新生产出来的资产，又是那些其资本边际效率大于（以其正常的供给价格为准）利率的资产（二者用相同的价值标准来衡量，无论这个价值标准以何者为准）。对于这些一开始其资本边际效率至少等于利率的资产而言，当它们的存量增加时，它们的资本边际效率即趋于下降（理由很显然，前面已经对此加以论述过）。因此，**除非利率同时下降**，否则，它们的资本边际效率的下降，将会达到这些资产不再有利可图的那一点。当没有任何一种资产的资本边际效率能达到利率水平时，资本资产的进一步生产就将停止。

让我们假设（仅仅作为我们现阶段论证中的一种假设）：存在某种资产（例如货币），它的利率固定不变（或者当其产量增加时，它的利率比其他商品的利率下降得更为缓慢）。在此种资产存在的条件下，不同资产的地位将如何调整呢？由于a_1+q_1，a_2-c_2和l_3必然相等，又由于根据假设l_3或者是固定不变，或者是比q_1或$-c_2$下降得更为缓慢，所以a_1

和 a_2 必然会上升。换言之，除了货币，其他每种商品的现在价格相对于其预期的未来价格，都将趋于下降。因此，如果 q_1 或 $-c_2$ 继续下降，除非所预期的未来生产成本将会上升，且超过其现在生产成本的差额足以抵偿把现在生产的商品保管到将来高价时出售所需要的保管费，则生产任何商品都无利可图的那一点就会到来。

之前提到的货币利率对产出率起限制作用的说法，现在严格地说，显然并不完全正确。我们应该这样说：随着一般资产存量的增加，只有货币利率下降得最慢，以致最终使其他资产的生产均无利可图——除非像上面刚刚讲过的那种偶然情况下，在现在和未来生产成本之间存在着一种特殊关系。随着产量的增加，其他资产的自有利率会下降到一定水平。在这个水平上，一种资产接着一种资产地下降到有利可图的生产水平以下。最后，只有一个或以上的自有利率，仍然停留在较任何资产的资本边际效率为高的水平上。

如果**货币**作为价值标准，那么，很显然，造成困难的并不必然是货币利率。我们不能仅仅通过一道法令，把小麦或住房而非把黄金或英镑作为价值标准，以此来排除我们的困难（像有些人所设想的那样）。这是因为，此刻我们可以看出：如果仍然存在着**某**一种资产，其自有利率并不因产量增加而积极下降，那么，同样的困难依然存在。例如，即使一个国家早已推行不兑现的纸币本位，黄金还是会继续在该国充当这一角色。

III

因此，在赋予货币利率以特殊重要性时，我们已然暗中假定：我们通常所使用的货币具有某些与众不同的特点；而当其产量增加时，这些特点又使货币以自己作为衡量标准的利率，其下降的程度，比任何其他资产用它们自己作为衡量标准的利率都不如。这一假设是否合理呢？我认为，只要稍加思考，就可以看出下面所说的各种特点（这些乃是我们所知道的货币的普通特点），能够证明这一假设是对的。只要已经建立起来的价值标准具有这些特点，那么，"货币利率是唯一重要的利率"这种概括性的结论就能够成立。

（i）导致上述结论的第一个特点是如下这个事实：无论在长期还是在短期，如果不管货币当局的行动，而仅就私人企业的能力而论，货币的生产弹性为零，或者最多也就是一个很小的生产弹性（这里的生产弹性[1]的意思是，用于生产货币的劳动量对单位货币所能支配的劳动增加量的反应。也就是说，货币并不能很容易地被生产出来）。当用工资单位衡量的货币价格上升时，企业家不能任意地增加劳动雇佣量用于生产货币。在一个使用不兑现货币而实行通货管理的国家，这一情况完全符合现实。在一个实行金本位的国家，情况也大致如此，因为除非金矿开采业是一个国家的主要产业，否则，能被用于生产货币的劳动量所能增加的最大比例非常之小。

现在，对那些具有生产弹性的资产而言，我们之所以假设它们的自有利率会下降，乃是因为我们假定，随着产出率的提高，它们的存量会增加。然而，就货币而论——暂时不去考虑工资单位减少的影响以及货币当局有意识地增加货币供给的影响——它的供给则是固定不变的。因此，货币很难通过使用劳动而很容易地被生产出来的这一特点，马上为我们提供了初步的理由，来推断货币的自有利率是很难下降的；而如果货币能够像谷物一样加以栽培，或者像汽车一样能加以制造，那么，经济萧条的状态就可以得到避免或得到缓解。这是因为，如果以货币计量

---

[1] 参看本书第二十章。

的其他资产的价格下降,那么,会有更多的劳动量转向货币生产。正如我们前面对金矿开采业国家所做的分析一样,虽然就全世界来说,这种投入的最大量仍然可以忽略不计。

(ii) 然而,很显然,上述特点不仅为货币所具有,而且也为一切在生产上完全缺乏弹性而被收取纯地租的要素所共有。因此,这就需要第二个特点来区分货币和其他地租要素。

货币与其他地租要素相区别的第二个特点,在于它的替代弹性等于零,或者接近等于零。也就是说,当货币的交换价值上升时,不存在以其他要素替代它的倾向。也许,当货币作为一种商品用于制造业或工艺制作时,可以在非常微不足道的程度上加以替代。货币的替代弹性之所以等于零或接近等于零,乃是由于货币的下述特点:货币的效用完全取决于它的交换价值,因而二者同比例地上升或下降,结果,当货币的交换价值上升时,不像可收取地租要素的情形那样,存在着使用其他要素替代货币的动机或倾向。

由此可见,当使用劳动来衡量的货币的价值走高时,不仅不可能使用更多的劳动来把货币生产出来,而且,当对货币的需求增加时,货币更会成为吸收购买力的无底洞,因为不管货币的价值提到多高,都不能像其他地租要素的情形那样使人们把他们对货币的需求转移到对其他事物的需求上去。

唯一对这点发生限制作用的,乃是在货币价值上升使得人们怀疑能否维持住这一上升的价值的时候;此时 a_1 和 a_2 的数值就会增加,等于货币的商品利率的增加,从而会刺激其他资产的产量。

(iii) 第三,我们必须考虑上面所说的一些结论,是否会被下述事实推翻:货币数量虽然无法借劳动的投入而得到增加,但如果认为货币的供给完全不变,则这一假设条件还是不尽正确。尤其是当工资单位降低时，有一部分现金会从其他的用途中释放出来，以满足流动性偏好的动机；而且，除此之外，当以货币表示的各种价值降低时，货币存量在社会财富总额中所占的比例，也会比以前为高。

我们不可能从纯理论的分析上，否定上述反作用可以使货币利率有一个适度的下降。然而，有几个理由，结合起来可以形成强有力的论据来证实，为什么在我们所习惯的经济类型中，货币利率往往很难作出适度的下降：

(a) 首先，我们必须考虑到，工资单位的下降对以货币衡量的其他资产的边际效率所产生的反作用。这是因为，我们所关心的是由此引起的资本边际效率和货币利率之间的**差额**。如果工资单位下降所造成的影响，是带来一种它以后还会再次回升的预期，那么，结果将完全有利；如果相反，所造成的影响是带来它还会进一步下降的预期，那么，对资本边际效率的反作用则可以抵消利率的下降。[1]

(b) 以货币衡量的工资倾向于具有黏性，以及货币工资比实际工资更加稳定的事实，会让以货币衡量的工资单位在下降时受到限制。此外，如果事实并非如此，那么，境况可能变得更坏而不是更好；因为如果货币工资很容易下降，这往往会造成它将进一步下降的预期，这对资本边际效率会产生不利的反作用。再者，如果工资是以某种其他商品（例如小麦）来订定，那么，它就不大可能具有黏性。当工资以货币订定时，其所以具有黏性[2]，乃是由于货币的其他特性所致——尤其是使**货币具有流动性**的那些特点。

(c) 第三，我们要谈到本文的最基本考虑，即货币满足流动性偏好

---

[1] 这个问题留待本书第十九章再来更为详尽地进行探讨。

[2] 如果工资（或合约）被固定在小麦上，那么，小麦也可能由此获得货币的某些流动性溢价。在本章第 IV 部分，我们还会回到这个问题上来。

的各种特性。这是因为,在某些经常会发生的情况中,尤其是当利率低于某个数值时,[1]这一特点会使利率缺乏敏感性,甚至在货币数量与其他形式的财富相比大幅增加时,也是如此。换言之,超过一定数值之后,货币由于流动性而得到的利益,很难随着自身数量的增加而下降;即使下降,它也很微弱,远远达不到其他类型的资产在其数量同等增加时收益下降的程度。

在这方面,货币低微的保管费(或可忽略不计)发挥了重要作用。这是因为,如果保管费相当可观,那么,它会抵消持有货币在将来所能得到的好处。公众之所以对流动性所带来的比较微小的好处(实际的或想象的)很容易作出增加其货币持有量的反应,其原因在于:这些好处不会因那些随着时间的流逝而急剧增加的保管费所抵消。就货币之外的其他商品而言,适度的存量可能给予该商品的使用者以若干便利。但是,如果存量过多,即使由于它代表一笔价值稳定的财富的贮藏,因而具有若干吸引力,此等便利和吸引力也会为商品的储存费、耗损等费用所抵消。因此,在达到某一数量之后,再扩大存量就必然会发生损失。

然而,在有货币的经济中,正如我们已经看到的那样,情况并非如此,其中的理由有很多种,它们都是使公众认为货币最"具有流动性"的理由。因此,志在寻找补救之法的货币改革家们,曾企图为货币制造出人为的保管费,即要求法定通货必须按期缴纳一定费用以加盖钤记或者类似的标记,才能继续保持其货币的资格。这些人的思路是正确的,他们的建议的实用性值得考虑。

因此,货币利率的重要性来自货币三个特点的综合作用,即第一,通过流动性偏好的作用,利率对货币数量相对于以货币衡量的其他形式

---

[1] 参看前文(原书)第172页。

的财富之比例变化可能没有什么反应；还有第二和第三，货币具有（或可能具有）零值的（或可以忽略不计的）生产弹性和替代弹性。其中，第一个条件意味着，对财富的需求可能主要集中于对货币的需求；第二个条件意味着，当该种情况发生时，劳动不能被用于生产更多的货币；第三个条件意味着，即使某些其他要素的价格低廉到足以替代货币的职能，它们也不能缓解对货币的需求。唯一的缓解之法，只有增加货币的数量（只要流动性偏好不变），或者货币价值的提高（这在形式上是一回事），从而使一定量的货币能够提供更多的货币方面的服务。

这样一来，货币利率的提高，一方面会抑制所有具有生产弹性的物品的生产，另一方面又不能刺激货币的生产（根据假设，货币的生产完全缺乏弹性）。货币利率通过其决定其他商品利率的作用，妨碍对其他商品生产投资的同时，又不能刺激货币生产的投资，因为根据假设，货币是不能生产的。此外，由于对流动现金的需求（以债务表示）是有弹性的，因此支配此种需求的各项条件的少许改变，可能不会对货币利率产生很大的影响。而在另一方面，由于货币的生产缺乏弹性，各种自然力量也不可能（除了官方行动以外）通过影响货币的供给，从而降低货币利率。而就一件普通商品而言，由于对它的流动存量的需求缺乏弹性，需求方面的微小变动就可以使它的利率急剧上升或下降；而由于它在供给上具有弹性，故此也不会发生高额的现货超过期货的溢价。因此，对普通商品来说，如果放任自流，那么，"自然力量"，也即市场的一般力量，将倾向于降低它们的利率，直到充分就业状态出现为止。在此之后，普通商品的供给也会缺乏弹性，正如我们所假定的货币在正常状态时缺乏弹性的特点一样。由此可见，在不存在货币和不存在——当然，我们也必须如此假设——任何其他具有货币特点的商品的情况下，各种利率只有在充分就业时方能达到均衡状态。

也就是说，之所以会产生失业现象，乃是因为人们想要得到像月亮那样可望而不可即的东西——当人们想要得到的对象（即货币）无法被生产出来，而这种渴望又不能被轻易地加以抑制时，人们便无法获得就业。补救之法，只能是劝说公众，使他们相信生乳酪实际上就是与那月亮相同的东西，以及建立一个由政府控制的生乳酪工厂（即中央银行）。

值得注意的一个有趣之处是：传统上假设黄金最具有适合充当价值标准的特点，即在于它的供给缺乏弹性。而这个特点，最终恰恰成为了问题丛生的根源。

我们的结论可以用最一般的形式（假设消费既定）表述如下：当一切现有资产的自有利率中的最大者等于一切资产（用自有利率最大的资产作为衡量单位）的资本边际效率中最大者的时候，投资率的进一步增加不可能实现。

在充分就业状态下，这个条件必须得到满足。但如果有某种资产，它的生产弹性和替代弹性都等于零（或相对比较小），[1]而在产量增加时，其利率的下降又比它用其自身衡量的各种资产的资本边际效率下降得慢，那么，在达到充分就业状态以前，这个条件也会得到满足。

IV

我们在前面已经表明，一种商品是否作为价值标准，并不构成该商品的利率是否成为唯一重要的利率的充分条件。然而，考察这个问题还是很有意义的：我们所知道的那些使货币利率成为唯一重要利率的特点，在多大程度上与作为价值标准的货币（各种债务与工资通常就是以这项标准来订定的）连接起来。对这个问题，需要在两个方面进行

---

[1] 零值的弹性比所需要的必要条件要更为严格。

考察。

首先，契约是以货币来订定的，同时，用货币计量的工资通常也比较稳定；这些事实无疑使货币具有很高的流动性溢价。如果所持有的资产与将来要偿还的债务的衡量标准是相同的，而且用该标准来计量未来的生活费用可以预期呈现相对稳定的状态，那么，持有这种资产的便利之处就显而易见。而如果作为价值标准的是一种生产弹性高的商品，则人们对于产品的未来货币成本的相对稳定性的预期，可能就没有多大的信心。此外，货币低微的保管费在使货币利率成为重要利率上所起的作用，与在货币的流动性溢价上所起的作用，同等重要。因为我们所关切的，是流动性溢价与保管费用之间的差额，而在大多数商品情形下，除了金、银和银行券之类的资产以外，保管费至少会与作为契约和工资所据以订定的价值标准具有一样的流动性溢价。所以，即使把目前（例如）英镑所具有的流动性溢价转移到（例如）小麦上，小麦的利率仍然不见得会上升到零值以上。虽然契约和工资以货币为价值标准来约定的事实在相当大的程度上提高了货币利率的重要性，但这一事实本身还不足以造成我们所观察到的货币利率的各种特点。

要考察的第二点更加微妙。人们的正常预期，是认为以货币计量的产品价值比以任何其他商品计量的产品价值更为稳定。这一点当然并不取决于工资乃是以货币来订定的，而是取决于以货币表示的工资较有**黏性**。既然如此，如果不以货币而以某一种或多种商品作为衡量价值的标准，从而被预期为比以货币为衡量价值的标准更具黏性（即更加稳定），那么情况又将如何呢？这样一种预期，不仅要求该项商品以工资单位来衡量的成本相对稳定不变——不论生产规模是大是小，不论生产期间是短是长，都是如此——而且还要求该项商品的任何超过目前需要的剩余，都能被存放起来而又没有额外的费用，也即它们的流动性溢价大于它们的保管费（否则，由于没有希望从高价中获得利润，所以把该商品存放起来必然会带来亏损）。如果能找到可以满足这个条件的商品，那么，该商品肯定可以被用作货币的替代品。如此一来，从逻辑推理上看，并不是不可能找到一种商品，用它来计量产品的价值比以货币来计量产品的价值预期更加具有稳定性。但从事实上看，这样的商品似乎不大可能存在。

因此，我的结论是：被预期能用其作为衡量单位、使工资最具有黏性的商品，不可能不是生产弹性最小的商品，也不可能不是其保管费超过流动性溢价的部分最小的商品。换言之，人们之所以预期用货币计量的工资具有相对较大的黏性，原因在于货币的流动性溢价超过其保管费的部分比任何其他资产都要大。

由此可见，合在一起使货币利率成为最重要利率的各种特点，又以累积的方式相互加强着各自的作用。货币具有较低的生产弹性、替代弹性和保管费这一事实会提高人们的预期，认为货币工资将会相对稳定；而这个预期又会增加货币的流动性溢价，并阻碍使货币利率和其他资产的边际效率之间形成密切的关系。如果这种关系形成，则货币利率将会失去它的重大作用。

庇古教授（还有其他人）已经习惯于假设，实际工资比货币工资更为稳定。但这种假设只有在我们有理由认为就业量也比较稳定时才能成立。此外，还有一个困难，那就是工资品具有高额的保管费。的确，如果人们试图以工资品来订定工资，并企图以此稳定实际工资，那么，其影响只能使以货币计量的价格发生剧烈的波动。这是因为，消费倾向和投资诱力的每一次微小的改变，就会使价格在零值和无穷大之间剧烈变动。货币工资之应该较实际工资更加稳定，乃是经济体系保持其内在稳定性的条件之一。

因此，认为实际工资相对稳定，这种看法不仅不符合事实和经验，在逻辑上也是错误的。因为如果我们认为所考察的经济体系是稳定的，即消费倾向和投资诱力变化微小，不会造成价格的剧烈波动，那么，这与实际工资相对稳定的看法彼此矛盾。

V

作为上述内容的一个脚注，值得强调的是：上面所论述的"流动性"和"保管费"都只是程度的问题；而且"货币"的特点所在，不过是流动性溢价相对高于保管费而已。

例如，我们考察这样一个经济体系，其中不存在流动性溢价总是超过其保管费的资产。这是我给所谓"无货币"（non-monetary）经济体所下的最好的定义。也就是说，在该经济体中，只有各种特殊的消费品和特殊的资本设备。而这些资本设备，大体都按照它们能够制造或者有助于制造的消费品类别以及制造所需的时间长短加以区别。所有这些资本设备，都和货币不同。如果持有它们，它们会逐渐损毁或发生保管费，则其数值将大于它们所可能具有的任何流动性溢价。

在这样的经济体中，资本设备在以下三个方面有所区别：(a) 它们所能生产的消费品不同；(b) 它们产品价值所具有的稳定性不同（这是在以下意义上言之：随着时间的推移，面包比时髦物品具有更为稳定的价值）；以及 (c) 体现在它们当中的财富能够被"流动化"的速度，即生产出来产品，出售产品之所得能够被重新体现于其他不同形式财富的速度。

于是，财富所有者要在以下两方面进行得失权衡，从而决定持有何种财富：一方面，各种资本设备在上述意义上的"流动化"能力；另一方面，作为扣除风险以后对它们预期收益作出最优估计的手段。可以看出,流动性溢价与风险费用既有类似之处,也有所差别。二者的差别,相当于我们能够估计出的最优概率和进行这种估计时我们所具有的信心之间的差异。[1]在前面几章,当对预期收益进行估计时,我们并没有详细阐述估计是如何作出的,而且,为了避免论证上的复杂性,我们也没有把流动性上的差异和风险本身的差异加以区分。然而,在计算商品的自有利率时,很明显这两者都应该顾及。

"流动性"显然没有绝对的标准,而只有程度上的大小——在估计持有不同形式财富的相对好处时,除了使用这些财富所带来的收益和持有财富的保管费之外,还要考虑这项溢价。"流动性"是一个内涵有些含混的概念,它随着时间的推移而有所差异,并且取决于社会惯例和社会制度。然而,财富所有者心目中的偏好顺序则是确定的。他们在任何既定时间内,都是按照偏好顺序来表达他们对流动性的感受的,而在我们分析经济体系运行时,我们所需要的全部内容也就是这一偏好顺序而已。

或许在某些历史条件下,在财富所有者心中,持有土地被认为具有高额的流动性溢价;因为土地的生产弹性和替代弹性都比较低这一点与货币相类。[2]所以,可以想见,在历史的场景中,持有土地的愿望和现代持有货币的愿望一样,都把利率维持在了非常之高的水平。要想把这一作用加以量化颇有困难,因为土地缺乏与货币债务的利率严格相比较的以土地本身计量的期货价格。虽然如此,我们有时还是能找到非常类

---

[1] 参阅前文(原书)第 148 页的脚注。

[2] "流动性"的属性绝对没有独立于这两个特征的存在。这是因为,在财富所有者心目中,如果一种资产的供给可以很容易得到增加,或对该种资产的需求可以通过相对价格的改变而轻易地转到其他资产上去,那么,在他们心中,这种资产就不大可能会被认为具有"流动性"属性。如果货币的未来供给预期会有剧烈的变化,那么,它也将很快丧失"流动性"属性。

似的东西,比如把土地作为抵押品时的高利率。[1] 抵押土地时的高利率往往高于耕种土地所可能得到的净收益,这是许多农业经济中常见的特征。禁止高利贷法主要就是反对这种债权特征,而且这样做也是对的。这是因为,在早期的社会组织中,并不存在现代意义上的长期债券。土地抵押方面的高利率竞争,很可能会妨碍人们对新的资本资产的投资,从而阻碍财富的增长,正如现代长期债券的高额利率所起到的作用一样。

经过几千年持续不断的个人储蓄,世界在资本资产的积累上还是如此贫乏,其原因在我看来,既不能用人类不注意节俭来解释,甚至也不能用战争造成的破坏来解释,而是由于过去对土地、现在对货币赋予高额的流动性溢价所造成。在这点上,对于由马歇尔在其《经济学原理》(第 581 页)中以极为武断的语调表达出来的旧式观点,我不敢苟同:

> 大家都知道,财富积累之所以受到限制,利率之所以迟迟不落,是由于绝大多数的人喜欢现在的满足,而不喜欢延期的满足;换言之,是由于他们不愿意"等待"。

Ⅵ

在拙著《货币论》中,我曾对一项独特的利率[我称为利息的**自然率**(natural rate)]加以定义——用我在《货币论》中使用的术语,即能使储蓄率(按我在该书中的定义)等于投资率的利率。我相信,这个定义是对维克塞尔的"自然利率"的发展和澄清。根据他的说法,自然利

---

[1] 的确,抵押借款及其利息是由货币加以规定的。但抵押者有权选用被抵押土地本身来清偿借款——如果他到期不能用货币偿还的话,那么他必须以土地来还债——这一事实在一定程度上使抵押制度与使用土地期货来偿付土地的现货合约相类。也有部分地主根据抵押制度把土地出售给佃户,事实上,这与期货和现货交易非常接近。

率是一种能使某种物价水平保持稳定的利率,至于到底是何种物价水平,他并没有清楚地加以规定。

然而,我当时忽略的一个事实是,根据这个定义,在任何一个既定社会的每一就业水平下,都会有一个**不同的**自然利率。同样,对于每一个利率而言,都有一个使该利率成为"自然利率"的就业水平。这个意思是说,在该利率和就业水平下,经济体会处于均衡状态。由此可见,如果我们说只有唯一的自然利率的说法,以及不论就业水平如何而根据上述定义都可得到唯一数值的利率的说法,都是错误的。彼时,我还没有理解,在某些条件下,经济体可以处在低于充分就业的均衡状态。

过去我曾一度认为,"自然"利率这个概念在学术发展上似乎颇有前景,但我现在不这么看了。这个概念对于我们的分析不那么有用,也不太重要。自然利率只不过是维持现状的利率,而且一般而言,我们对维持现状本身并没有多大的兴趣。

如果有这种能被称为唯一的和重要的利率,那么,它一定可以被我们冠以**中性**(neutral)利率之名,[1] 即上述意义的自然利率,不过这个自然利率,在经济体中其他参数已知的情况下,必须是与**充分**就业相符的自然利率。对于这个利率,或许我们把它称为**最优**(optimum)利率更为妥当。

我们可以把中性利率严格定义为:在产出和就业达到整个经济体系就业弹性为零时的均衡状态下的利率。[2]

以上论述,再度告诉我们下面这个问题的答案:要想使古典学派的利率理论有意义,应该具备哪些假设条件。古典学派的利率理论,既可

---

[1] 这个定义与近年来学者对中性货币所下的诸多定义都不相符,虽然我的这个定义可能与这些学者心目当中所设想的对象存在某种联系。

[2] 参阅本书后文第二十章。

以假设实际利率总是等于我们适才定义的那种意义上的中性利率,也可以假设实际利率总是等于能把就业量维持在某一固定水平的利率。如果传统的利率理论可以按照这种方式加以解释,那么,我们对它的结论就会较少或者根本没有异议。古典学派的理论还假设:银行当局或市场的自然力量能使市场利率满足上述两个条件中的一个;而且它还进而考察在这一假设条件下,是什么规律在支配着社会生产资源的利用和回报。受到这一假设条件的局限,产出量就只能取决于已经被假设为不变的就业水平以及当时的设备与技术;如此一来,我们就可以安然地置身于李嘉图式的世界之中了。

第十八章 对就业通论的再说明

I

我们现在已经到了可以把我们论证的各个论点加以贯穿的地步。首先，也许需要分辨清楚，在经济体系中哪些因素我们通常把它们视为已知，哪些是我们经济体系中的自变量，哪些是因变量。

通常，我们视为已知的因素有：现有的技能和劳动量、现有设备的质量和数量、现有的技术水平、竞争的强弱程度、消费者的口味和习惯、不同强度劳动的负效用、监督和组织活动的负效用以及社会结构。社会结构包括决定国民收入分配的各种力量（但下面所列举的各个变量则不包括在内）。把这些因素视为已知的意思，并不是假设它们固定不变，而仅仅是说，在我们所涉及的范围之内，不考虑或不计入它们的变动所造成的影响和后果。

我们的自变量，首先就是消费倾向、资本边际效率表和利率。虽然前文已经对这些变量有所论及，但我们还可给出进一步的分析。

我们的因变量，是就业量和以工资单位衡量的国民收入（或国民红利）。

被我们视为已知的那些因素，会影响我们的自变量，但不完全决定它们。例如，资本边际效率表一部分取决于作为已知因素之一的现有资本设备量，但一部分也取决于长期预期状态，而长期预期状态并不能根据已知因素加以测定。但是，还有一些其他的因素，它们完全由某些已知因素决定，因之也可以把这些被决定的因素视为已知。例如，已知因素可以使我们推断出相当于既定水平的就业量，以工资单位来衡量的国民收入为多少，从而在我们视为既定的经济体系的框架内，我们可以说，国民收入取决于就业量，也即取决于用于生产的当前劳动量。在这个意义上，我们说在两者之间存在着唯一的相关关系。[1]此外，已知因素还可以使我们推断出总供给函数的形状，该函数体现了各种不同物品供给的**物质**条件。也就是说，推断出与任何既定水平的有效需求（以工资单位来衡量）相当的就业量。最后，已知因素还为我们提供了劳动（或努力）的供给函数，从而使我们知道，在哪一点上，整个劳动的就业函数[2]将不再具有弹性。

然而，资本边际效率表却一部分取决于已知的因素，一部分取决于不同种类资本资产的预期收益。同时，利率一部分取决于流动性偏好的状况（也即取决于流动性函数），一部分取决于用工资单位衡量的货币量。因此，不妨认为，我们最终的自变量包括：(1) 三个基本的心理因素，即心理上的消费倾向，对待流动性的心理态度，以及对资本资产未来收益的心理预期；(2) 雇佣者与被雇佣者之间的议价所决定的工资单位；以及 (3) 中央银行的行动所决定的货币数量。所以，当上述因素取值已知时，这些变量就决定了国民收入（或国民红利）与就业量。但这些变量还可以进一步地加以分析，可以说，它们仍不是我们的最后、最核心的独立要素。

---

[1] 在就业的相关范围内，不同物品的就业函数具有不同的曲率。在这个阶段的论述中，我们把源于此点的某些复杂情况略过不提。

[2] 在后文第二十章进行了定义。

这种把经济体的各种决定力量划分为既定的因素和自变量的做法，无论从哪一种绝对的观点看，当然都带有很大的随意性。其区分的标准必定全然以经验为基础，以便一方面把那些变动非常缓慢或对我们所研究的问题关系不大，以致短期内其影响相对微不足道的因素归入已知因素，另一方面把那些在变动时对我们的问题具有决定性影响的因素归入自变量一边。我们现在的目标是，发现何者决定任一时间内某一已知经济体的国民收入和它的就业数量（就业数量和国民收入几乎是同一事物）。这意味着在像经济学这样复杂的研究中，我们不可能去做完全精确的概括，而只能去发现某些因素，这些因素的变动主要地决定了我们所寻求的答案。我们最终的任务，可能就是从我们置身其中的经济体系中，选出那些能够由中央当局审慎地加以控制或管理的变量。

II

现在，让我们尝试着撮要说明前面各章的论点。把我们在前面所介绍的各个因素，依照与前相反的次序一一加以引述。

投资诱力把新的投资率向前推进，使每种类型的资本资产的供给价格上升，直到某一数值时为止，此时，这项数值与资本资产的预期收益一起，使一般资本的边际效率与利率接近相等。也就是说，资本品工业中供给的物质条件、对预期收益的信心状态、对流动性偏好的心理态度以及货币数量（最好以工资单位来衡量），共同决定了新的投资率。

但投资率的增加（或减少），必将导致消费量的增加（或减少）；因为公众的行为，一般而言，只有人们的收入增加（或减少）时，他们才愿意扩大（或缩小）其收入与消费之间的差距。这也就是说，消费率的变化一般都是与收入率的变化**同一方向**（虽然前者在数量上小于后者）。收入有了一定量的增加，必然引起储蓄的增加，这二者之间的关系由边际消费倾向来表示。至于投资增加量以及与投资增加量相当的总收入增加量（二者均以工资单位来衡量），其间的比率则由投资乘数来表示。

最后，如果我们假设（作为初步的近似值）就业乘数等于投资乘数，那么，当我们把乘数应用到投资率的增加量（或减少量）上面去时，我们就能够推断出就业的增加量。

但就业量的增加（或减少），可能提高（或降低）流动性偏好列表。这样一来，就业量的增加就会提高对货币的需求。中间的途径有三：第一，当就业量增加时，即使工资单位和价格（以工资单位来衡量）不变，产出量的价值也将增加；第二，随着就业情况的改善，工资单位将会提高；第三，由于短期内成本的增加，产量的增加会导致物价（以工资单位来衡量）的上升。

因此，上述这些反应将会影响均衡的位置，并且还有其他的反应。不止如此，在上述各种因素中，没有一个不是可以随时改变而又不显示出改变的预兆的；而且，有时候这些改变还很大。所以说，实际事态的发展是极端复杂的。不过，虽然如此，把这些变量各自孤立出来，似乎对于分析而言还是有用的和方便的。如果我们按照上述处理方式来对任何实际问题加以探究，那么，我们将发现实际问题会比较容易处理；而我们的实际直觉（这种直觉较之于一般性的原则更能顾及繁难的事实）所将面对的分析资料，也会比较容易驾驭。

Ⅲ

以上就是通论的概要。但经济体中的实际现象，也会受到消费倾向、资本边际效率列表和利率的某些特性所浸染。对于这些特性，我们大可根据经验事实加以概括，但这在逻辑上并非必要。

特别值得指出的是，我们生活于其中的这个经济体系，虽然在生产和就业方面容易遭受激烈波动,但它的显著特点却在于它并非极不稳定。的确,它似乎可以在相当长的时间内停留在一个正常状态以下的经济活动水平上,既无任何走向复苏的显著趋势,也无任何走向彻底崩溃的趋势。此外,经验证据表明,充分就业或接近于充分就业非常罕见,而且稍纵即逝。波动开始时可能很激烈,但在它到达极限以前,似乎已经衰歇下来,因而我们通常所经历的情况,乃是一种既非令人绝望也不令人满意的中间状态。也就是根据这一事实——即在到达极限之前,波动会自行衰歇下来,而且最后会掉转方向——才建立起具有规律性的经济周期理论。同样的情况也适用于物价,物价对于最初引发波动的原因起了反应之后,似乎能够渐渐找到一个水平,在这个水平上,暂时维持适度的稳定。

现在,由于这些经验事实并无逻辑上的必然性,我们就必须假设,现代世界的境况和心理倾向,在性质上必定会产生这类结果。因此,我们最好先想想,什么样的心理倾向会导致一个稳定的经济体系;然后,再根据我们关于当代人类本性的一般知识,看看这些心理倾向是否能够合理地将其归属于我们所生活于其中的这个世界。

根据上述的分析,若要解释我们所观察到的各种结果,需要以下稳定性条件:

(i) 边际消费倾向具有这样的性质:当某一个既定社会由于以较多(或较少)的就业量用于资本设备,因而使产出量增加(或减少)时,它会使得表示这二者之间关系的乘数大于1,但不会很大。

(ii) 当资本的预期收益和利率发生温和的变动时,资本边际效率列表将具有这样的性质:使新投资的变动不致和前两者的变动有很大的不相称。这就是说,资本的预期收益和利率的温和变动,将不会导致投资率的巨大变动。

(iii) 当就业量有所变化时，货币工资趋于向同方向发生变化，但与就业量的变化不会过于不成比例；也即就业量的温和变化不会引起货币工资的很大变动。这是物价而非就业量的稳定条件。

(iv) 我们还可以加上第四点，这一点对整个经济体系的稳定性贡献者少，对于促使某项变动从某一方向及时掉转到另一方面贡献者多。这就是说，一项较前为高（或为低）的投资率，如果持续了一段时期（这个时期以年为衡量单位，并不很长），那么，它就会对资本边际效率开始发生不利的（或有利的）反作用。

(i) 我们的第一个稳定条件，即乘数大于1但又不是很大，作为人类本性的一项心理特征是非常有道理的。当实际收入增加时，当前需求的压力会减退，而超过已有的生活水平的边际部分则逐渐增加。当实际收入减少时，情形刚好与此相反。因此，当就业量增加时，当前消费也将增加，但增加的程度小于因就业量的增加而引起的实际收入的全部增加量。这是一件很自然的事情——无论如何，对社会的一般情况来说就是这样。此外，对个人平均来说是对的东西，对政府来说也很可能是对的，尤其是在这样一个时代，日甚一日的失业增加通常会迫使政府从借入的款项中提供救济，情况就更是如此了。

但无论这一心理规律是否使读者认为它在先验上是合理的，有一点却是可以肯定的，即如果这一规律不能成立，那么，彼时我们的经验将和现在的大不相同。因为在那种情形下，不论多么微小的投资的增加，都会引起有效需求的累积性的增加，一直到充分就业的状态为止；反之，投资减少则将引起有效需求累积性的减少，一直到没有一个人会被雇佣的地步为止。但经验告诉我们，我们一般都是处在一种中间的状态上。当然，即使如此，这个范围也可能很狭小，在这个范围以外，无论就哪一个方向来说，我们的心理规律都必然毫无问题地成立。再者，很明显，乘数虽然大于1，但在正常情况下，它不会非常大。这是因为，如果它非常大的话，那么，一定的投资率的变化，就会引起消费率的巨大变化（此时只有充分就业和零就业才能限制它）。

(ii) 我们的第一个稳定条件保证，投资率的温和变动不会引起对消费品需求的无限大的变动。而第二个稳定条件保证，资本资产的预期收益或利率的温和变化，不会引起投资率的无限大的变动。由于使用现有数量的设备而大幅度地扩大产品的生产，从而使成本递增，故而上面所说的情形可能成立。如果我们开始时的位置，是一个具有大量剩余资源可供生产资本资产之用的位置，则在某一范围内，可能出现相当大的不稳定；但一旦剩余资源被大部分利用之后，这种情形就不再存在了。此外，我们的这个条件，对于资本资产预期收益的迅速变化所造成的不稳定性（这种预期收益的迅速变动来自商业心理上的剧烈波动，或者来自划时代的新发明），也有所限制——虽然上升方向所受到的限制要多于下降方向所受到的限制。

(iii) 我们第三个条件符合我们关于人类本性的经验。因为正像我们在上面已经指出过的那样，争取货币工资的斗争，本质上乃是一种维持高额**相对**工资的斗争。但这一斗争可能随着就业量的增加而在个别情形中愈演愈烈，这既是因为工人的议价地位有了改善，也是因为他的工资的边际效用递减，而他的财务逐渐宽裕，因而使他更愿意承担风险。不过，尽管如此，这些动机也还只是在一定限度内发生作用；而且工人也不会在就业条件改善时企求过高的货币工资，或者宁肯忍受工资的大幅削减，也不愿承受任何的失业。

在这里，不管这一结论在先验上是否合理，但经验表明，类似这样的心理规律在实际上必然成立。因为如果失业工人之间的竞争总是导致货币工资的大幅削减，那么，物价水平将会出现极度的不稳定。此外，除了那种合乎充分就业条件的情况以外,可能不会再有稳定的均衡位置。原因在于,工资单位将会无限下降,一直达到这样的水平,在该水平上,货币的充裕(货币以工资单位衡量)对利率所发生的影响,足以恢复充分就业水平。至于在其他任何水平上,都不可能有一个安定的休止之处。[1]

(iv) 我们的第四个条件,与其说是一个稳定条件,不如说是一个萧条与复苏相互交替的条件。这个条件是建立在下面这个假设之上的,即各类资本资产彼此的年限不同,它们都会随时间而发生耗损,并且都不是非常耐久。因此,如果投资率降到了某一最低水平以下,那么,只要其他因素没有出现大的波动,资本边际效率迟早会上升到足够的程度,致使投资率恢复到那个最低水平以上。同样,如果投资率上升到较前为高的数值上,那么,除非其他因素作出补偿性变动,否则,资本边际效率迟早会下降到足以造成经济萧条的地步。

有鉴于此,复苏与萧条能够在前三个稳定条件所规定的限度内发生,只要它们持续相当长的时间,并且不受其他因素变动的干扰,它们也将可能造成反方向的变动,直到同样的力量再度逆转运动的方向为止。

由此可见,四个条件综合在一起,足以解释我们实际经验中的各项显著特点;这就是:我们避免就业和物价在上升和下降两个方向发生激烈波动,因而围绕着一个中间位置摆动,这个中间位置既远低于充分就业水平,又远高于最低就业水平,如果低于这个最低就业水平,则我们的生活将会受到危害。

但我们不能据此得出结论认为,这种中间性位置是由各种"自然

---

[1] 在本书第十九章,我们将对工资单位的改变进行详细的论述。

的"趋势所决定，即决定于那些如无特别措施加以校正就会一直持续下去的趋势，从而认为这种中间位置是由必然规律造成的。上述各个条件之发生支配作用而无窒碍，不过是关于这个世界是怎样的世界或一直是怎样的世界所观察到的事实，而不是一项不可更改的必然性原则。

第五编　货币工资与价格

第十九章　货币工资的变动

I

如果货币工资变化的效应能在较早的章节中进行讨论，原会带来好处。这是因为，古典学派理论已经习惯于把它假想的经济体的自动调节性能，归功于它所假定的货币工资可以自由伸缩；而当货币工资一旦具有刚性，它便把不能自动调节的责任推到工资刚性身上去。

然而，直到我们自己的理论充分展开之后，才有可能讨论这个问题。这是因为，货币工资变化所带来的后果很复杂。正如古典学派的理论所设想的那样，货币工资的减少很可能会刺激产量，我和古典学派理论的分歧在于分析上的差别。所以，只有等到读者对我的方法有所熟悉之后，才能把这种差别说清楚。

以我的理解，一般所接受的解释是非常简单的。它并不依赖我们在下面将要讨论的那些迂回的反应。它的论点不过是：在其他条件不变的情况下，货币工资的减少，会通过制成品价格的降低而刺激需求，从而会增加产量和就业量，直到达到某一点。在该点处，劳动者同意接受的货币工资的减少，刚好抵消随着产量增加（使用既定数量的设备）而带来的劳动边际效率的缩减。

从古典学派理论最简陋的形式观之，这无异于假设：当货币工资减少时，对产品的需求会保持不变。或许有经济学家会认为，需求并没有理由一定受到影响。他们争辩说，总需求取决于货币数量乘以货币的收入流通速度，没有明确的理由表明，货币工资的削减会减少货币数量，或降低货币的收入流通速度。他们甚至会辩称，由于工资下降，利润必然会上升。但我认为，大家更为普遍认同的观点是：货币工资的减少，通过降低工人的购买力，因而可能对总需求产生**某些**影响，但其他要素的货币收入并未减少，因而它们的实际需求反而会因物价下降而受到刺激；此外，除非与货币工资变动相因应的劳动需求弹性小于1，否则，由于就业量的增加，工人自己的总需求也很可能增加。这样，除了某些非常罕见的极端情况（这样的情况实际上并没有什么真实性），在新均衡状态下，就业量将比货币工资未减少时为多。

我完全不认同这类分析。或者，更确切地说，我所与之不同的分析，似乎就是类似上述那些观察所依据的分析。因为我觉得，虽然上述观察相当准确地表达了许多经济学家的言谈和论述方式，但他们很少把这些观察背后的分析方法详细地行诸文字。

不过，看起来这种思想方式很可能是这样产生的：在任何给定的行业内，对它的产品存在一条需求曲线，它把能够出售的数量和出售价格的关系表现了出来；我们还有一系列表现以不同成本为基础的出售价格和相应产量之间关系的供给曲线；这些曲线一起作用，产生了一条新曲线，该曲线在其他成本不变（除了产量变化所引起的成本变动之外）的假设条件下，代表该行业对劳动的需求曲线，它把就业量与相应的工资水平之间的关系表达了出来。而该曲线在任何一点上的形状表示的都是对劳动的需求弹性。于是，这一概念在未经实质性修改的情况下被转用于整个行业；而且根据相同的理由，我们还有一条全行业的对劳动的需求曲线，该曲线把就业量与不同的工资水平联系了起来。这里的工资到底是货币工资还是实际工资,并无关紧要。如果所指是货币工资,则我们必须对货币价值的变化加以校正,但这不会对论证所得出的一般倾向性带来改变,因为价格的变动肯定不会和货币工资的变动正好保持在相同的比例上。

如果这就是他们论证的根据(若然不是,我也不知道他们论证的基础是什么),那肯定是错误无疑了。这是因为,任何一个特定的行业,其需求曲线只能建立在一些其他条件不变的假设之上,即其他行业的需求和供给曲线不变以及总有效需求不变。所以,把有关个别行业的论点转用到行业整体上去,当然是不正确的,除非把总有效需求量固定不变的假设也转用到行业整体上去。但这样的假设离题万里。固然,在货币工资减少的同时,如果**总有效需求仍然不变**,则其结果将会增加就业量,对于这一命题,没有人愿意加以否认。但是,这里所争论的问题恰恰在于:在减少货币工资的同时,以货币来衡量的总有效需求到底是不是仍和以前一样?或者,我们至少可以这样问:总有效需求若有减少,其减少的比例到底是不是较货币工资的减少比例为低(这就是说,以工资单位衡量的总有效需求较前为大)?如果古典学派理论对于某一特定行业所得出的各种结论,不得以类推的方法扩展到全部行业上去,那么,该理论就完全不能回答货币工资的减少对就业量作何影响的问题,因为它不具备解决这一问题的分析方法。在我看来,庇古教授的《失业论》,在发掘和利用古典学派的理论上,可谓已经尽其所能;结果他的这本书反而成为一个极明显的例证,表明古典学派的理论当被应用到何者决定整个社会的实际就业量这一问题时,并没有提供任何的答案。[1]

---

[1] 在本章附录里,我将对庇古教授的《失业论》予以详细的批评。

II

现在,让我们用我们自己的分析方法来回答这个问题。这个问题可以被分成两个部分:(1)其他条件不变,货币工资的减少是否会具有直接增加就业量的倾向性?所谓"其他条件不变",是指消费倾向、资本边际效率列表和利率均保持不变;(2)货币工资的减少,通过它对上述三个因素确定的或可能的影响,是否会对就业量朝着特定方向发生变化具有确定或可能的影响?

关于第一部分的问题,我们已经在前面几章给出了否定的答案。因为我们已经表明:就业量和以工资单位衡量的有效需求量,具有唯一的相关关系;而且还表明:由于有效需求是预期的消费和预期的投资之和,所以,如果消费倾向、资本边际效率列表和利率这三个条件均保持不变,那么,有效需求也不可能发生变化。在这三个条件都不变的情况下,如果企业家还要增加总就业量,那么,他们的收益必然小于他们的总供给价格。

我们已经指出,人们之所以认为货币工资的减少会增加就业量,乃是"因为它降低了生产成本"。现在,倘若我们采取最有利于这种观点的假设(即假设企业家们在开始时就**预期**货币工资的削减具有这种影响)来探究事态演变的历程,则对于反驳这类粗浅的观点或结论也许大有帮助。事实上,当个别企业家看到他自己的成本下降时,他很可能在开始时忽视了货币工资的减少对其产品需求所发生的影响,因而认为他能出售较前为多的产品而获利,并根据这一假定行事。但如果全体企业家都根据这项预期来行事,那么,他们事实上是否能够增加他们的利润?这只有当整个社会的边际消费倾向等于 1 时才能增加,因为这时收入的增量与消费的增量之间没有缺口;或者,只有当投资量增加,并且刚好弥补收入增量与消费增量之间的缺口时才能增加,后一情形,又只有当资本边际效率列表较利率有了相对的增加时才会发生。这样,由增产所获得的收入将会使企业家们大失所望,同时就业亦将回降到以前的数值,除非边际消费倾向等于1,或者除非货币工资的减少能使资本边际效率列表较利率有了相对的增加,从而投资得以增加。因为如果企业家们提供的就业规模,在他们能够根据预期价格出售他们产品的假设情形下,会使得公众从他们所获得的收入中,以较多的数额用于储蓄而以较少的数额用于本期投资,则企业家们必然会蒙受损失,其损失额正好等于储蓄与投资间的差额;而且,这种情形的发生,绝对与货币工资的水平无关。企业家们至多只能延缓他们的失望日期,在此期间,他们本身对于增加流动资本所做的投资,正用来弥补这一缺口。

因此,除了通过对整个社会的消费倾向、资本边际效率列表和利率的影响之外,减少货币工资对增加投资没有持久的趋向。要想分析货币工资削减后所发生的影响,除了探究它对这三项因素的可能影响外,实在没有其他的办法。

实际上,对这三项因素的最重要的影响,可能就是下面这些:

(1) 货币工资的削减,将多少降低物价。因此,它会引起某种程度的实际收入的再分配:(a) 收入从工资劳动者分配给构成边际直接成本中的那些要素,这些要素的报酬并未削减;(b) 收入从企业家分配给食利者,后者的以货币订定的收入额已经获得保证。

这种再分配对于整个社会的消费倾向会发生何种影响呢?收入从工资劳动者手中转移到其他要素手中,可能会降低消费倾向。至于收入从企业家手中转移到食利者手中,则颇有问题。但是,如果食利者们大体上代表了社会的富有阶层以及那些生活水平最缺乏伸缩性的人们,那么,这种收入转移的影响也将不利。到底净效果如何,我们只能揣测。但很可能不利的可能性大于有利的可能性。

(2) 如果我们所讨论的是一个开放的经济体，同时，货币工资的减少又是相对于国外货币工资（国内和国外货币工资已经化为相同的单位）而言的，那么，这种减少显然有利于投资，因为它可能会趋向于增加贸易顺差。当然，这其中假设了这一利益并未为关税、限额等方面的变化所抵消。传统的信念认为，减少货币工资是增加就业的一种手段，这种信念在英国比在美国具有更大的力量。这可能是因为，相对于英国来说，美国是一个较为封闭的经济体系。

(3) 在非封闭的经济体系中，货币工资的削减虽然可以增加外贸顺差，但它也可能恶化贸易条件。因此，除了新就业的人之外，其余人的实际收入将会下降，这又可能提高消费倾向。

(4) 如果人们预期货币工资的削减乃是**相对于未来货币工资而言**，那么，这种削减将会有利于投资。因为正如我们在上面已经看到的那样，它会增加资本边际效率；出于相同的理由，它还可能有利于消费。另一方面，如果货币工资的削减使人们预期未来的货币工资还会进一步下降，或极有可能进一步下降，那么，它的影响将会正好相反。因为它会降低资本边际效率，并且会使人们延缓投资和消费。

(5) 货币工资的削减，辅之以物价以及货币收入的普遍下降，会减少收入动机和企业经营动机对货币的需求，并将因此降低整个社会的流动性偏好列表。假如其他条件不变，这将降低利率，并有利于投资。不过，在这种情况下，人们对未来的预期所发生的影响，将与上面第(4)点所考虑的相反。这是因为，如果人们预期工资和物价以后还会再涨，那么，有利的反应，在长期贷款的情况下将远不如在短期贷款的情况下显著。此外，如果工资的减少引起公众不满，从而扰乱了政治上的信心，那么，由于这个原因所导致的流动性偏好的增加，可能抵消由目前流通中释放出来的现金后仍有其余。

(6) 由于货币工资的特别削减对于个别企业或者行业永远有利，所以，货币工资的普遍削减（虽然它的实际作用各不相同）也可能在一般企业家心目中产生一种乐观的情绪，这种的乐观情绪，可以打破人们对资本边际效率作出过分悲观估计的恶性循环，从而使事态再次按照较为正常的预期来发展。另一方面，如果工人们像他们的雇主们那样对工资的普遍削减抱持着同样错误的看法，那么，劳资纠纷可能会抵消这一有利因素。除此之外，由于通常无法使所有行业的货币工资能够同时而又同等地加以削减，所以，工人们为了自身利益，势将抵抗他们本身方面的工资削减。事实上，雇主们降低货币工资的行动所引起的抵抗，远比实际工资逐渐而又自动地下降（由于物价上涨所造成）所引起的反抗强烈。

(7) 另一方面，企业家因债务的负担加重所引起的沮丧心情，可以部分地抵消由于工资削减而带给企业家的愉悦反应。事实上，如果工资和价格下降过甚，那么，那些负债沉重的企业家们，其财务上的困难可能很快会达到无偿还能力的境地，这对投资自将带来极为不利的影响。此外，较低的物价水平对国债的实际负担以及对赋税的实际负担所造成的影响，也可能十分不利于企业经营的信心。

上述各点，并没有把工资削减在这个复杂的现实世界中所发生的一切可能的反应都包括在内。不过，我认为上述所言还是差不多已经把最重要的反应涵盖在内。

因此，如果我们把我们的论点局限在封闭的经济体系内，并且假定实际收入的重新分配对整个社会的支出倾向丝毫不能产生合乎希望的后果，那么，我们必须把货币工资的削减对就业发生有利后果的任何希望，主要寄托在第（4）点所说的资本边际效率的增加上，或第（5）点所说的利率的减少上。现在，我们对这两种可能性做进一步的详细考察。

有利于资本边际效率增加的情况是：人们相信货币工资已经到达了最低点，因而预期此后的变动是走向上升。最不利于资本边际效率增加的情况是：货币工资缓慢下降，每一次的下降都会减弱人们对未来工资的稳定性所抱持的信心。当我们进入有效需求不断衰微的时期时，如果货币工资突然大幅下降，下降到任何人都不相信它还会继续下降的程度，那么，这种态势会极有利于加强有效需求。但这只有借由政府的法令才能做到，而在一个自由协商工资的体系中，这是很难行得通的。另一方面，把工资硬性固定，不使它有发生重大变动的可能，较之在经济衰退时货币工资逐渐下降，使人预期每一次工资的温和削减将带来更进一步的失业（例如失业量将再增加1%），情形会好得多。例如预期工资在下一年将下降2%，其后果大体相当于同一期间应付利息额上涨了2%。**经过相应的修正之后，同样的观察也适用于经济繁荣状态。**

由此可以得出如下推论，即在当代世界的实际习惯和制度下，采取一项硬性的货币工资政策，比起采取一项伸缩性的政策以从容顺应失业量的变化实在更为恰当；至少就资本边际效率而论，政策理当如此。但是，当我们转到利率问题上时，这一结论是否仍能成立呢？

因此，很明显，那些相信我们的经济体系具有自行调节能力的人们，不得不把他们论证的重点放在工资和物价的下降对货币需求所发生的影响上，虽然我并不清楚他们是否已经这样做过。如果货币数量本身是工资和物价水平的函数，那么，按照这一思路，他们就没有任何取得成功的希望。但是，如果货币数量近乎固定不变，那么，很显然，它的以工资单位来衡量的数量，就会由于货币工资充分的下降而无限增加；而且，在对一般收入的比例上，它的数量也会大大增加。这项增加的极限，一方面取决于工资成本在边际直接成本中所占的比重，另一方面要看构成边际直接成本的其他要素对工资单位下降的反应而定。

因此，至少在理论上，我们可以经由保持货币量不变而仅削减工资的方式来影响利率，这样产生的影响，和我们经由保持工资水平不变而仅增加货币量的方式对利率所产生的影响是完全一样的。因此，作为取得充分就业的手段，削减工资和增加货币量都会受到同样的限制。上面所提到的同样理由（这些理由对于通过货币量的增加来适度增加投资量的方法，限制了它的效力），**经过相应修改之后**，也适用于工资削减的情况。货币数量的温和增加，对长期利率的影响可能不会产生足够的影响力量，而过度的增加，又可能动摇人们的信心而抵消了它的其他有利影响。同样，温和的货币工资下降，可能很难产生什么效果；而大幅下降，即便行得通，也会动摇人们的信心。

　　因此，我们没有理由相信，伸缩性的工资政策可以使充分就业状态持续存在下去；正如我们没有理由相信，通过公开市场业务而实施的货币政策，在没有其他辅助办法的情况下，也能达到同样的结果一样。经济体系不可能沿着这些路线来自我调节。

　　如果在就业未达到充分状态时，劳动者总是能够采取一致行动来减少本身的货币需要，使得货币量相对于工资单位而言显得如此充足，以至利率下降到与充分就业相当的水平，那么，我们在实际上是由工会来从事货币管理以求得充分就业之目的，而非由银行体系来从事货币管理。

　　具有伸缩性的工资政策和具有伸缩性的货币政策，虽然在理论分析上都是可供选择用来改变以工资单位衡量的货币数量的手段，但在其他方面，二者之间却当然地存在着诸多不同。现在，让我简单地提请读者注意三点考虑：

　　(i) 除了社会主义社会以法令规定工资以外，没有任何手段能够统一削减每一阶层劳动者的工资。要想削减工资，只能通过一系列逐渐的和不规则的工资变动才能达成，而这些变动既不合乎社会正义，也不合乎经济权宜（economic expedience），最终虽然可能取得一定效果，却是要经历各种浪费性和灾难性的斗争才能得来。在斗争中，那些议价能力最弱的人，相比于其他人，会遭受损失。另一方面，货币数量的改变，却早已进入大多数政府的权力范围之内，可以通过譬如公开市场业务或类似的手段达成。考虑到人类的本性以及我们现有的制度，除非有人能指出具有伸缩性的工资政策优于具有伸缩性的货币政策之处，否则的话，就只有愚蠢的人才会选择前者而弃后者于不顾。此外，在其他条件不变的情况下，一种简单易行的政策，应该优于一种实行起来可能存在困难的政策。

(ii) 如果货币工资是非伸缩性的，那么，物价方面所发生的变动（"被管制"价格或垄断价格除外，这些价格都是由边际成本以外的其他考虑因素所决定的），主要将和现有设备的递减边际生产力相当（现有设备的边际生产力随着产量的增加而递减）。这样一来，最大而又实际可能的公平，将在劳动和其他以货币来订定报酬的要素（特别是食利者以及服务于公司、学校或政府的永久性部门领取固定薪水者）之间维持下去。如果社会中几个重要阶级的报酬都以货币来订定，那么，只要**所有要素以货币表示的报酬没有什么伸缩性，社会公平和社会权宜（social expediency）**就最能获得满足。在考虑过各个大收入集团以货币表示的收入比较缺乏伸缩性的事实之后，只有一个不讲公平的人，才宁愿采取一项具有伸缩性的工资政策而不愿采取一项具有伸缩性的货币政策，除非他能指出前者具有后者所没有的好处。

(iii) 通过降低工资单位来增加以工资单位来衡量的货币数量，这一方法会使债务人的债务负担比例增加；另一方面，如果使用增加货币数量同时保持工资单位不变的方法，也会得到相同的货币增加量，但对债务人的影响却刚好相反。考虑到许多类型的债务负担已然很重，只有缺乏实际经验的人才会选择降低工资的做法。

(iv) 如果利率的下降必须通过降低工资水平才能办到，那么，依照上述的各项理由，这会从两个方面压低资本边际效率，从而也就构成双重理由使人们推迟投资，延缓经济复苏的到来。

Ⅲ

因此，我们可以得出这样的结论：如果劳动者根据逐渐下降的就业量而逐渐减少他所要求的货币工资，那么，通过这种政策对生产量所造成的不利影响，一般不会引起实际工资的下降，甚至反而可能会增加实际工资。这种政策的主要后果是造成价格的巨大的不稳定性，有时这种不稳定性甚至如此之剧烈，以致在我们生活于其中的依靠企业核算才能运行的社会中，企业核算成了剩余的事情。把具有伸缩性的工资政策，当作一个自由放任经济体所应有的正确而合理的附属品的说法，与真实情况刚好相反。只有在一个高度集权的社会中，具有伸缩性的工资政策方有成功实行的可能，突然、巨大而全面的变革可以由法令予以规定。我们可以想象，这种政策在意大利、德国或俄国可以运行，但在法国、美国或英国却不可能成就。

像在澳大利亚那样，如果企图用立法手段来规定实际工资，那么，与这种实际工资相因应，就会存在着一定的就业水平。在一个封闭的经济体系中，实际的就业量就会在该就业水平和完全没有就业之间剧烈地波动，而波动的方向，将视实际投资率是否低于与此一就业水平相当的投资率而定。另一方面，当实际投资正好达到此一临界水平时，物价将处于不稳定的均衡状态；当实际投资低于这个水平时，物价将朝零值下降；当实际投资超过此一水平时，物价将朝无穷大上升。如果此时还有起着稳定作用的因素，那么，这就是那些控制货币数量的因素。这些因素必须如此决定货币数量，使得社会上经常存在着这样一个货币工资水平，在这一水平下，货币数量为投资率和资本边际效率二者所建立的关系，将能维持投资于前述的临界水平上。此时，就业将维持不变（固定在适合于法定实际工资的水平上），货币工资和物价将在必要限度内急剧变动，以维持此一投资率于适当的数值上。在澳大利亚的实际情况中，这种不稳定的状态之所以得以避免，其原因一部分在于立法方面缺乏效能，总是难以完全达到既定目标，一部分还在于澳大利亚不是一个封闭的经济体系，所以它的货币工资水平本身就是一个对外投资水平的决定因素，从而也就是一个决定总投资的因素，同时，贸易条件对于实际工资也有着重要影响。

根据上述这些考虑，我现在认为，从各方面来看，维持一个稳定的、一般性的货币工资水平，对于一个封闭的经济体系，乃是一项最可取的政策；对于一个开放的经济体系，这个政策也适用，只要该体系和世界其他部分的平衡能通过外汇汇率的变动来达成。至于特定行业的工资，如果具有一定程度的伸缩性，是有好处的；因为这可使劳动从相对衰落的行业加速转移到相对兴旺的行业。但是，货币工资的总体水平应该尽可能地维持稳定，至少在短期中应该如此。

这项政策将会使物价水平具有相当程度的稳定性，至少比具有伸缩性的工资政策下所产生的稳定性更大。除去"被管制的"物价或者垄断价格之外，物价在短期内只有当就业量的变动影响了边际直接成本时才会发生相应的变动；至于在长期内，它只有当新技术、新设备或设备增加引起生产成本变动时才会发生变动。

诚然，当就业方面发生巨大变动时，物价水平将随之发生巨大变动。但正像我在前文已经指出的那样，其变动的幅度要小于具有伸缩性工资政策下所发生的变动幅度。

因此，在采取刚性工资政策的情况下，若要在短期内实现物价稳定，就必须避免就业量的波动。另一方面，在长期中，我们仍然有两种政策上的选择。一种政策选择是，随着技术和设备的进步而允许物价缓慢下降，但同时要保持工资稳定。另一种政策选择是，让工资缓慢上升，但同时要保持物价稳定。总的说来，我偏向于后一种政策选择。我之所以如此选择，一方面是由于事实上要想维持实际就业水平于一定的充分就业范围之内，则在短期未来工资上涨的情形下较之在预期未来工资下跌的情形下要容易些；另一方面，也是由于一些社会利益的考虑，包括逐渐减少债务人的债务负担，从衰落的行业调整到兴旺的行业存在较大的便利，以及货币工资温和上升趋势所可能引起的在心理上的鼓舞作用。不过，这些考虑并未牵涉任何基本的原则问题，同时，在这里对它们双方的利弊得失详加论述，也超出了我当前论述目的的范围。

第十九章附录 关于庇古教授的《失业论》

庇古教授在他所著的《失业论》一书中，认为就业量取决于两个基本因素，即（1）劳动者所要求的实际工资率，以及（2）对劳动的实际需求函数的形状。他的这部著作的核心章节，是关于这个实际需求函数形状的决定问题的。劳动者所要求的，并不是实际工资率，而是货币工资率。这一事实并未被该书所忽视，但它假设，货币工资率除以工资品的价格即可以得到所要求的实际工资率。

在《失业论》的第 90 页，他给出了两个方程。按照庇古教授的说法，该方程是对劳动实际需求函数的"研究之出发点"。由于他的分析应用受到几个暗含假设的影响，这些假设一开始就混入了他的论证之中，所以，我将总结他的论述过程，一直到有争议的关键点为止。

庇古教授把社会上的各种行业区分为："从事在国内制造工资品"和"制造出口品销售后换回国外的工资品"之行业，以及"其他"行业。为了方便起见，可以把它们依次称为工资品行业和非工资品行业。他假设，前一个行业雇佣的人数为 x，后一个行业雇佣的人数为 y。他用 $F(x)$ 表示 x 人生产的工资品的产出价值，用 $F'(x)$ 表示该行业的一般工资率。虽然他没有在书中加以说明，但这种做法相当于假设：边际工资成本等于边际直接成本。[1]他还进一步假设 $x + y = \phi(x)$，也即总就业量是被雇佣于工资品行业的人数之函数。然后，他又表明，对总劳动量的实际需求弹性（该弹性可以提供我们所需求的对劳动的实际需求函数的形状）可以写为：

$$E_r = \frac{\phi'(x)}{\phi(x)} \cdot \frac{F'(x)}{F''(x)}$$

仅就符号而论，这个方程与我自己使用的表达式并没有重大差别。如果我们把庇古教授的工资品与我的消费品等同起来，把他的"其他物品"与我的投资品等同起来，那么，他用以表示由工资单位来衡量的工资品行业的产值 $\frac{F(x)}{F'(x)}$，就与我的 C_w 相同。此外，他的函数 ϕ（在工资品等同于消费品的限度内）是被我在过去称为就业乘数（k'）的函数。这是因为：

$$\Delta x = k' \Delta y \text{ [2]}$$

---

[1] 把边际工资成本和边际直接成本等同起来的谬误，可能来自边际工资成本的含义含糊不清。如果除去新增的工资成本以外没有任何其他追加的成本，我们可以把它说成新增一个单位产品的成本；或者，我们也可以把它说成是：在现有的设备和其他未被雇佣的生产要素的辅助下，用最经济的方法生产新增一个单位的产品所引起的新增工资成本。在前一种情况下，不可能在新增劳动的同时也新增任何企业经营能力，或者经营资本，或者劳动以外的会增加成本的任何东西；甚至不可能顾及由于新增劳动而造成的对设备的更快损耗。因为在前一情况下，不容许劳动成本以外的任何其他成本因素进入边际直接成本，是故，边际工资成本当然就等于边际直接成本。但是，根据这一前提所得到的分析结果几乎没有什么应用价值。因为它依据为基础的假设在现实中很少能实现。这是因为，在现实中，我们不会愚蠢到如此地步，以致不把新增的劳动和适当新增的其他生产要素（如果它们在现实中存在的话）一起使用。所以，只有假设除去劳动以外的所有生产要素都已经使用到最高限度，上述的前提条件才能成立。

[2] 此处疑原文印刷有误，剑桥大学 2013 年版《凯恩斯全集》对此并没有改正，国内徐毓枬先生译本、高鸿业先生译本和魏埙先生译本均有指出。高鸿业先生和魏埙先生还特地做了详细的推导，论证此处当为"$\Delta(x+y) = k'\Delta y$"，译者对高鸿业（转下页）

所以有：

$$\phi'(x) = 1 + \frac{1}{k'}$$

这样来看，庇古教授的"对劳动总量的实际需求弹性"是一个与我的某些概念相似的复合概念，这个概念部分地取决于工资品行业的物质和技术条件（由其函数 F 所表示），部分地取决于工资品的消费倾向（由其函数 ϕ 所表示）。当然，以上所述总是要限制在一个特殊的情况下，即边际劳动成本等于边际直接成本。

为了决定就业量，庇古教授然后又把他的"对劳动的实际需求"与一个对劳动的供给函数联合起来。他假设劳动的供给只是实际工资的一个函数，而不包括任何其他变量。然而，又如他所假设的那样，实际工资是受雇于工资品行业的劳动者数量 x 的函数，这就等于假设在现有的实际工资情况下劳动供给量是 x 的函数，而不包括其他任何变量。也就是说，$n = \chi(x)$，其中 n 是实际工资为 $F'(x)$ 时的劳动供给量。

这样，把所有复杂的情况都清理掉之后，庇古教授的分析就相当于从以下两个方程中找出实际就业量：

$$x + y = \phi(x)$$

和

$$n = \chi(x)$$

（接上页）先生和魏垌先生的推导做了推敲，综合二人之论证，现把我修改后的推导录之如下：根据前面的假定：$x + y = \phi(x)$，等式两边同时对 x 求微分，可得：$1 + \frac{dy}{dx} = \phi'(x)$，由于 $\Delta(x+y) = k'\Delta y$，所以，$\frac{dy}{dx} = \frac{1}{k'-1}$。再把此式代入 $1 + \frac{dy}{dx} = \phi'(x)$，可以得到 $\phi'(x)$ 大体等于 $1 + \frac{1}{k'}$ 的结论。——译者注

但这里有两个方程、三个未知数。似乎很清楚的是,他是通过令 $n = x + y$ 而规避这个困难的。当然,这样做就相当于假设不存在严格意义上的非自愿就业。也就是说,在当前的实际工资上,所有愿意接受这一实际工资水平的劳动者都已经就业。在此情况下,x 具有满足下列方程的取值:

$$\phi(x) = \chi(x)$$

而且,当我们把由此得到的 x 值等于(譬如)n_1 时,y 必等于 $\chi(n_1) - n_1$,总就业量 n 等于 $\chi(n_1)$。

  这里值得稍事停留,以便考虑一下所有这一切具有什么样的含义。它意味着,如果劳动的供给函数发生改变,那么,在一定的实际工资水平下,劳动的供给量增加〔于是现在满足方程 $\phi(x) = \chi(x)$ 的 x 值变成了 $n_1 + dn_1$〕,对非工资品行业产品的需求量增加到如此之地步,以致这些行业的就业量的增加能使 $\phi(n_1 + dn_1) = \chi(n_1 + dn_1)$。使总就业量可能发生变化的唯一其他方式是改变工资品和非工资品的倾向,以致 x 值的较大减少会伴随着 y 值的较小增加。

  $n = x + y$ 这个假设当然意味着劳动者总是处于能决定自己的实际工资的地位;而劳动者总是处于能决定自己的实际工资的地位之假设,又意味着对非工资品行业产品的需求总是服从与上述公式有关的规律。换言之,这就等于假设利率总是按照这样的方式来自行调节其与资本边际效率曲线的关系,从而得以保持充分就业。若然没有这个假设,庇古教授的分析就会崩溃,给不出决定就业量的办法。的确,令人感到奇怪的是,庇古教授竟然认为他能提供一个失业理论,却又根本不涉及就业量的变化(即不涉及非工资品行业就业的变化),而这种变化不是由劳动的供给函数的变化,而是(例如)或者由于利率的变动,或者由于信心状态的改变所致。

所以说,他的书名《失业论》有点名不副实。他的书实际上并没有涉及这一主题。它讨论的是,当充分就业条件得到满足时,以及当劳动供给函数既定时,就业量将会是多少。劳动总量的实际需求弹性这个概念的目的,在于表明相应于劳动供给函数的一定的移动,**充分**就业量将会上升或下降多少。或者——换另一种可能更好的说法——我们可以把他的这本书看成是一种非因果性的研究,考察相应于任何既定的就业量及其实际工资之间的函数关系。但它并不能告诉我们什么决定**实际**就业水平;对于非自愿失业问题,这本书并没有直接论及。

庇古教授也会否定我在前面所定义的那种意义上的非自愿失业存在的可能性,但即便是这样,我们仍然很难看出他的分析如何能被应用于现实。这是因为,他忘记了讨论是什么决定了 x 和 y 之间的关系,也即工资品和非工资品行业的就业量之间的关系。这是他这本书的致命缺陷。

此外,他虽然认同在一定限度内,劳动者事实上所能要求的并不是一个既定水平的实际工资,而是一个既定水平的货币工资。但在这种情况下,劳动供给函数并不只是 $F'(x)$ 的函数,而且还是工资品货币价格的函数。其结果是使他之前的分析陷于崩溃,加入了一个新增的因素,却没有增加一个方程来求解这个新增的未知数。虚假的数学方法的危险之处在于,除了使每一件事物都只是单一变量的函数,并假定所有偏导数等于零之外,对于问题的分析,不可能造成任何推进。对于这种危险,没有比庇古教授的分析更有利于说明的了。这是因为,事后承认事实上还有其他许多变量,却仍然按照原来的方式进行研究,对已经完成的成果不做修改,这种承认便毫无用处。所以,如果(在某些限度之内)劳动者所要求的是货币工资,那么,除非我们知道什么决定工资品的货币价格，否则，即使我们假定 $n = x + y$，我们仍然会感到数据并不充分。这是因为，工资品的货币价格取决于总就业量。因此，除非我们知道工资品的货币价格，否则，我们是不可能说得出就业量是多少的；同时，除非我们知道就业总量是多少，我们也不可能说得出工资品的货币价格是多少。这正如我已经说过的那样，我们少了一个方程。然而，暂时假设货币工资而非实际工资具有刚性，却是能使理论比较接近于现实的做法。例如，在英国 1924—1934 年的经济动荡不安、价格波动剧烈的这十年里，货币工资稳定在 6% 的波幅之内，而实际工资的波幅高达 20% 以上。一个理论，除非它在货币工资固定不变（或在一定范围内固定不变）或者在改变的情况下都能应用，方才称得上是一个**一般性的**理论（通论）。政治家们是有资格抱怨，认为货币工资应该具有高度的伸缩性；但一个理论家对于货币工资具不具有高度伸缩性，应该毫无偏袒之见地加以研究。一个科学的理论不能要求事实与它自己的假设相一致。

当庇古教授明确讨论货币工资减少的效果时，他再次使用了显然（在我看来）并不足够的数据来给出答案。他在开始时就否定了一个论点（同前引书，第 101 页），即如果边际直接成本等于边际工资成本，那么，当货币工资减少时，非工资劳动者的收入将与工资劳动者的收入同比例变化。他的反对理由是，只有当就业量保持不变时，上述论点才是正确的——就业量是否不变，正是需要讨论的问题。但是，当他写到下一页（同前引书，第 102 页）时，他又犯了相同的错误，他假设"在开始时，非工资劳动者的货币收入不变"；而他刚刚才说过，只有在就业量并非保持不变时这一点才能成立——就业量是否保持不变正是要讨论的问题。事实上，除非其他因素加进我们的数据，否则，我们是不可能对这个问题给出答案的。

事实上，劳动者所要求的是一定的货币工资率，而非一定的实际工资量(只要实际工资不下降到某一最低限度之下)。为了说明承认这一点对整个分析的影响,可以指出的是,如果承认这一点,那么,整个分析的大部分所赖以为基础的那个假设就会崩溃。这个假设就是:只有实际工资较高,才能导致劳动供给量更高。例如,庇古教授用来反对(同前引书,第 75 页)乘数理论的假设是:实际工资率一旦为既定,也即,实际工资率既然已经处于充分就业状态,那么,较低的实际工资便不会增加劳动供给量。在这种假设条件下,他的论点当然是对的。但是,在有关的段落中,庇古教授所批评的是一个关系到实际政策的方案,即在该方案所涉及的时期内,英国的失业统计人数超过了 2 000 000 人(即在该时期有 2 000 000 人愿意在当前货币工资下从事劳动),而关于这一时期,庇古教授竟然假设,只要生活成本相对于货币工资有所上升,不管上升的程度多么轻微,也会使工人退出劳动市场,而退出的人数还会超过 2 000 000 人。这种假设脱离现实到了离谱的地步。

应该着重指出的重要之点是,庇古教授这一整本书都是建立在这个假设之上:**相对于货币工资的任何生活成本的上升,无论其程度如何轻微,均会使劳动者退出劳动市场,其退出的数量大过当前的全部失业量。**

此外,庇古教授并没有注意到,在该书同一段落中(同前引书,第 75 页),他提出的用来反对公共工程会导致"第二轮"就业的论点,也可以用来反对在相同假设之下同一公共工程会导致"第一轮"就业的论点。这是因为,如果在工资品行业中一般的实际工资率为既定,那么,除非非工资劳动者减少他们的工资品消费,就业量无论如何都不可能增加。因为那些新加入"第一轮"就业的人们会增加工资品的消费,从而降低实际工资,因而(按照庇古教授的假设)又会导致原来在其他地方已经就业的人们退出劳动市场。然而,庇古教授显然认为,存在第一轮就业量增加的可能性。第一轮就业与第二轮就业之间的分界线，似乎成了庇古教授心理上的关键处，在这里，他那良好的常识感不再能够制服他的坏理论。

由于我们在假设条件和分析方法上的不同而导致的结论上的差异，可以用庇古教授总结其观点的下列一段重要文字来加以说明："在劳动者之间存在着完全自由竞争和劳动者可以完全自由流动的情况下，这种关系（即劳动者所要求的实际工资率对劳动的需求函数之间的关系）的本质非常简单。对工资率总有一种强烈的倾向在发挥作用，使之与对劳动的需求具有如此之关系，以致每一个劳动者都能得到就业。因此，在稳定的条件下，每个人都会切实地得到雇佣。这里的含义是，任何时候都存在的失业，其原因完全在于需求状况的继续变动，以及使工资不能及时得到调整的摩擦力。"[1]

他给出总结称（同前引书，第253页）：失业主要是由于一种工资政策，而这种工资政策不能把自己调整到足够的程度，以适应对劳动的实际需求函数的变动。

由是观之，庇古教授相信，在长期中，失业能够通过工资调整加以解决。[2]而我则认为，实际工资（只有它的最低水平才由就业的边际负效用决定）的水平，主要并不是由"工资调整"来决定（虽然调整也可能引起一系列的反应），而是取决于这个经济体系中的其他因素。其中某些因素（尤其是资本边际效率曲线和利率之间的关系），庇古教授未能将之纳入其理论体系之内，如果我的理解没有错的话。

最后，当庇古教授谈到"失业原因"时，他确实像我那样谈到过需

---

[1] 同前引书，第252页。
[2] 没有提示或暗示说，这一结果乃是来自利率的反应。

求状况的波动。但是，他把需求状况和对劳动的实际需求函数等同了起来，这就忘记了根据他的定义，后者在含义上是如何之狭小。这是因为，劳动的实际需求函数按照定义（如我们在前面已经看到过的那样）仅仅取决于两个因素，即（1）在任何既定情况下，就业总人数与必须就业于工资品行业的为他们提供消费所需的人数之间的关系；（2）工资品行业的边际生产率状况。然而，在庇古教授《失业论》第五编中，"劳动的实际需求函数"之波动却被赋予了重要的地位。"劳动的实际需求"被认为是一个容易大幅度短期波动的因素（同前引书，第五编，第6—12章）；而庇古教授似乎认为，"劳动的实际需求"的波动与工资政策未能对这种摆动作出敏锐的反应，乃是共同造成经济周期的主因。对于读者来说，陡然一看，所有这一切似乎都是合理的，而且也是所熟知的情况。读者之所以会有此观感，乃是因为，除非他回到原有定义上去，否则，"劳动的实际需求的波动"在他心目当中具有我所说的"总需求状况的波动"相似的含义。但是，如果我们回到庇古教授的"劳动的实际需求"的定义上去，那么，庇古教授所说的这一切便不再能令人信服。因为我们会发现，这个世界没有任何东西能比这一因素更难发生剧烈的短期波动的了。

根据定义，庇古教授的"对劳动的实际需求"只取决于 $F(x)$ 和 $\phi(x)$。$F(x)$ 代表工资品行业的物质生产条件，$\phi(x)$ 代表总就业量和与之相应的工资品行业就业量之间的函数关系。除了在一个长时期内逐渐地发生变动之外，要想解释为什么这两个函数中的任何一个会有所变动，很难找到理由。可以肯定，似乎没有什么理由来设想它们可能出现周期性的波动。这是因为，$F(x)$ 只能慢慢变动，而且只能在一个技术进步的社会中向前变动；而 $\phi(x)$ 则除了工人阶级突然转向节俭，或者更一般地说，消费倾向突然发生改变，否则它也会保持稳定不变。所以，我预期，在整个经济周期中，对劳动的实际需求几乎会保持恒定不变。我再重复一遍：庇古教授在他的分析中完全忽略掉了不稳定的因素，即投资量的变动，而这一变动往往就是就业量波动现象的根源。

我之所以详细地批评了庇古教授的失业理论，并不是因为对于我来说，他比古典学派的其他经济学家更值得这样做，而是因为他的理论，是我所熟悉的唯一试图精确地把古典学派的失业理论书写出来的表述。所以，对这一在表现上最令人敬畏的理论提出反对意见，对我来说义不容辞。

第二十章　就业函数[1]

I

在第三章（原书第 23 页），我们已经给总供给函数下过定义，它表示就业量（N）和与之相应的总供给价格之间的关系。**就业函数**（employment function）与总供给函数之间唯一不同的地方在于，前者实际上是后者的反函数，而且是用工资单位加以衡量的。就业函数的目的，在于表明指向某一既定企业或行业整体的有效需求数量（以工资单位测度）和就业数量之间的关系，使该就业量下所生产出来的产品供给价格，和该就业量下有效需求能相互比较。因此，如果数量为 D_w 以工资单位衡量的有效需求，指向某一家企业或一个行业，因而引起该企业或该行业就业量为 N_r 时，那么，就业函数就是 $N_r = F_r(D_w)$。或者，更为一般地说，如果我们可以假设 D_{wr} 是总有效需求 D_w 的唯一函数，那么，就业函数就是 $N_r = F_r(D_w)$。也就是说，当有效需求为 D_w，则 r 行业中所雇佣的工人数就是 N_r。

在本章中，我们将阐释就业函数的某些特性。除了这些特性本身所

---

[1]　那些不喜欢代数的人们（他们不喜欢是很正当的），可以略过本章第一节，这不会造成什么损失。

具有的意义之外，还有两个理由足以说明，为什么用就业函数代替普通的供给曲线，是与本书的方法和目的相符的。第一，就业函数是以我们所限定采用的单位来表达有关的事实，并不引入任何具有可疑性质的数量单位。第二，就业函数比普通的供给曲线本身更适合分析**全体**行业和全部产出量的问题，以有别于那种有关单一的行业或企业在既定情况下的问题。原因如下：

当我们为某一特定商品画一条普通的需求曲线时，总会对社会成员的收入作出一些假设，若是收入发生变化，这条需求曲线就得重画。同样，当我们为某一特定商品画一条普通的供给曲线时，总会对整个行业的产量作出一些假设，若是行业的总产出发生变化，这条供给曲线也会变动。鉴于上述原因，当我们考察个别行业对**总**就业量的变动所作出的反应时，我们所关心的，必然不会是每个行业的个别需求曲线和供给曲线，而是相应于总就业量的不同假设的两组曲线。不过，在就业函数的情形下，求出反映整个就业变动的整个行业的函数，实际上要更容易做到。

我们（先）假设消费倾向是给定的，同样，第十八章中视为已知的其他因素也是如此。我们还要假设，我们所考虑的问题是投资率方面的变化所引起的就业量的变动。在这些假设之下，对应着每一个用工资单位来衡量的有效需求水平，将会有一个与之相应的总就业量，而这个有效需求，按照一定的比例被分解为消费和投资两个部分。此外，每一个有效需求水平都相应于一定的收入分配。因此，我们可以合理地作出进一步的假设，即相应于一个给定的总有效需求水平，将有一个与之相当的、唯一的分配方式，把有效需求分配于不同行业之间。

这使我们能够决定，相应于一个给定的总就业量水平，各个行业的就业量是多少。也就是说，它可以告诉我们，相应于每一个用工资单位来衡量的总有效需求水平在各个特定行业中的就业量。所以，该特定行业的第二种形式的就业函数，即前文所说的 $N_r = F_r(D_w)$，其所要求的条件就得到了满足。这样，我们就有了一个有利之处，即在具备这些条件的情况下，每一个别行业的就业函数就是可加的。在这里，可加的意思是，相应于一个给定的有效需求水平，整个行业的就业函数等于每一个别行业的就业函数的加和，即：

$$F(D_w) = N = \sum N_r = \sum F_r(D_w)$$

接下来，让我们给就业弹性下一个定义。对于一个既定的行业，其就业弹性为：

$$e_{er} = \frac{dN_r}{dD_{wr}} \cdot \frac{D_{wr}}{N_r}$$

由此可见，该弹性衡量的是，当用来购买该行业产品的工资单位的数量发生改变时，所引起的该行业雇佣的劳动单位数量的反应。整个行业的就业弹性，我们可以写作：

$$e_e = \frac{dN}{dD_w} \cdot \frac{D_w}{N}$$

只要我们可以找到某种足以令人感到满意的衡量产出的方法，我们也可以对所谓的产出弹性或生产弹性下一个定义。该弹性衡量的是，任何一个行业的产出量当更多以工资单位衡量的有效需求指向它的产品时所引起的增加率，即：

$$e_{or} = \frac{dO_r}{dD_{wr}} \cdot \frac{D_{wr}}{O_r}$$

如果我们能假设价格等于边际直接成本，那么，我们就可得：

$$\Delta D_{wr} = \frac{1}{1 - e_{or}} \cdot \Delta P_r$$

其中 P_r 是预期利润。[1] 由此可知，如果该行业的产出完全缺乏弹性，那么，以工资单位衡量的全部有效需求的增加，就会被当作利润而归诸企业家，即 $\Delta D_{wr} = \Delta P_r$；如果 $e_{or} = 1$，也即如果产出单位为 1，那么，在有效需求的全部增加量中，没有任何部分会成为利润，而是全部都被边际直接成本包括的要素所吸收。

此外，如果一个行业的产出量是该行业所雇劳动者数量的函数 $\phi(N_r)$，那么，我们有：

$$\frac{1-e_{or}}{e_{er}} = -\frac{N_r \phi''(N_r)}{p_{wr}\{\phi'(N_r)\}} [2]$$

其中 p_{wr} 是以工资单位来衡量的单位产出的预期价格。因此，$e_{or} = 1$ 这个条件意味着 $\phi''(N_r) = 0$，即随着就业量的增加，由此而带来的收益保持不变。

现在，古典学派理论假设实际工资总是等于劳动的边际负效用，而且假设当就业量增加时，劳动的边际负效用也增加，因此，在其他条件

---

[1] 这是因为，如果 p_{wr} 是以工资单位来衡量的单位产出的预期价格，则：

$$\Delta D_{wr} = \Delta(p_{wr}O_r) = p_{wr}\Delta O_r + O_r\Delta p_{wr} = \frac{D_{wr}}{O_r}\cdot \Delta O_r + O_r\Delta p_{wr}$$

所以，我们有：

$$O_r\Delta p_{wr} = \Delta D_{wr}(1-e_{or})$$

或者

$$\Delta D_{wr} = \frac{O_r\Delta p_{wr}}{1-e_{or}}$$

但是，

$$O_r\Delta p_{wr} = \Delta D_{wr} - p_{wr}\Delta O_r = \Delta D_{wr} - （边际直接成本）\Delta O = \Delta P$$

因此，

$$\Delta D_{wr} = \frac{1}{1-e_{or}}\Delta P_r$$

[2] 这是因为，由于 $D_{wr} = p_{wr}O_r$，故而我们有：

$$1 = p_{wr}\frac{dO_r}{dD_{wr}} + O_r\frac{dp_{wr}}{dD_{wr}} = e_{or} - \frac{N_r\phi''(N_r)e_{er}}{p_{wr}\{\phi'(N_r)\}^2}$$

不变的情况下，如果实际工资减少，那么劳动供给量就会下降。古典学派的这个假设，实际上是假定以工资单位来衡量的总支出增加是不可能的。若果真如此，则就业弹性这个概念就完全没有了用武之地。此外，在这种情况下，通过以货币衡量的支出的增加来增加就业量，也就没有了可能。这是因为，货币工资会随着货币支出的增加而成比例地上升，从而以工资单位来衡量的支出并不会增加，所以就业量也不会增加。但如果古典学派的假设不能成立，那么就有可能通过增加以货币衡量的支出来增加就业量，一直增加到使实际工资下降到等于劳动的边际负效用时为止。根据定义，在该点处必然存在充分就业。

当然，在通常情况下，e_{or} 的取值总是介于 0 和 1 之间。因此，当货币支出增加时，以工资单位衡量的价格上升的程度，也即实际工资下降的程度，则取决于产出弹性对以工资单位衡量的支出的增加所作出的反应。

我们用 e'_{pr} 表示预期价格 p_{wr} 对有效需求变化 D_{wr} 所作出的反应，即 $\dfrac{dp_{wr}}{dD_{wr}} \cdot \dfrac{D_{wr}}{p_{wr}}$。

由于 $O_r \cdot p_{wr} = D_{wr}$，所以，我们有：

$$\frac{dO_r}{dD_{wr}} \cdot \frac{D_{wr}}{O_r} + \frac{dp_{wr}}{dD_{wr}} \cdot \frac{D_{wr}}{p_{wr}} = 1$$

或者

$$e'_{pr} + e_{or} = 1$$

也就是说，物价和产量对以工资单位衡量的有效需求变化所产生的反应，其弹性之和等于 1。根据这一规律，有效需求的作用，一部分体现在对物价的影响上，一部分则体现在对产量的影响上，因而逐渐耗竭了它自身的力量。

如果我们所处理的是整个行业,而且打算假设我们可以找到能衡量整体产出的单位,那么,运用同样的论证方式,也可以得到 $e'_p + e_o = 1$。其中没有下标 r 的弹性,是运用于整个行业的弹性。

现在,让我们用货币而非工资单位来衡量各项数值,并将我们有关整个行业的结论引申到这一情况中来。

如果用 W 代表一单位劳动的货币工资,用 p 代表以货币来衡量的整个社会每单位产量的预期价格,则我们可以把货币价格对以货币衡量的有效需求的变动的反应弹性写为:$e_p \left(= \dfrac{Ddp}{pdD} \right)$。而把货币工资对以货币衡量的有效需求的变动的反应弹性写为:$e_w \left(= \dfrac{DdW}{WdD} \right)$。于是,不难证明:

$$e_p = 1 - e_o(1 - e_w) \text{[1]}$$

正如我们将在下一章所看到的那样,这个方程是一般化后的货币数量论的第一个步骤。如果 $e_o = 0$ 或 $e_w = 1$,那么,产量不会改变,而物价将与以货币衡量的有效需求同比例上升。否则,物价的上升比例

---

[1] 这是因为,由于 $p = p_w \cdot W$ 以及 $D = D_w \cdot W$,故而我们有:

$$\begin{aligned}
\Delta p &= W\Delta p_w + \dfrac{p}{W}\Delta W \\
&= W \cdot e'_p \dfrac{p_w}{D_w}\Delta D_w + \dfrac{p}{W}\Delta W \\
&= e'_p \dfrac{p}{D}\left(\Delta D - \dfrac{D}{W}\Delta W\right) + \dfrac{p}{W}\Delta W \\
&= e'_p \dfrac{p}{D}\Delta D + \Delta W \dfrac{p}{W}(1 - e'_p)
\end{aligned}$$

所以有:

$$\begin{aligned}
e_p = \dfrac{D\Delta p}{p\Delta D} &= e'_p + \dfrac{D}{p\Delta D} \cdot \dfrac{\Delta W \cdot p}{W}(1 - e'_p) \\
&= e'_p + e_w(1 - e'_p) \\
&= 1 - e_o(1 - e_w)
\end{aligned}$$

将小于有效需求的上升比例。

II

现在让我们回到就业函数上来。我们在前面已经假设：相应于每一水平的总有效需求，存在着把该总有效需求在每一个别行业产品之间分配的唯一方式。然而，随着总支出的改变，该总支出中对某一行业产品的支出额，一般情况下不会发生同比例的变化。这一部分是因为当个人收入增加时，他们用于购买各个行业的产品数量不一定同比例地增加，另一部分则是因为购买不同商品的支出增加时，不同商品的价格会作出不同程度的反应。

由此可知，如果我们承认，所增加的收入可以有不止一种方式被花费掉，那么，迄今为止我们所使用的假设——就业的变化仅仅取决于因以工资单位来衡量的总有效需求的变化——只不过是一个初步的近似值而已。这是因为，我们对总有效需求的增加在不同商品间的分配方式所做的假定，可以在很大程度上影响就业量。例如，如果所增加的有效需求大量流入具有高就业弹性的产品上，那么，就业的总增加量，就会大于有效需求大量流入低就业弹性产品的情况。

在同样的方式下，如果有效需求的流向朝着具有相对的低就业弹性的产品改变，那么即使没有任何总有效需求的变化，就业量也会下降。

如果我们关心的是短期现象——所谓短期现象，指的是时间短到无法预料有效需求的量和方向的改变——那么上述这些考虑就显得非常重要。生产某些产品需要时间，因而增加它们的供给事实上便不可能很快。这样，如果新增加的需求突然流向它们，那么，它们便会表现出较低的就业弹性；尽管若是给予充分的准备时间，则它们的就业弹性可能接近于1。

在这里我发现了生产时段（period of production）这个概念的重要意义。按照我的说法，[1] 一种产品的生产时段为 n，就意味着，若要使它能达到最大数值的生产弹性，事先准备的时间即为 n 个时段。在这个意义上，消费品作为整体显然具有最长的生产时段。因为它们总是构成每一个生产过程的最后阶段。这样，如果扩大有效需求的最初冲击来自消费的增加，那么，它的初始就业弹性就要比最后均衡时的数值来得低，其低于的程度要比最初冲击来自投资增加时的情况为大。此外，如果增加的需求是针对具有相对较低就业弹性的产品，那么，需求增加的大部分将会增大企业家们的收入，较小的部分则将增加工资劳动者和其他直接成本因素的收入，其结果将会对支出产生不利的影响。这是因为，企业家很可能比工资收入者从其所增加的收入中储蓄更多。饶是如此，对这种差别也不宜过分夸大，因为它们主要的反作用大体还是相同的。[2]

不论我们把将来需求的变动如何早预告给企业家，除非在生产的每一阶段都有过剩的存货和生产能力，否则由投资的一定增加量而作出反应的初始就业弹性，就不可能与最后的均衡数值一样大。另一方面，剩余存货的消耗，也是对投资量增加的一种抵消。如果我们设想，在初始时生产的每一阶段都存在着过剩的存货，那么，初始的就业弹性可能接近于 1；此后，当存货已经被吸收完毕，但在较早生产阶段生产的产品按照适当的速度形成供给增加之前，就业弹性将逐渐下降；随着新均衡状态的到来，生产弹性的数值会再度上升到 1。然而，这就会遇到某些限制条件，因为当就业量增加时，租金因素可能吸收掉更多的支出额；利率提高也会产生同样后果。鉴于这些原因，在一个发生变动的经济体系

---

[1] 这与通常的定义有所不同，但似乎对我而言它体现了该概念的重要意义所在。
[2] 有关上述主题更进一步的讨论，可以参阅拙著《货币论》第四编。

中，物价不可能具有完全的稳定性——除非存在着某种特殊的机制，该机制能使消费倾向暂时作出应有程度的变动。但是，由此引起的物价的不稳定性，并不会产生一种利润刺激，从而造成过剩的生产能力。这是因为，物价不稳定性造成的意外收益，完全由那些在生产上正好处于接近完成期的企业家所获得；而那些不拥有所需种类特定资源的企业家，则不可能把这种意外收益吸收到他们自己手中。这样，由于变动而不可避免地造成的物价上的不稳定性，就不可能影响企业家的**行动**，而只是把既成事实的意外之财送到运气比较好的人手中（当变动的方向相反时，后果只需**加以相应的修正**）。我认为，在当前有关物价稳定的实际讨论中，这一事实常常被忽略。诚然，在一个易于变动的社会里，这种稳定政策也不能取得完全成功。但是，不能据此就认为，每一次微小而又暂时性地脱离物价稳定的变动，必然会造成累积性的非均衡态势。

III

我们业已表明，当有效需求不足时，就会出现以下意义上的劳动者就业不足，即人们愿意接受低于当前实际工资的工资而参与劳动，但仍然处于失业状态。结果，当有效需求增加时，就业量也增加（虽然所得到的工资等于或小于当前的实际工资），一直达到这样一点，在该点处，没有更多的劳动者愿意接受此时的实际工资而参与劳动。也就是说，除非货币工资（在此点以后）上升得比物价**更快**，否则便没有更多的劳动者（或劳动小时）愿意从事劳动。于是接下来要考虑的问题是，如果这一状态达到以后，支出仍然持续在增加，那么，情况将会如何？

在达到此点之前，把更多的劳动者投入于既定量的资本设备所引起的报酬递减，已被劳动者愿意接受的递减的实际工资所抵消。但是，在达到此点之后，要想得到一个单位的劳动，必须给予的报酬就必须相当于更多数量的产品，而使用一个增加单位的劳动却仍然会带来递减数量的产品。因此，在此点之后，严格的均衡条件，要求工资与物价及利润随支出的增加而均做同比例的增长，而包括产量和就业量在内的以实物衡量的"实际"均衡位置，则在各个方面仍保持不变。这就是说，此时达到了这样一种状态，其中粗糙的货币数量论（把货币流通速度解释为货币"收入流通速度"）完全适用，因为在这里，产量不变，而物价和 MV 以全然相同的比例上升。

虽然如此，要把以上结论付诸实践，还必须考虑以下限制条件：

(1) 至少在一段时间内，物价的上涨会迷惑企业家，这会使他们把就业量增加到他们的最大利润点所要求的水平以外（利润以产品来衡量）。这是因为，企业家已经习惯于把以货币表示的销售额的上升当作扩大生产的信号，因而他们可能继续增加劳动的雇佣，但在事实上，这一政策已经不能给他们带来最佳的利益；换言之，他们可能在新的价格环境下，低估他们的边际使用者成本。

(2) 企业家们必须把其利润中必须支付给以租金为生者的那一部分以货币来订定，因此，即使没有引起任何产量方面的变化，物价的上升也将使收入的再分配有利于企业家，而不利于租金领取者。然而，这个过程并非只有达到充分就业时才开始的。随着支出的增加，这个过程将会在所有时间内稳步地进行。如果租金领取者比企业家更不容易花费金钱，那么，实际收入从租金领取者那里逐渐抽出将意味着，与企业家更不容易花费金钱相比，只要更少的货币量增加和更小的利率下降，就可以达到充分就业状态。当达到充分就业状态之后，如果处于第一种假设情况，即租金领取者更不易于花费金钱，那么，物价的进一步上升意味着利率必须上升，以便阻止物价无限制地上涨，而货币量增加的比例也将小于总支出的增加。如果处于第二种假设情况，即企业家更不易于花费金钱，那么，后果将会相反。此外，当租金领取者的实际收入减少时，由于他的境况在相对上愈来愈坏，也有可能会到达这样的一点，使得上述第一种假设情况会转变为第二种假设情况。这个转折点可能出现在充分就业达到之前，也可能出现在充分就业达到之后。

IV

或许，通货膨胀与通货紧缩之间明显的非对称性，令人多少感到困惑。这是因为，有效需求收缩到充分就业所要求的水平以下时，会压缩就业量和物价。而有效需求膨胀到高于充分就业所要求的水平，则只会影响到物价。可是，这种非对称性只是反映了这样一个事实，即虽然劳动者总是可以在实际工资小于某一就业量的劳动边际负效用时拒绝工作，从而使该就业量不能实现，但当实际工资不低于一定就业量的劳动边际负效用时，劳动者却不能强行就业，从而使该就业量得以实现。

第二十一章 价格理论

I

经济学家们只要论述何谓价值理论，就总是习惯于认为价格取决于供给和需求状况，而且尤其认为边际成本和短期供给弹性的变化发挥着重大作用。但是，当他们进入著作的卷 II，或更经常地进入另一部著作的货币和价格理论时，我们就再也听不到这些通俗易懂的概念，恍然如入另外一个世界，在那里，价格取决于货币数量，取决于货币的收入流通速度，取决于相对于交易量而言的流通速度，取决于货币贮藏，取决于强制储蓄（forced saving），取决于通货膨胀和通货紧缩，等等。很少或者根本不再有人试图把这些空泛的名词，与之前的供给和需求弹性等概念相联系。如果对我们之所学加以思考，并且设法把它们统一起来，那么，在较简单的货币方面的讨论中，似乎可以说，供给弹性必然变为零，需求和货币量成比例地变动；而在较富诡辩的讨论里，我们如坠五里云雾之中，什么也不清楚，同时又一切皆有可能。我们所有人都习惯于发现，我们自己有时处在月亮的这边，有时处在另一边，却不知道把这两边连接起来的线路和旅程，就像是我们清醒时的人生和我们睡梦中的人生之情形一般。

前述各章的目的之一，在于避开这种双重生活，而把整个价格理论与价值论重新紧密结合起来。我认为，经济学把价值论和分配论作为一部分，把货币论作为另外一部分，这是一种错误的划分。我建议的正确的二分法应该是这样的：一方面是关于个别行业或企业的理论，研究**既定量**的资源如何在不同用途上的报酬和分配；另一方面是**整个**社会的产出量和就业量。只要我们所研究的范围仅限于个别行业或企业，并且暂时假设其他行业或企业的情况保持不变，资源的总就业量也不变，那我们确实不必涉及货币那些具有重要意义的特点。但是，一旦研究的问题是什么决定整个社会的产量和就业量，我们就需要有一种关于货币经济的完整理论在手。

或者，我们也许可以按照静态均衡（stationary equilibrium）理论和移动均衡（shifting equilibrium）理论来进行划分——后者指的是这样一种经济体系的理论：在该经济体系中，对未来的看法之变化会影响现在的事态。**因为货币的重要性，根本来自它联系现在和未来的功能。**如果我们对未来的看法固定不变，而且在所有方面都完全可靠，那么在这个世界里，我们就能够考虑在正常的经济动机的影响下，资源如何在不同用途之间分配才符合均衡状态。也许我们可以把经济体系做进一步的区分：一种是完全没有变动的经济体系；一种是虽处于变动之中，但一切变动从一开始均可预见的经济体系。或者，我们可以从这种简化了的基础形态出发，再进入到对现实世界各种问题的讨论中来。在现实世界中，我们过去对未来所作出的预期可能并不能应验，而现在对未来的预期却影响着我们今天的行为。正是当我们作出进入现实世界的转变之后，货币作为连接现在和未来之环节的特性就必须纳入我们的考虑中来。虽然移动均衡的理论必须依靠货币经济才能加以探究，但它仍然保存着价值和分配理论，而不是独立的"货币理论"。最重要的是，货币的主要特质是联系现在和未来的一种微妙手段；除了利用货币观念以外，我们甚至不可能开始讨论变动中的预期对当前活动所发生的影响。我们甚至可以取消黄金、白银和一切法定偿付工具，但无法取消货币。只要这个世界存在具有货币属性[1]的任何耐久性资产，那么它就会产生货币经济所特有的各种问题。

II

对于一个单独的行业而言，其特定的价格水平，一部分要看它的边际成本中所包含的生产要素报酬率而定，一部分要看生产规模而定。当我们转向考察整个社会行业时，我们没有理由需要修改这个结论。一般物价水平部分地取决于进入边际成本的生产要素报酬率，部分地取决于整个生产的规模，也即（在既定的设备和技术条件下）取决于就业量。当然，当我们转向整个社会的总产量时，任何行业的生产成本，都部分地取决于其他行业的产量。但是，我们必须加以考虑的更为重要的事项，是*需求*的变动对成本和产量的影响。当我们讨论的是整体需求，而不再是（在假设整个需求不变的条件下）孤立地考察单一产品的需求时，我们必须引入全新的观念。

III

简单起见，我们假设进入边际成本的一切生产要素的报酬率，都按相同的比例变动，即随着工资单位作同比例的变动，那么，一般物价水平（在既定的设备和技术条件下）应该部分地取决于工资单位，部分地取决于就业量。因此，货币数量的变动对价格水平的影响，可以被分解为两个部分：对工资单位的影响，以及对就业量的影响。

---

[1] 参阅本书第十七章。

为了说明这其中涉及的各项观念，我们可以再进一步简化我们的假设条件：(1) 所有未就业的资源均属于同一品质，在生产效率观点上彼此可以互相替代使用；(2) 进入边际成本的各种生产要素，只要有剩余的未就业的部分存在，都满足于同一货币工资。在这些假设条件下，只要存在着任何失业现象，则报酬和工资单位都将固定不变。此时，但凡存在着任何失业现象，货币数量的增加对物价就没有任何影响；而且，就业量将随由货币数量的增加所导致的有效需求的增加而发生同比例的增加。另一方面，一旦达到充分就业状态以后，与有效需求的增长做同比例增加的，将是工资单位和物价。由是观之，只要存在失业现象，供给就将具有完全弹性；而一旦达到充分就业状态，供给就完全无弹性。

如果有效需求与货币数量作同比例的变动，那么，货币数量论就可以阐述如下："只要存在失业现象，**就业量**就将与货币数量同比例变动，而当达到充分就业状态时，**物价**将会与货币数量作同比例的变动。"

前面我们引入了足够多的简化问题的假设条件，使得传统下的货币数量论能够成立；现在，让我们考虑在现实中各种可能影响事态发展的复杂情况：

(1) 有效需求不与货币数量作同比例的变动。

(2) 由于资源非同质，所以随着就业量的逐渐增加，它们的报酬并非固定不变，而是递减。

(3) 由于资源在生产中不能相互替代，所以，某些商品已经达到供给缺乏弹性的状态，而其他商品的生产，却还可能存在着未就业的资源。

(4) 在达到充分就业状态之前，工资单位已经趋于上升。

(5) 进入边际成本的生产要素的报酬，并不都做同比例的变动。

这样，我们必须首先考虑货币数量的变动对有效需求量变动的影响。一般来说，有效需求的增加，会部分地使就业量增加，部分地使物价水平提高。这样，我们所看到的，并不是失业状态下的不变物价和充分就业状态下的物价随货币数量而同比例上升，我们事实上所看到的，乃是物价水平随着就业量的增加而逐渐上升。这也就是说，价格理论既然是分析货币数量的变动与价格水平变动的关系，其目的在于决定价格对货币数量变动的反应弹性，那么，它就必须把上述五种复杂情况作为其分析的起点。

我们将对它们依次加以考察。但是，这样做绝不意味着它们是完全相互独立的。例如，有效需求的增加量对于增进生产和提高物价这两者所发生的影响，究竟每种占多少比例，将会影响货币数量以何种方式与有效需求发生关系。或者，再举一例，各种生产要素的报酬，其变动比例上所发生的差异，可能影响货币数量和有效需求数量之间的关系。我们分析的目的，并不在于提供一种能给出一种万无一失的机械装置，或一种可以盲目照抄的操作方法，以使我们可以得到正确无误的答案，而在于能给出一种系统而有秩序的思维方法，来考虑各种特定的问题。而且，在我们把使问题复杂化的因素一一分离出来并得出暂时的结论之后，我们又必须回过头来，尽我们所能地考虑这些复杂因素之间可能存在的相互关系。这就是经济学思维的性质。任何其他应用形式思考原理的方式，都会把我们引导向错误的路径上去（但没有这些原理，我们就会茫然无所适从）。正如我们在本章第 VI 节所将要说明的那样，企图用似是而非的数学方法，把经济分析体系加以公式化和形式化，其最大的弊端在于：一旦各种因素之间严格相互独立的假设条件不能成立，那么，这种方法就会完全丧失其说服力和权威性。而另一方面，在通常的论述中，我们并不盲目地进行推导，而是在任何时候都知道我们在做什么，也知道这些文字的意义是什么。我们可以把一些必须保留的地方、限制性条件,以及以后我们必定要做的调整,都"储存于我们的头脑之中"。然而,我们却不能把偏微分所简化掉的复杂关系"储存于"几页代数的推导之中,而这几页代数的推导,又假设这些偏微分的导数全都等于零。近来的"数理"经济学只不过是些拼凑之物罢了,其不精确的程度,正如同它们所依赖的初始假设条件。正是它们所依赖的初始假设条件,使它们的作者在一大堆自命不凡而毫无用处的数学符号中,忘记掉了现实世界的复杂性和相互依赖关系。

Ⅳ

(1)货币数量的变动对于有效需求数量的主要影响,是通过它对利率的作用而实现的。如果这是唯一的反作用,那么,它的数量影响可以导源于以下三个因素:(a)流动性偏好列表。它告诉我们,为了使愿意持有货币的人们吸收新增加的货币量,利率必须下降多少。(b)资本边际效率列表。它告诉我们,利率需要下降多少才会使投资量增加。(c)投资乘数。它告诉我们,投资需要增加多少才会使整个有效需求量增加。

虽然这种分析为我们的研究提供了有价值的程序和方法,但我们如果忘记了(a)、(b)和(c)这三个因素本身也部分地取决于我们尚未考察的(2)、(3)、(4)和(5)诸复杂性因素,那么,这种分析也就只不过是一种欺人的简化而已。这是因为,流动性偏好列表本身,首先取决于新货币究竟有多少被收入和工业流通所吸收,而后者又取决于有效需求增加的程度,以及这项增加如何分配在物价上升、工资增加以及产量与就业量的增加之间。此外,资本边际效率列表还部分地取决于随货币数量的增加而俱来的各种情况对未来货币远景的预期所发生的影响。最后,投资乘数也将受有效需求增加后,新增加的收入如何分配在不同消费阶层之间的情形所影响。当然,这里所列举的,不是各种可能的相互影响事项的全部。不过，如果我们能掌握全部事实数据，那么，我们就会有足够多的联立方程来解得确定性的结果。在有效需求量方面，我们会得到一个确定的增加额。这个增加额，在考虑过所有因素以后，将与货币量的增加额相当，并与之共处于均衡状态。此外，只有在极端例外的情况下，货币数量的增加才会与有效需求的**减少**相联发生。

有效需求量与货币量之比，与我们通常所称呼的"货币的收入流通速度"十分吻合。所不同之处在于：有效需求相当于能使生产进行下去的预期收入，而不是实际实现了的收入——它指的是总收入，而不是净收入。但是，"货币的收入流通速度"只是一个名词而已，什么也解释不了。我们没有理由认为它是一个常数，因为正如我们在前面的讨论中所表明的那样，它取决于许多复杂且可变的因素。我认为，使用这个名词会掩盖真正的因果关系，并且除了引起混乱以外，毫无意义。

(2) 正如我在前文（原书第 42 页）已经表明的那样，报酬递减和报酬不变的区分，部分地取决于劳动者是否按照他们的工作效率成比例地得到报酬。如果与效率成比例，那么，当就业量增加时，我们就会有一个固定不变的以工资单位来衡量的劳动成本。但是，如果某一等级的劳动者，无论其个人效率如何，工资全然相同，那么，不管设备的效率如何，劳动的成本都会持续上升。此外，如果设备并非同质的，而且使用它的某一部分会带来较高的单位直接成本，则边际直接成本将上涨，其上涨的程度将超过任何由于劳动成本上涨所引起的上涨。

因此，一般而言，供给价格将因既定设备的产量增加而增加。这样，不论工资单位是否有所变动，产量的增加总会伴随着物价的上升。

(3) 在上述 (2) 中，我们已经仔细考虑过供给曲线的弹性可能并不完全。如果未经雇佣的专业化资源，其各个数量之间保持着完美的平衡，那么，此等资源将会同时达到充分就业。但一般而言，对某些劳务和商品的需求将先到达一种地步,过此以后,它们的供给暂时将毫无弹性,而与此同时,其他方面却尚有相当数量的剩余资源仍然没有得到就业。这样,随着产量的增加,会陆续出现一系列的"瓶颈";当此之时,特定商品的供给将不再富有弹性,它们的价格必然将上升到必要的程度,以使需求转到其他方向上去。

随着产量的增加,只要每一种可供利用的、有效率的资源尚未处于充分就业状态,那么,一般物价水平很可能不会上升太多。但产量一旦增加到足够的程度,以致开始接近"瓶颈"时,则一些商品的价格很可能急剧上升。

然而,在本点以及在第(2)点中,供给弹性部分地取决于时间的长短。如果有足够的时间使得设备本身的数量也可以有所变化,那么,供给的弹性最终无疑会更大。这样,在失业普遍存在的情况下,有效需求的温和变动,可能使价格提高很少,主要是使就业量增加;而如果有效需求变化很大,而且由于这一变化事先没有被预见到,则势将造成某些暂时的"瓶颈",从而使价格上升而不是就业量增加,这种后果在开始时出现的程度,要大于在后来出现的程度。

(4) 在达到充分就业状态之前,工资单位可能会趋于上升,这是无需多加评论或解释的。由于在其他条件不变的情况下,每个劳动者群体都会从他们自己的工资提高中受益,所以,所有劳动群体自然都要朝此方向施加压力。而企业家在经营状况较好的时候,也愿意满足这种要求。鉴于此,任何有效需求增加量,其中有一部分就将被用于满足工资单位的增长要求。

由是观之,充分就业有一个最后的临界点,在这个临界点,相应于以货币衡量的有效需求增长,货币工资必须和工资品价格保持同比例的上升,而且,在这个最终的临界点以前,早已存在着一系列的准临界点。在这些准临界点上,有效需求的增加倾向于提高货币工资,虽然提高的程度并不完全等同于工资品价格上升的比例。当有效需求减少时,情况与此相类。而从实际经验来看,以货币衡量的工资单位,并不是相应于每一次有效需求的微小变动而作出连续的变动,而是作出不连续的变动。这些不连续的临界点,取决于劳动者的心理状态,也取决于雇主和工会的政策。在一个开放的经济体系中,上述工资单位的变动,意味着相对于其他国家的工资成本的变动,在经济周期过程中,甚至在一个封闭的经济体系内,工资单位的变动,也意味着相对于预期的未来工资成本的变动。因此,这些不连续的准临界点,具有相当大的现实意义。当经济体系处于这些点上时,以货币衡量的有效需求的进一步增加,会造成工资单位的间歇性的上升。因此,从某种观点来看,它们可以被看作是半通货膨胀状态,从而与完全的通货膨胀(参阅原书后文第303页)具有一些类似之处(虽然这并不是完全相类),完全的通货膨胀,则是在充分就业的状态下,有效需求的再度增加所必然导致的后果。此外,这些准临界点还具有很大的历史重要性,但是,若想在理论上对它们加以一般化,却并不容易。

(5)我们的第一项简化,乃是假设进入边际成本的不同生产要素,其报酬都按照相同的比例变化。但事实上,以货币衡量的不同生产要素的报酬率,却表现出不同程度的刚性,而且相应于货币报酬的变化,还可能具有不同的供给弹性。如果不是为了这一事实,那么,我们大概可以说,物价水平取决于两个因素,即工资单位和就业数量。

在边际成本中,大概最重要的因素就是边际使用者成本了,它可能同工资单位作不同比例的变动,而且波动幅度也较工资单位为大。这是因为,当就业量开始增加时,如果(情况可能确实如此)有效需求的增加,使得当前所流行的关于设备应于何时替换的预期发生迅速变化,那么，边际使用者成本可能急剧上升。

虽然为了许多目的，我们假设进入边际直接成本的所有生产要素，其报酬随着工资单位的改变而同比例地改变，仍不失为一种有用的初步逼近现实的做法，然而，或许更好的做法是，采用进入边际直接成本的一切要素报酬的加权平均数，并称它为**成本单位**（cost-unit）。这个成本单位，或者上文的逼近现实条件下的工资单位，可以被认为是根本的价值标准。这样，在技术和设备既定的情况下，物价水平将部分地取决于成本单位，部分地取决于生产规模。当产量增加时，物价水平的增加比例要大于成本单位，因为在短期中报酬递减原理在发挥作用。当产量增加到某一水平，使得生产要素的一个代表单位所产生的边际报酬下降到最低数值，在这一数值下，有足够生产该产量的生产要素可用，此时，我们就达到了充分就业状态。

V

当有效需求量的进一步上升并不能再进一步增加产量，从而完全被消耗于成本单位的同比例增加上时，我们就达到了一种可以称之为真正通货膨胀的状态。直到达到该点之前，货币数量的扩大完全是程度问题，在该点以前，我们不能在哪个点上划出一条分界线，宣称通货膨胀已经到来。在此以前的每一次货币量的增加，就其对有效需求量的增加而言，很可能部分地被消耗于成本单位的提高，部分地被消耗于产量的增加。

因此，在发生真正通货膨胀的临界线两侧，我们看到的情形似乎并不对称。这是因为，在这一临界线以下，有效需求的收缩将减少以成本单位衡量的数量；而在这一临界线以上，有效需求的扩张通常并不能增加它的以成本单位来衡量的数量。这个结果来自我们下面这个假设：各种生产要素，尤其是劳动者，总是倾向于抵抗它们货币报酬的减少，而对货币报酬的增加则没有相应的抵制动力。这个假设显然具有充分的事实依据，因为一项非全面性的变动，当其方向朝上时，对于受到影响的特殊生产要素自然有利，而当其方向朝下时，自然有害。

相反，如果每当就业量出现小于充分就业的倾向，货币工资就无限制地下降，那么，非对称性就会消失。但是，在这种情况下，在充分就业水平以下就没有稳定的状态，一直到利率无可再降，或一直到工资为零时为止。事实上，我们总得要有**某种**生产要素，其以货币来衡量的价值，即使不是固定的，也至少是刚性的，这样才能使货币经济体系中的各项价值获得稳定。

有些人认为，货币量的**任何**增加，都是通货膨胀（除非所指的**通货膨胀**仅指价格上涨）。这种见解与古典学派的基本假设条件有密切的关联。这个假设条件认为，我们**总是**处于这样一种情况：生产要素实际报酬的削减将导致其供给量减少。

Ⅵ

借助于本书第二十章所引入的符号，我们可以把以上论述用符号形式表达出来。

我们首先令 $MV = D$，其中 M 代表货币量，V 代表货币的收入流通速度（这个定义在某些次要的方面不同于上面已经指出的通常定义），D 代表有效需求。那么，如果 V 是一个常数，那么，只要 $e_p\left(=\dfrac{Ddp}{pdD}\right)$ 等于 1，价格就会和货币量同比例变动。如果 $e_o = 0$ 或如果 $e_w = 1$，那么，$e_p = 1$ 这个条件就可以得到满足（参见原书第 286 页）。$e_w = 1$ 这个条件意味着以货币单位衡量的工资单位和有效需求同比例增加，因为 $e_w = \dfrac{DdW}{WdD}$。$e_o = 0$ 这个条件意味着产量不再对有效需求的任何进一步增加作出反应，因为 $e_o = \dfrac{DdO}{OdD}$。在这每一种情况下，产量都不会改变。

其次，对于收入流通速度并非固定不变的情况，我们讨论时可以引入一个新的弹性概念，即有效需求对货币数量作出反应的弹性：

$$e_d = \frac{MdD}{DdM}$$

这使我们得到：

$$\frac{Mdp}{pdM} = e_p \cdot e_d$$

其中

$$e_p = 1 - e_e \cdot e_o (1 - e_w)$$

所以有：

$$e = e_d - (1 - e_w) e_d \cdot e_e e_o = e_d (1 - e_e e_o + e_e e_o \cdot e_w)$$

其中没有下标的 $e\left(=\dfrac{Mdp}{pdM}\right)$，代表这一金字塔的塔尖，衡量的是货币价格对货币数量变化的反应。

由于上述最后的一个公式告诉我们，货币数量的变动引起了物价方面成比例的变动，所以，我们可以把它视为货币数量论的一个一般化表述。我自己对这种数学方式的推导并不太重视。而且，我还要重复一下前面曾提到过的应予警惕之处：这种推导与普通的文字论述一样，暗含着把某些变量当作自变量之类的假设（偏微分在整个推导中都被忽略了）。这种推导是不是比普通的文字论述更能让我们获得深入的理解？我深表怀疑。把这些推导方式写下来，最大的用处或许就是以此说明，如果我们试图以郑重其事的方式来表达价格水平和货币数量之间的关系，那么这样做可以把这种关系的极端复杂性呈现出来。虽然如此，仍然值得指出的一点是，货币数量的变动对物价水平的影响，取决于 e_d、e_w、

e_e 和 e_o 这四项因素。其中，e_d 代表流动性因素，它们决定着每种情况下对货币的需求；e_w 代表劳动因素（或者，更严格而言，代表进入直接成本的诸生产要素），它们决定着当就业量增加时货币工资提高的程度；而 e_e 和 e_o 代表物质因素，它们决定着在现有的设备上增加劳动者就业时的报酬递减率。

如果公众以固定比例的货币来持有他们的收入，那么，$e_d = 1$；如果货币工资固定不变，那么，$e_w = 0$；如果规模收益在全部生产过程中保持恒定，从而边际收益等于平均收益，那么，$e_e e_o = 1$；如果劳动或设备处于充分就业状态，那么，$e_e e_o = 0$。

如果 $e_d = 1$ 且 $e_w = 1$，或者，如果 $e_d = 1, e_w = 0$ 且 $e_e e_o = 0$，又或者，$e_d = 1$ 且 $e_o = 0$，那么，$e = 1$。很显然，还存在着一系列 $e = 1$ 的其他特殊情况。但一般而言，e 并不等于 1；而且，或许不妨作出这样的概括：在大体符合现实的假设条件下，除了 e_d 和 e_w 的数值变动很大这种"对持有货币的逃避"情况之外，e 的数值总是小于 1。

Ⅶ

迄今我们主要讨论的是，短期内货币数量的变动如何影响物价水平。在长期当中，二者的关系是否会更为简单些呢？

这是一个历史概括问题，而非一个纯理论问题。如果在历史上存在着某种倾向，使我们能对流动性偏好状态的规律性加以衡量，并取其在悲观时期和乐观时期的平均值，那么，在国民收入和为满足流动性偏好所要求的货币数量之间，就可能存在着某种粗略的关系。例如，在长期当中，可能有某种相当稳定比例的货币形式的国民收入存在，而公众又总是不愿意长期持有超过该比例以上的在手中不能生息的闲置货币，只要利率超过某种心理上的最低水平。因此，如果货币数量超过该比例在实际流通中所要求的数量,那么,经济体系中迟早会出现降低利率的倾向,把它压低到上述最低水平。之后,在其他条件不变的情况下,利率的下降将会增加有效需求,而有效需求的增加会达到一个或多个准临界点,在这些点上,工资单位趋于表现出非连续的上升趋势,并伴随着对物价发生相应的影响。如果超过流通需要的剩余货币数量只占国民收入的一个极低比例,那么就会发生相反的趋势。由此可见,在一个时期内,利率波动的净影响将是根据国民收入与货币数量之间的稳定比例,形成一个公众心理所迟早要引以归依的平均数值。

这些趋势在向上发挥作用时遇到的阻力,可能要比在向下发挥作用时为小。但如果货币数量在长期内始终处于不足的状态,则其解决之道,通常是改变货币本位或改变货币制度以提高货币数量,而不是强行压低工资单位,以致加重债务的负担。因此,物价从长期过程来看差不多总是上升的。这是因为,当货币相对充足时,工资单位上升;而当货币相对稀缺时,人们总是可以找到某种手段来增加有效的货币数量。

在19世纪,就(譬如说)每10年的平均数而言,人口的增长、新发明的出现、新地区的开发、公众的信心状态、战争的频繁程度,与消费倾向综合在一起,似乎足以形成一条资本边际效率曲线,这条曲线在利率高到足以满足财富所有者心理要求的情况下,能使就业量的平均水平处于令人感到满意的合理程度。有证据表明:在差不多150年的时间里,大金融中心的长期代表性利率大约是5%,金边证券利率在3%和3.5%之间;而且有证据还表明:这些利率足够刺激一项投资率,使一个并非十分低下的就业平均数得以维持。在不十分低于上述标准利率的利率下,为了保证以工资单位衡量的货币数量足够满足正常的流动性偏好,有时需要调整工资单位,但更经常受到调整的是货币本位或货币制度(尤其是通过银行货币的使用)。总体而言,工资单位通常是稳定上升的，然而，劳动效率也在增加。因此，经过各种力量相互平衡，其结果使得价格保持相当的稳定。根据索尔贝克指数（Sauerbeck's index），在1820年到1914年之间，5年平均指数的最高值只比最低值高出50%。这并非偶然。有人说得对，这一现象是那个时代的各种力量综合所造成的结果。在那个时代，雇主构成的各个群体具有强大的力量，足以使工资单位的上升不至于远远快于生产效率的提高；同时，当时的货币体系也具有足够的灵活性和保守性，从而它所提供的以工资单位来衡量的平均货币供给量，能使银行的利率处于财富所有者在他们流动性偏好影响下所能接受的最低平均水平。当然，平均就业水平低于充分就业甚多，但也还没有低到难以忍受从而引发革命的程度。

在今天，以及在可能的将来，由于种种原因，资本边际效率列表要远低于19世纪的数值。所以，我们当代的问题，其尖锐性和独特性起因于下面这种可能性，这就是：一种能够维持合理的平均就业水平的平均利率，竟如此地不能为财富所有者接受，以致单凭货币数量的运用并不能使此一平均利率建立起来。如果单凭保证供给适量的以工资单位衡量的货币就能够使10年、20年、30年中的平均就业量处于令人可以容忍的水平，那么，甚至在19世纪也能找到解决问题的办法。如果这是我们现在唯一的问题——如果我们所需要做的一切便是一次足够程度的通货贬值——那么，我们在今天也肯定会找到解决问题的办法。

然而，在我们当代的经济中，迄今为止，最稳定、也最不易变动的因素，乃是大多数财富所有者所愿意接受的最低利率。[1]如果一个令人可以忍受的就业水平所要求的利率，大大低于19世纪的平均利率，那

---

[1] 参阅：白芝浩（Bagehot）所引用的19世纪谚语："约翰牛（John Bull, 英国的俗称。——译者注）可以承受得住很多事情，但却承受不住年息2%。"

么，我们会非常怀疑，是否单凭运用货币数量的手段便能做到这一点。资本边际效率代表借款者从借款中所预期得到的百分比收益，这尚不能称为是净收益，从中还必须减去：(1) 把借款者和放款者撮合到一起所需要的费用，(2) 所得税和附加税，(3) 放款者需要补偿其风险和不确定性的费用。从收益中减去这些项目之后，才能得到足以诱使财富所有者牺牲其流动性的净收益。如果在可以忍受的就业水平条件下，这个净收益低到微不足道的地步，那么，那些久负盛名的办法就可能完全归于无效。

  回转到我们当下的主题。国民收入和货币数量的长期关系，取决于流动性偏好，而物价的长期稳定与长期不稳定，将取决于工资单位（或更精确地说，是成本单位）的上升趋势和生产效率增加率之间的对比。

第六编　通论引出的几点短论

第二十二章　经济周期短论

前述各章表明，由于我们宣称，我们已经表明在任何时期到底是什么在决定着就业量，所以如果我们所言非虚，那么我们的理论必能解释经济周期现象。

详细考察任何一次经济周期的实际情况，我们总会发现它非常复杂。而且为了给予它一个完整的解释，我们分析中的每一因素都是必要的。尤其是，我们还会发现消费倾向、流动性偏好以及资本边际效率等等的波动，都发挥着各自的作用。但我认为，经济周期的根本特征，尤其是使我们称为**周期**的时间顺序和期限长短的规律性，主要乃是由于资本边际效率波动的方式所造成。我想，我们最好把经济周期视为由资本边际效率的周期变动所引起，虽然后者的变化常因经济体系中其他重要短期变量的变动而更趋复杂和加剧。详细阐述这一观点需要一整本书，而不是其中的一章，同时也需要对大量事实详加考察。不过，下面的短论，足以表明我们前述理论所提示的研究经济周期的途径。

I

所谓**周期性**运动，我们指的是当一个经济体向上（比如说）发展时，最初积聚起来促使其上升的力量相互影响累积而增强达到某一点，在该点处，它们趋于为作用相反的因素所代替，而这些相反方向的因素又在一段时期中积聚力量，相互影响而加强，抵达它们的最大发展程度，然后逐渐衰退，而让位于相反方向的力量。不过，这里所说的**周期性**变动并不仅仅指上升或下降的趋势；这些趋势一旦开始，并不永远在同一方向上持续下去，而是最终走向其反面。此外，它还指在向上和向下的运动中，变动的时间顺序和期限长短具有一定的可辨识的规律性。

但我们所称的经济周期，还有另一特征，要使我们的解释足够明白，我们必须把它也包括进去，这个特征就是**危机**现象——在向上趋势被向下趋势代替时，转折常常是突然和剧烈地发生的；而向上趋势代替向下趋势时，一般却没有一个类似的剧烈的转折点。

投资方面的**任何**波动，若是没有相应的消费倾向的改变与之抵消，当然都会造成一次就业的波动。由于影响投资量的力量高度复杂，所以，投资本身方面或者资本边际效率的波动，根本不可能都具有周期性的特征。尤其有一个特殊的事例，那就是与农业波动相联系的经济周期，我们将在本章后面的一节对此另行讨论。不过，我认为，为什么在19世纪的环境下发生的典型工业经济周期情况，其资本边际效率的波动却具有周期性特点，肯定有某些明确的理由可以加以解释。这些理由无论就其本身而言，还是就其作为解释经济周期的因素来说，都不陌生。在此，我们唯一的目的是要把它们与前述的理论连接起来。

II

我最好从繁荣阶段的后期和"危机"到来时期开始进行论述。

从前文我们已经知道，资本边际效率[1]不仅取决于现有的资本品的

---

[1] 当我们所指为"资本边际效率列表"时，为了不引起误解，我们经常为了行文方便而写作"资本边际效率"。

充裕或稀缺程度，以及生产资本品现时所需要的成本，而且还取决于对资本品未来收益的当前预期。因此，对耐久性的资产来说，对未来的预期在决定新投资的适当规模上起着主导的作用，这是很自然、很合理的。但正如我们已经看到的那样，这种预期的基础非常靠不住。由于预期建立在变动和不可靠的证据上，所以，它们会发生突然而剧烈的变动。

现在，我们已经习惯于在解释"危机"时强调利率上升的倾向，而利率的上升倾向，又由来自交易和投机动机的对货币需求的增长所促成。有些时候，利率上升这一因素的确可能会使事态变得严重，偶然或许还起着导火线的作用。但我认为，对危机最富代表性也往往最有说服力的解释，并不是利率的上升，而是资本边际效率的突然崩溃。

经济繁荣阶段的后期，其特点是人们对资本品未来收益抱有强烈的乐观预期，其强烈程度足以补偿资本品数量的日益丰沛、资本品生产成本的日益提高，以及利率的可能上升。当一个过度乐观和过度购买市场一旦发生幻灭或觉醒时，它会突然崩溃，甚至造成重大灾难[1]。而影响这种市场的，是一些多半不知道自己在买些什么的购买者，和一些专门预测市场心理的下一次转变却很少对资本资产的未来收益做一合理估计的投资者。此外，伴随着资本边际效率的崩溃所产生的沮丧情绪和对未来的不确定性，自然又会使流动性偏好急剧增加——因而带来利率的上升。这样，资本边际效率的崩溃和利率的上升相联的事实，严重恶化了投资的下降。然而，造成这种情况的根本因素，还是资本边际效率的崩溃，尤其是在前期阶段大量新投资中曾对经济繁荣起过促进作用的那些类资本的边际效率的崩溃。至于流动性偏好，除了与交易和投机的增加

---

[1] 我已经在前文（第十二章）表明，虽然私人投资者很少本人直接负责新投资，不过，对新投资直接负责的企业家会发现，即使他们掌握较多的投资知识，但迎合市场看法在经济上比较有利，而且这样做通常不可避免。

相联系的那部分之外，只有到资本边际效率崩溃**以后**才会增加。

资本边际效率的崩溃，确实会令经济萧条难以治理。经济萧条延续一段时间以后，利率的下降固然会成为有助于经济复苏的重大因素，或许还是必要的因素。但是，就目前而言，资本边际效率已经崩溃得如此彻底，以致任何实际可行的利率下降，均不足以使经济复苏。如果单凭利率的削减即可奏效，那么，经济复苏可能就无需经过相当的时间即可达至，而且达至的方法，多多少少是在货币当局的直接控制之下。但事实上情况通常并非如此。而且要想恢复资本边际效率也非易事，因为它决定于无法控制、也不听控制的工商业界的心理状态。用普通的语言来讲，在一个个人主义的资本主义经济体系中，最不容易驾驭的就是信心的恢复。经济萧条这一方面的特点，倒是能够正确地为银行家和工商业界人士所强调，而又为那些相信"纯粹货币"救治方案的经济学家所低估。

这就引向了我的论述之目的。要想解释经济周期中的**时间因素**，也就是要想解释，为什么在经济复苏之前通常必须经过一段固定的时期，须从影响资本边际效率恢复的那些因素中寻找原因。为什么经济活动下降的阶段所呈现出的时间长短并不具有偶然性，不是这次1年，下次10年，而是呈现出某种程度的规律性，比如在3年到5年之间。这其中原因有二：一是关于耐久资产的寿命时限对既定时代的正常经济发展的关系，二是关于剩余存货的保管费。

让我们回到经济危机发生时的情况。只要经济繁荣持续，大多数的新投资都能显示一个令人满意的当前收益。其后，幻灭感的到来，一则是由于有关未来收益的可靠性突然受到质疑，再则或许是由于随着新生产的耐久性物品的存量逐渐增加，当前收益呈现出下降的征兆。如果当前生产成本被认为高于以后的数值，那么，资本边际效率的下降又会多一层原因。一旦怀疑发生，就会迅速扩大。这样，在萧条开始时，可能有大量资本设备的边际效率变得微不足道，甚至变为负值。但是，要想通过磨损、侵蚀和老化重新造成资本设备的短缺，尚需一段时间。这段时间的长短，大体取决于既定时代下资本设备的平均寿命。如果时代的特征发生了转变，那么，所需的这段时间的典型长度也会发生改变。例如，如果从一个人口增加的时期转入到一个人口减少的时期，那么，经济周期的萧条阶段就会延长。但是，这里我们已经给出了一个实质性的理由来说明，为什么萧条阶段的时间长短与耐久性资产的寿命，和既定时代的正常经济发展应该存在着明确的关系。

第二个使萧条阶段时间稳定的因素，是由于剩余存货的保管费。它的存在，迫使存货在一定时期内被吸收，这个时期既不太长，也不太短。危机发生后新投资的突然停止，很可能会导致半成品的剩余存货堆积起来。这些堆积起来的剩余存货的保管费很少低于每年10%。因此，由于保管费的存在，这些存货的价格必须下降到足够低的程度，以便使它在比如三年或五年左右的时间期限内被全部吸收掉。吸收存货的过程代表负投资的过程，而这又会进一步损害就业。只有当这种吸收过程完毕以后，就业才会有明显的改善。

此外，在经济活动下降期间，产量减少，运营资本也会减少，这是构成负投资的另一个因素，而这一因素可以具有很大的数量。一旦衰退开始，巨额的营运资本的减少，会形成强烈的自我扩大的下降效应。在典型的经济萧条阶段的早期，也许会存在增加存货的投资来抵消营运资本方面的负投资；在下一个时期，可能在存货和营运资本上同时出现短期的负投资；在达到经济活动的最低点以后，存货很可能会有进一步的负投资，而这种负投资可以抵消营运资本的再投资；最后，当复苏已经进行了一段时间以后，二者的情况都将有利于投资的增加。在这种背景下，耐久性资产的投资波动所导致的额外的和推波助澜的作用，就必须有所考察。当这种类型的投资引发了周期波动时，一直到这种周期运动已经部分地完成了它应有的历程以前，将很少有力量来刺激这类投资的恢复。[1]

很不幸，资本边际效率上的严重下降，也会趋于对消费倾向产生不利的影响。这是因为，它会引起股票交易所证券市场价值的剧烈下跌。对那些热心于股票交易所投资的人们来说，尤其是对那些利用借款来从事经营的人们而言，股票市场价格的剧烈下跌，自然会使人产生令人沮丧的影响。这些人的投资价值的涨落，甚至可以比他们的收入的多寡对他们用于消费支出的影响还要大。对于今日美国具有"股票头脑"的公众来说，一个上涨的股票市场，差不多可以说是使消费倾向具有令人满意的数值的必要条件；这个一直到最近才被人们普遍注意到的情况，显然会对资本边际效率的下降产生更进一步的压抑作用。

一旦经济复苏开始，其自我扩大和自我积累的情形，便显而易见。但在经济活动下降的阶段，固定资本和原材料存货都处于剩余状态，同时营运资本又在减少，那么，资本边际效率列表可以下降到如此之低的程度，以致在实际上很少有可能通过利率的降低而使投资达到能够令人满意的数量。这样，在以现有方式加以组织且容易受到影响的市场中，市场对资本边际效率的估计可能会遭遇很大幅度的波动，以致不能被相应的利率波动充分抵消。此外，正如我们在前面已经看到的那样，股票市场的相应变化可能压低消费倾向；这一方向的变化，又恰恰发生在最需要消费倾向的时候。这样，在自由放任条件下，除非投资市场的心理状态发生深远的变化，否则就不可能避免就业量的大幅波动。然而，我

---

[1] 在拙著《货币论》的第四编中，有一部分的讨论与此有关。

们没有理由可以预料会有这样的深远变化发生。因此，我的结论是，把订定目前投资数量的责任寄托在私人手中，实在不能令人放心。

III

前述分析似乎与某些人的观点是一致的。他们认为，投资过度是繁荣阶段的特征，而避免这种投资过度，乃是救治随之而来的萧条的唯一可能办法。他们还认为，虽然由于上面提供的原因，低利率不可能阻止萧条的到来，然而繁荣却可以通过高利率得以避免。的确，在这些人的论点中，高利率对付繁荣比起低利率对付萧条要更加有效，这一论点很是有力。

然而，若要从我的分析中推断出他们的结论，那是对我的分析的误解；而且，按照我的思想方式看来，这还涉及严重的错误。这是因为，投资过度这个术语含混不清。它可以指注定要使预期落空的那种投资，也可以指在严重失业条件下没有用处的那种投资，或者是指这样一种状态，在这一状态下，每一种资本品都如此充裕，以致甚至在充分就业条件下，也没有任何一种资本品能在其寿命期间取得超过其重置成本的收益。严格说来，只有在任何进一步的投资都是对资源的浪费这个意义上，我们才能把这种状态称为投资过度。[1] 此外，即使在这个意义上的投资过度构成经济繁荣的一个正常的特征，其救治之法也不在于依靠高利率（因为高利率将妨碍某些有益的投资，并且还可能进一步削弱消费倾向），而在于采取大胆果断的步骤，用收入再分配或其他办法，来刺激消费倾向。

---

[1] 不过，在某些关于消费倾向在时间过程中的分配之假设下，收益为负的投资在以下意义下可能会是有利的，即对于整个社会而言，它可以使满足最大化。

不过，按照我的分析，只有在前一种意义上，我们才可以说繁荣是以投资过度为其特点的。我认为，繁荣阶段的典型情况并不是资本已经如此充裕，以致整个社会不再有任何更多的合理使用办法，而是投资的决策是在不稳定和不能持久的情况下作出的。之所以不稳定和不能持久，乃是因为投资是由预期所推动的，而预期注定要落空。

当然，繁荣的错觉有时会——的确也很可能如此——使得某些特殊类型的资本资产的生产过度充裕，以致其产量中的某些部分，用任何标准来看，都可以视为资源的浪费。我们还可以补充说，即使不是在繁荣阶段，这种情况有时也会出现。也就是说，这种错觉会把投资引入**不正确的方向**。但除此之外，繁荣阶段的一个主要特点是：在充分就业条件下能获得（譬如说）2%的年收益，但却被人们按照预期收益为6%作出投资决策，并据此来估算投资项目的价值。当幻灭来临，这种预期又被相反的"悲观的错误"(error of pessimism)所取代，其结果是，在充分就业条件下的投资实际上可以有2%的年收益，而预期收益却是负的。而且，由此所引起的新投资的崩溃，又转而导致失业状态的出现，此时，在充分就业情况下原可以产生2%的年收益的投资，事实上竟真的收益为负了！这样，我们就等于处于这样一种局面，一方面住房短缺，另一方面却没人住得起现有的房屋。

因此，医治繁荣之法不是较高的利率，而是较低的利率！[1]这是因为，低利率可以使所谓的繁荣继续下去。对经济周期的正确医治方法，不是取消繁荣，从而使我们永远处于半萧条的状态；而是取消萧条，从而使我们永远处于半繁荣状态。

---

[1] 参见下文（原文第327页）关于支持相反方面的一些论点。因为，如果我们受到限制，不能对我们目前使用的方法进行彻底的改变，那么，我同意，在某些可以想见的情况下，在繁荣时期提高利率乃是两害相权取其轻的做法。

是故，注定要走向萧条的繁荣，乃是由利率和预期状态共同造成的：在正确的预期状态下，利率对于充分就业来说可能已经太高；而预期状态被错误的想法所支配时，只要这种预期状态存在，过高的利率就不能充当事实上的刹车手段。繁荣是一种状态，在这种状态里，过度乐观会战胜以冷静的眼光看过高的利率，而不觉得它高。

　　除了战争时期之外，我怀疑我们近来是否有过这样的繁荣时期，其繁盛足以导致充分就业。在美国，按照正常标准，1928—1929 年间的就业是很让人满意的。但是，或许除了少数几个高度专业化的工种之外，我还没有见到过劳动力不足的证据。某些"瓶颈"现象是有的，但产量总体上还仍然能够进一步扩大。如果投资过度是指住房标准和建造住房的设备已经足够充裕，以致每个人在充分就业条件下都能得到他所需要的住房，与此同时，在住房的整个寿命期间的收益仅能补偿重置成本，而没有剩余的收益支付任何利息，那么，投资过度就不存在。如果投资过度是指交通运输、公用事业和农业改良等方面已经发展到如此的程度，以致再追加投资就得不到合理预期的收益，甚至不能补偿它们的重置成本，那么投资过度也不存在。恰恰相反，若然认为美国在 1929 年就存在着严格意义上的投资过度，那将是一个笑话。当时存在的真正情况，属于另外一种性质。在 1929 年以前的 5 年间，新投资在总量上已经达到了如此巨大的规模，以致再追加投资所能产生的未来收益，如果冷静地考虑起来，可以看出已在迅速下降之中。正确的预见，会把资本边际效率下降到前所未有的低水平。这样，除非长期利率的数值极低，除非能避免把投资错误地引入过分开发的领域，否则，"繁荣"是不能在坚实的基础上继续下去的。然而，事实上，除了在那些由于投机浪潮的影响而处于过度开发的特殊领域以外，利率已经高到足以阻止新投资的地步。高利率虽然可以高到克服投机浪潮的地步，但同时却又会抑制各种合理的新投资。由是观之，用提高利率作为医治因长期不正常的大量投资所引起的状态之法，无异于通过杀死病人而为其治病。

的确，在像英国或美国这样富有的国家里，要想在现有的消费倾向不变的假定下，持续多年接近充分就业状态，所需要的新投资量很可能会大到如此巨大的程度，以致它最终会导致一种投资充沛的状态。这里所谓的投资充沛，是指任何类型的耐用品投资的增加，在合理计算的基础上，总收益都不再能大于重置成本。不仅如此，这种情况可能在比较快的时间内到来——譬如说 25 年，或者更短的时期内。不要因为我说过，这种严格意义上的充沛投资状态，甚至连昙花一现都未曾出现过，读者就据此认为我否定了这种可能性。

此外，即使我们假定，当代的经济繁荣会暂时达到充分就业状态或上述严格意义上的投资过度状态，但如果认为较高的利率是正确的医治办法，则将仍然是一个笑话。这是因为，如果这一假定真的成为现实，那么，那些把病因归于消费不足的人所持的理由将完全成立。真正的医治之法，是通过收入再分配或其他方式来增加消费倾向；这样，维持一定水平的就业量所需要的当前投资量，就会比较小一些。

Ⅳ

在这里，我们对于有关经济周期的若干重要思想派别不妨顺便一提。这些思想派别从不同的立场出发，均认为现代社会之所以存在长期就业不足的趋势，其根源在于消费不足。也就是说，根源在于各种社会习惯和财富的分配造成了过低的消费倾向。

在当前情况下——或者至少在直至晚近存在的情况下——投资量既未加以计划，又未加以控制，它受资本边际效率和长期利率的支配。前者是由人们的无知或者投机的私人判断所决定，后者很少或者从未降低到习惯所定的水平以下。在这种状态下,从实际政策的指导原则来看,这些思想派别的主张无疑是正确的。因为在这样的情况下,没有其他的办法能把平均就业水平提高到一个更令人满意的水平。既然增加投资不现实,那么,除了增加消费以外,显然没有其他办法可以取得一个更高的就业水平。

从实际上来说,我和这些思想派别的不同之处仅仅在于,当增加投资仍可以得到许多社会利益的时候,他们却对消费过分地加以强调。但在理论上,他们值得批评的地方乃在于,他们忽视了产量可以通过**两个方面**来加以扩大的事实。即使我们认定最好是慢慢地增加资本,先集中力量增加消费,我们还是应该放开眼光,认真考虑可供选择的各种途径,然后再作出决定。我个人深信,增加资本存量直到不再具有稀缺性时为止,对社会实有重大好处。当然,这只是一个现实的判断,而不是理论上的必然。

此外,我完全同意,最明智的方案是双管齐下。一方面我主张寻求一个由社会控制的投资率,由之而使资本边际效率得以逐步下降;另一方面,我同时也支持各种增加消费倾向的政策。这是因为,在当前的消费倾向下,不论我们在投资上采取何种措施,恐怕充分就业都无法得到维持。因此,有充足的理由使两种政策同时发生作用:促进投资,同时也促进消费;不仅把消费增进到一种水平,使其在现行消费倾向下与增加的投资相当,而且还要把它增进到一个更高的水平。

假定——为了便于说明问题,我们取整数——今天的平均产量比持续充分就业下可能有的产量水平要低15%;同时假定这个平均产量中有10%代表净投资,90%代表消费。此外,再进一步假设,在当前的消费倾向下,要达到充分就业,投资必须增加50%。因此,当产量从100上升到充分就业的115时,消费从90增加到100,净投资则从10增加到

25。那么,在双管齐下的政策下,我们也许应该这样改变消费倾向,使得充分就业的消费从 90 增加到 103,同时净投资从 10 增加到 12。

V

另外一派思想认为,解决经济周期问题的办法既不在于增加消费,也不在于增加投资,而在于减少寻找就业机会的劳动供给,即对现有的就业量加以重新分配,但并不增加就业量或产出量。

这对我来说,似乎运用这一政策的时机还未到来——比起增加消费的计划来显然更不成熟。有朝一日,每个人都会权衡,增加闲暇时间和劳动而增加收入,何者更有好处。但在目前,我认为,似乎绝大多数人还是愿意增加收入,而不是增加闲暇时间。在我看来,并没有什么充分的理由,可以强迫那些愿意增加收入的人们去享受更多的闲暇时间。

VI

更有一派思想认为,要解决经济周期问题,最好是用较高的利率在经济繁荣的早期遏制繁荣的发展。这种观点居然能够存在,看起来也是颇不寻常。能够找到的对这种政策的唯一论证,来自 D.H.罗伯逊先生。事实上,他假设充分就业是不现实的理想状态,认为我们最好的愿望,是一个比现在稳定些的就业水平,其平均值也许比现在的水平要稍微高些。

如果我们把影响投资的控制或影响消费倾向的重大变化都除去不计,而且假设现有事态大体上仍然保持不变,那么,我认为,我们是否能通过下述银行政策来产生更为有利的平均预期状态,实在有辩论的余地:这一银行政策所采取提高利率的办法,使利率高到足以阻遏最错误的乐观主义者,因而永远能够把经济繁荣的花苞一开始就给它掐掉。由于预期落空（这是萧条阶段的特征），可能会导致巨大的损失和浪费，以致如果事先对高利率政策加以抑制，则有用投资的平均水平可能会更高一些。即使承认这一思想派别的假设条件，但要判别它的这一结论是否正确，也是很难做到的。它只能交由事实加以判定，而且需要大量例证。很可能它忽视了这样一项事实：即使那些被证明为完全错误的投资，也会增加投资，产生社会收益，因而即使只有这类投资，也比完全没有投资要好些。不过，即使是最明智的对货币的控制，当它面对着像美国1929年那样的繁荣状态，手中的武器又只有联邦储备系统当时所拥有的那么几种，则它也会发现它本身将陷入重重困难之中；而且，在它权利范围内所能运用的其他办法，也没有一种能使结果大为不同。无论是否如此，以我来看，掐掉繁荣的花苞，代表的总是一种危险而且不必要的失败主义的想法。它向我们建议，或者至少假设，我们应该永远接受我们现存经济体系中的太多弊端。

可是，那些主张只要就业水平明显高于过去的平均水平（譬如说，过去10年的平均水平），就要用高利率立刻加以抑制的人士，他们除了表现思想混乱之外，通常都是以毫无根据的论点来支持他们的意见。在某些情况下，该意见来自这种信念，即认为在繁荣时期，投资会超过储蓄，从而较高的利率一方面减少投资，另一方面刺激储蓄，以便使二者恢复均衡。这意味着，储蓄和投资可以不相等，因此，除非这些术语被明确规定了某种特殊含义，否则，这一说法便没有意义。或者，有时候人们提出另一种观点认为，伴随着投资增加而增加的储蓄是有害的，而且不公正，因为一般来说，这会引起物价的上升。但是，如果事情果真如此，那么，当前的产量和就业量的**任何**上升都应受到谴责。这是因为，物价的上升本质上并不是由投资的增加所造成。物价上升的原因乃在于，在短期内，供给价格通常会随着产量的增加而上升，一方面这是因为实体经济层面上的报酬递减;另一方面则是因为,当产量增加时,以货币来衡量的成本单位随之具有上升的趋势。如果情况是供给价格不变,那么,物价当然就不会上升。然而,在这里无论物价上升与否,储蓄还是会伴随着投资的增加而增加。是产量的增加带来了储蓄的增加,物价的上升只是产量增加的副产品。即使储蓄保持不变,而代之以消费倾向增加,则物价上涨照样会发生。没有人具有一项合法的特权,使他能够在此时用低价买进物品,因为只有当产量低时物价才会低。

还有,有人认为,货币数量增加,使利率降低,从而使投资增加,乃是一种祸害。然而,下降以前所存在的利率并没有什么特殊的优点,而新货币也并不"强迫"人们接受。新货币之所以被创造出来,是为了满足流动性偏好的增加。流动性偏好的增加,是与低利率或者交易量的增加相适应的。在这种状态出现时,人们宁愿持有货币,也不愿意把它以较低的利率借贷出去。或者,还可以再加上一点,有人认为,经济繁荣是以"资本消耗"(capital consumption)为特征的。所谓"资本消耗"大概是指负投资而言的,也即乃是由过度的消费倾向所造成。除非把经济周期现象同战后欧洲通货崩溃期间发生的通货逃避现象相混淆,否则,我们所看到的证据与这种意见则完全相左。此外,即使这个说法是对的,那么,降低利率比起提高利率来,作为医治投资不足的办法也更合理。我对所有这些思想派别的说法,都看不出它们有什么意义。也许,我只看出它们提供了一项暗含的假定,假定总产量不会发生变动。但一种理论,如果假定产量固定不变,则它对于经济周期的解释显然没有多大用处。

Ⅶ

在早期对经济周期的研究中,尤为著名的是杰文斯用气候变化影响农业的波动,而不用工业的波动,来解释经济周期。根据上述理论的内容,这种解释倒是可以构成研究经济周期问题十分合理的探讨。这是因为,哪怕是在今天,农产品存货在一年和另一年之间的波动,也还是造成当前投资率变动的重要原因之一;而在杰文斯写作的时代——尤其是他的大多数统计数字所能适用的时期——这一因素的重要性远超其他因素。

杰文斯的理论宣称,经济周期主要是由农业收获量的波动所造成。这一理论可以重新表述如下:当某年粮食大丰收之后,通常留给后来一些年份的粮食会大量增加。而出售这些额外增加的粮食之所得,增加了农民的当前收入。与此同时,这对农民来说是收入增加,但对其他社会阶层的收入支出量却并没有什么影响,因此,这部分粮食款项等于是出自储蓄。也就是说,该年粮食的增加量等于该年当前投资的增加量。即使物价急剧下降,这一结论仍然成立。而当某一年庄稼歉收时,当前消费中的一部分就只能取自以前粮食的存货,从而消费者的相应一部分收入支出便不再构成农民的当前收入,也就是说,从粮食存货中取走的部分,构成的乃是相应的当前投资的减少量。这样,如果其他方面的投资保持不变,那么,粮食存货增加较多年份的总投资,与粮食存货减少较多年份的总投资之间的差额可以很大。在一个以农业为主的社会中,影响这种流转的粮食数量增减的因素,较之于通常造成投资波动的任何其他因素,都要大得多得多。因此,我们自然能在丰收年找到经济上升的转折点,而在歉收年找到经济下降的转折点。至于更进一步的理论,认为使得农作物丰歉呈规则性周期变化有其物理上的原因,自然是另外一回事,与我们这里的论述无关。

最近,又有人提出一种理论,认为对工商业有利的不是丰收,而是歉收。其原因可能是,在歉收时,人们愿意为了微薄的实际报酬而从事劳动；也可能是因为歉收所造成的购买力的再分配有利于消费。不消说，以上把农业收成情况的描述用于解释经济周期，并不是我心目中所想的那种理论。

然而，在现代世界，农业情况作为经济波动的原因，重要性并不大，原因有以下两点：第一，农产品在社会总产品中所占的比重远比过去为低；第二，已经形成的包括世界两个半球的大多数农产品市场，使丰收年份和歉收年份的收获量得以均匀化，从而令世界收获量的波动比例远低于单一国家。但在过去，当一个国家主要依靠它自己的农业收成时，那么，除了战争时期之外，我们很难找到能与农产品储存量的改变相比拟的其他导致投资波动的原因。

即便在今天，密切关注农业和原材料存量的变动在决定当前投资率上的作用，仍然十分重要。我认为在到达转折点之后，从萧条到复苏之所以速度缓慢，乃是因为存货量由过多减少到正常水平后发生紧缩影响所致。在繁荣开始崩溃后所发生的存货累积，起初可以缓和崩溃的速度，但这一缓和的代价，是使后来复苏的速度出现了迟缓。有时，存货的减少确会在任何程度的复苏被发现之前即已实际完成。这是因为，在当前的存货并没有发生负投资时，其他方面的投资由于未被抵消，或足以产生向上的移动；但如果存货方面的负投资在继续进行，则其他方面的投资就谈不上完成了此项任务。

我想，我们已经在美国的"新政"早期阶段中看到了一个明显的例证。当罗斯福总统大量举债支出开始时，各种存货——尤其是农产品的存货量——仍然处于极高的水平。"新政"内容，有一部分就是通过削减现有的生产以及其他各种方法，大力减少这些存货。把存货减少到正常水平，是一个必要的步骤——一个必须忍受苦痛的步骤。但在这个过程持续期间（大约2年），它就会对其他方面的举债支出，形成很大的抵消作用。只有当这个过程结束之后,真正的复苏才算开始。

美国最近的经验,又提供了一个良好的例证,足以证明制成品和半制成品存量——现在通常称为"存货"——的变动,对于促成经济周期的主要运动中小波动所起的作用。制造商们为应付数月后料将盛行的消费规模而开始他们所在行业的生产活动时,很容易犯上小错——稍微跑到事实前面的小错。当他们发现错误时,就必须把生产活动缩减一个短时期,缩减到低于当前消费水平的程度,以便吸收过剩的存货;而稍微跑到事实前面和回过头来缩减生产活动,这两者在步调上所发生的差异,在美国现有的相当完善的统计数字当中,已经得到了非常清楚的显示。 332

第二十三章 略论重商主义、禁止高利贷法、加印货币以及消费不足论

I

大约200年来，经济理论家和实践家都深信不疑地认为，贸易顺差对一个国家有特别的好处，而贸易逆差则表示存在严重的危险，尤其是如果贸易逆差引起贵金属外流，就更是如此。但在过去100年里，却存在着显而易见的意见分歧。大多数国家的多数政治家和实践家，仍然相信那个古老的学说，即便在反对意见发源地的英国，也有差不多一半的政治家和实践家，都还是忠实于这种学说；而几乎所有的经济理论家都坚持，除了根据非常短期的事态来看此事之外，担心外贸逆差完全没有理由。其原因在于，外贸机制是能够自行调节的。企图对它加以干涉不仅无用，而且会使那些实行这种干涉的国家陷入极大的贫困。这是因为，干涉国将会失去国际分工所带来的利益。为了论述的方便，我们可以按照传统，把那个比较古老的意见称为**重商主义**（mercantilism），把那个比较新的意见称为**自由贸易论**。然而，这两个名词各有其广义意义和狭义意义，对于它们的假设必须根据上下文而定。

一般来说，现代经济学家们坚持认为，国际分工所带来的好处，普遍大于实行重商主义政策所可能得到的好处；不仅如此，他们还认为，

重商主义的论证是建立在彻头彻尾的思想混乱的基础之上的。

例如，虽然当马歇尔[1]提到重商主义时，不能说毫无同情之念，但他从不关心重商主义的核心理论，甚至从未提到重商主义含有的真理成分。关于这种真理成分，我将在下面加以考察。[2]同样的态度也存在于现代自由贸易论者当中。在当代的论辩当中，虽然自由贸易论者在譬如关于幼稚产业和贸易条件的改善问题上，作出了理论上的让步，但这些问题对重商主义而言是无关宏旨的。在本世纪的最初 25 年里有关财政政策的争论中，我不记得有哪一位经济学家承认过贸易保护主义可能增加国内就业量的主张。最公允的办法，或许是引用我自己写过的东西来作为例证。迟至 1923 年，当时作为古典学派的一名忠实信徒，我毫无保留地相信和接受所学到的有关重商主义的一切。我这样写道："如果贸易保护主义有一件做不到的事，那就是不能医治失业……有一些对贸易保护主义的论证是基于它有可能得到但又不可能实现的利益，而对于后果如何，却又不存在简单明了的答案。但是，某些支持保护主义的论点却以此作为根据。尽管如此，宣称可以医治失业乃是保护主义谬论的最赤裸裸的和最粗劣的形式。"[3]关于更早期的重商主义理论，尚且找不到有用的文献。我们就是在这样的熏陶下成长起来的，认为重商主义比胡说八道好不到哪里去。由是观之，古典学派的统治真可谓具有绝对的压倒性和彻底性。

---

[1] 参阅他的《工业与贸易》(*Industry and Trade*) 附录 D；《货币、信贷与商业》(*Money, Credit and Commerce*) 第 130 页；《经济学原理》附录 I。

[2] 他的《经济学原理》第一版第 51 页的一个脚注非常好地总结了他对重商主义的观点："关于货币与国民财富之间关系的中世纪观点，在英国和德国都曾给出过许多的研究。整体而言，它们可以被视为由于对货币的职能理解含糊而引起的思想混乱；其错误倒不在于由于它们故意作出的假设条件而得到的结论。这个假设条件认为，只有通过增加贵金属的储存量，一个国家才能增加它的财富。"

[3] 《国家文艺杂志》(*The Nation and the Athenaeum*)，1923 年 11 月 24 日。

II

让我首先使用我自己的术语,来表述什么是我现在认为的重商主义学说中的科学成分。然后,再把这种看法同重商主义者的实际论点相比较。应予指出的是,这里所说的利益乃是就一国而言,而不是就整个世界而言的。

当一个国家的财富迅速增长时,在自由放任的条件下,这种令人愉悦的状态可能遇到对新投资的诱导不足的抑制。给定社会和政治环境以及决定消费倾向的国民特性,那么,一个向前发展的国家的利益基本取决于这种诱导的充分程度,这一点我们已经解释清楚。这里的诱导可以是对国内投资而言,也可以是外国对本国的投资而言(后者包括贵金属的积累)。它们二者一起构成总投资。在总投资单独由利润动机决定时,国内投资的机会在长期中取决于国内的利率;而外国的投资必然取决于对外贸易顺差的大小。因此,在一个由公共当局保驾护航之下可以进行直接投资的社会,政府的经济目标理所当然地要关心国内利率和对外贸易余额。

现在,假设工资单位比较稳定,没有突然出现较大的自发性变动(这是一个几乎总能得到满足的条件);再假设以短期平均波动而论流动性偏好的状态相当稳定,而且银行所遵守的习惯也比较稳定,那么,利率将取决于贵金属的数量,这一数量以工资单位来衡量,并可用来满足社会上的流动性需要。同时,在很少实行大量对外放款和在国外拥有财富所有权的年代,贵金属数量的增加和减少,则主要取决于对外贸易的顺差或者逆差。

因此,正如当时的情况所表明的那样,政府当局关注外贸顺差为的是**双重**的目的,而且为了促进它们也只有这种方法。在那时,由于政府当局不能直接控制国内利率,以及对国内投资的其他诱导,所以,增加外贸顺差就成了政府增加外来投资的唯一**直接**手段。与此同时,增加外贸顺差，贵金属内流，这又是政府降低国内利率从而增加国内投资诱导的唯一间接手段。

然而，这一政策要取得成功，需要受到两种不容忽视的限制。如果国内利率下降到如此之低，以致有足够的投资把就业量提高到使工资单位上升的临界点以上，那么，国内成本水平的上升将会对外贸顺差造成不利影响。因之，增加外贸顺差的努力做得过了头，反而会得到不利于政策目标的后果。此外，如果相对于其他国家的利率而言，国内利率下降到如此之低，以致刺激对外放款达到与外贸顺差不相称的程度，从而引起贵金属外流，足以使得以前得到的外贸顺差逆转。当贵金属的当前产量相对规模较小时，一国的贵金属流入就是另一国的贵金属流出，那么，在此条件下，如果过度推行重商主义政策，则一个国家越大，在国际上的地位越重要，上述两个条件发生作用所产生的风险越大，因而国外成本的下降和利率的上升，加重了国内成本的上升和利率的下降所造成的不利影响。

西班牙在15世纪后期和16世纪的经济史，可以提供一个例子，说明过多的贵金属对工资单位的影响会摧毁一个国家的对外贸易。英国在20世纪第一次世界大战前[1]的年份提供了另外一个例子。它表明，如果一个国家过度对外放款和在海外购置财产，常常使国内利率不能不降到国内充分就业所要求的程度。印度的整个历史也可以提供一个例子，说明一个国家的流动性偏好强烈到如此之程度，以致长期的大量贵金属的流入，也不足以使利率下降到能与该国的实际财富的增长相吻合的水平，那么，该国会因而罹于贫困。

---

[1] 此处原文是战前，凯恩斯出版此书是在1936年，故而我们直接译为第一次世界大战以前。——译者注

虽然如此，如果我们所考虑的社会具有稳定的工资单位，具有决定消费倾向和流动性偏好的国民特性，以及具有与贵金属的存量和货币的数量有固定联系的货币体系，那么，为了维持繁荣，政府当局应该密切注意对外贸易平衡的情况。这是因为，外贸顺差只要不是太大，就会极大地有利于刺激经济增长，而外贸逆差则会很快地造成持久性的萧条状态。

但我们并不能由此得出结论认为，对进口施予最大限度的限制，会有助于获取最大数量的外贸顺差。早期重商主义者对这一点极为强调，因此，他们常常反对贸易限制，因为从长远来看，对贸易进行限制不利于外贸产生顺差。的确，人们可以无可争辩地认为，在19世纪中期英国的特殊环境下，差不多完全自由的贸易政策取得了外贸顺差的最有利发展。在一次世界大战后的欧洲，对外贸进行限制的当代经验提供了多方面的例证，说明对自由贸易的拙劣限制本来想增进外贸顺差，但事实上却适得其反。

由于这个和其他的原因，关于我们的论点会带来什么样的**现实**政策，读者不宜过早地下结论。对于贸易限制，除非在特殊的情况下，一般而言我们有着很强的根据来反对限制贸易。虽然古典学派在很大程度上对国际分工所带来的利益强调过度，但是，这些利益是确实存在的，而且相当巨大。而且，本国从外贸顺差中所得到的好处，往往给其他一些国家造成同等的坏处（重商主义对此心知肚明）。这一事实不仅意味着自我克制的必要性，以免一个国家所得到的贵金属数量超过公平合理的限度；而且还说明缺乏克制的政策可能引起获取顺差的恶性国际竞争，其中每个国家都追求贸易顺差，结果却使得所有国家都受损。[1]最后，

---

[1] 出于相同的原因，在工资单位可以伸缩的条件下，用降低工资的办法来对付萧条状态就是一个以邻为壑而使我们自己得到好处的手段。

限制贸易的政策也是达到公开目标的一种靠不住的手段。因为私人的利益、行政的无能以及任务本身的困难，结果可能是事与愿违。

因此，我批评的重点直接指向的，是我曾浸淫其中并曾讲授多年的自由放任学说的不够充分的**理论**基础。我所反对的，是利率和投资量可以自行调节到最优数值，从而关切贸易差额问题是浪费时间的说法。我们的经济学同行们犯了一个贡高我慢的错误，把很多世纪以来实际治国方略的首要任务当作幼稚的执念。

在这种错误理论的影响下，伦敦金融界逐渐设计出了一套维持这样一种臆想均衡的最危险的技术，即一方面让银行利率自由涨落，另一方面又要维持刚性的外汇平价。因为这样一来，把国内利率维持在符合充分就业的水平，就完全被排除掉了。由于在现实中不可能忽视国际支付差额，于是形成了一套控制它的办法，这个办法不仅不能保护国内利率，反而把国内利率牺牲在各种盲目力量的作用之下。近来，讲求实际的伦敦银行家已经得到了不少的经验。人们几乎可以期待，在今后的英国，如果可能造成国内失业，则银行利率的办法将永远不再被用作保护贸易差额的手段。

古典学派理论在关于个别厂商理论和在既定数量资源下的分配理论方面，对经济思想作出了不容否认的贡献。如果没有这种理论作为思想工具的一部分，人们是不可能清晰地思考这类问题的。当我提请人们注意古典学派忽视了他们的先辈们有价值的思想时，我并不是怀疑该学派的贡献。然而，16、17世纪的早期经济思想的先辈们，作为对管理国家的方法的贡献者，关心的是整个经济体系，或者说是整个经济的全部资源的最优就业状态。他们的方法，原本是可以取得实践智慧中的若干片段的，却首先被李嘉图那远离现实的抽象方法所遗忘，继而又被他的方法所抹杀。重商主义者们通过禁止高利贷法（本章稍后我们还会回到这一点)、保持国内的货币存量以及通过阻挠工资单位的上升等办法,强烈地致力于压低利率,有其明智之处。此外,如果由于国内货币不可避免地向国外流出、工资单位的上升[1]或其他任何原因,货币存量呈现出明显的不足,那么,作为最后的手段,不惜用货币贬值的办法来恢复货币的存量,这也是他们明智的地方。

III

早期经济思想的先辈可能是出于偶然获得了实践智慧,但对于其背后的理论基础并无多大的认识。所以,让我们对他们所提供出的原因以及他们的政策建议做一简略的考察。要做到这一点并不难,因为我们有赫克歇尔教授(Professor Heckscher)[2]的大作《重商主义》(*Mercantilism*)可以参阅。在这部书中,两个世纪经济思想的基本特点第一次被呈给了经济学的一般读者。下面的引文主要摘录自这部书。[3]

(1) 重商主义的思想,从不被认为存在着自行调节的倾向,使得利率处于一个适当的水平。正好相反,他们强调的是,过高的利率是财富增长的主要障碍;而且他们甚至还知道,利率取决于流动性偏好和货币数量。他们所关心的,一方面是流动性偏好的降低,另一方面是增加货

---

[1] 至少从梭伦的时代以来(如果有统计资料,时间还可能追溯到许多世纪以前),经验表明:对人类本性的理解使我们相信,在长时期内,工资单位有一种稳定上升的趋势;而只有在经济社会的衰败和瓦解当中,工资单位才会减少。可见,除去社会发展、人口增长这两个原因以外,货币数量的逐渐增加是必要的。

[2] 即伊莱·菲利普·赫克歇尔(Eli Filip Heckscher, 1879—1952 年),瑞典政治经济学家和经济史学家,曾担任瑞典斯德哥尔摩经济学院的政治经济学和统计学教授,与学生伯替·俄林一起提出了国际贸易领域著名的赫克歇尔-俄林模型。——译者注

[3] 这部书比较适合我的目的,因为赫克歇尔教授本人大体说来是古典学派理论的追随者,对重商主义理论比我更少同情之念。因此,引文选择他的,可以避免我在表明重商主义者们的智慧时被认为怀有偏见的危险。

币数量,而他们中有几个人明确指出,他们之所以致力于增加货币数量,乃是由于希望降低利率。赫克歇尔教授将他们理论中的这个方面概括如下:

> 比较敏锐的重商主义者的观点,在这方面与其他许多方面一样,在某些限度内是非常明确的。对他们来说,货币是——以今天的术语——一种生产要素,地位与土地相当;货币有时被他们当作"人为的"财富,以区别于"自然的"财富;资本利息是由于借入货币而支付的代价,类似租用土地而支付的地租。就他们试图发现决定利率高低的理由而论——他们在这个时期越来越这样做——他们找到的理由是货币总量。从现有的大量资料中,我只挑选出最典型的例子,以便说明这个观念如何持久不变,如何根深蒂固,以及如何能独立于现实的考虑之外。

关于17世纪20年代早期英国的货币政策和东印度贸易,论战双方在这一点上是完全一致的。杰拉德·马林斯(Gerard Malynes)[1]就他的主张给出了详细的理由。他这样说道:"数量充足的货币能减少高利贷的价格或利率。"[《商法》(*Lex Mercatoria*)和《自由贸易的维护》(*Maintenance of Free Trade*),1622年]他那凶恶而且相当肆无忌惮的对手爱德华·米塞尔登(Edward Misselden)[2]回应时也说:"医治高利贷法的办法可能是充足数量的货币。"[《自由贸易或者使贸易兴旺之法》(*Free Trade or the Means to make Trade Florish*),1622年]半个世纪后的一位重要著作家、东

---

[1] 即杰拉德·德·马林斯是一个独立的外贸商人,西属尼德兰的英国专员,贸易事务的政府顾问,铸币局专员。——译者注

[2] 爱德华·米塞尔登是英国商人,也是重商主义经济思想的重要作家,对货币问题有着独到的见解。——译者注

印度公司万能的领导者以及最善于为该公司辩护的人——柴尔德（Child），[1]在讨论（1668年）法定利率最高应为多少这一问题时，强调要由国家规定最高利率。他在论述荷兰人把"钱"从英国提走对最高利率的影响时发现，医治这种令人担心的不利之处的办法，是使用容易转让的债券。他认为，如果用债券作为通货，"将肯定有一半全国使用的货币得到弥补"。另一位与利息争论完全无关的著作家配第[2]这样解释道，"货币数量的增加会使利率'自然地'从10%下降到6%"［《政治算术》（Political Arithmetick），1676年］，而且还建议，用放款取利的办法来医治一国的过多"铸币"的情况［《货币概论》（Quantulumcunque concerning Money），1682年］。

很自然，这种推理不仅限于英国。例如，若干年以后（1701年和1706年）法国的商人和政治家抱怨当时的高利率，把原因归于通用铸币的稀缺。他们渴望增加流通中的货币量来降低高利贷式的利率。[3]

与配第的争论表明，伟大的洛克[4]可能是第一个用抽象的术语来表达利率和货币数量之间关系的人。[5]他反对配第提出的最高利率的建

---

[1] 即约赛亚·柴尔德爵士（Sir Josiah Child，1630/31—1699年），英国商人和政治家，重商主义者的拥护者，曾执掌东印度公司。——译者注

[2] 即威廉·配第（William Petty，1623—1687年），英国哲学家、古典经济学家。他一生曾从事过多种职业，晚年不仅成为拥有27万英亩土地的大地主，还创办了多家企业。他利用业余时间研究社会经济现象和问题，就有关国计民生的重大问题提出了经济政策建议，被马克思誉为"政治经济学之父"。——译者注

[3] 赫克歇尔，《重商主义》（Mercantilism），第2卷，第200、201页，略有删节。

[4] 即约翰·洛克（John Locke，1632—1704年），英国著名哲学家，最具影响力的启蒙思想家之一，被誉为自由主义之父；同时，他对经济问题，尤其是赋税和货币问题也有着深入的思考。——译者注

[5] 《关于降低利率和提高货币价值的后果的一些考虑》（Some Considerations of the Consequences of the Lowering of Interest and Raising the Value of Money），1692年。但写作此书是在数年以前。

议，认为这与对土地规定一个最高地租额一样不切实际。在他看来，"货币的自然价值可以通过利息得到年收入，所以它总体而言取决于同时在我国流通的货币量与我国的全部贸易量（即所有商品的总销售量）之间的比例关系"。[1] 洛克解释道，货币有两种价值：①由利率所给出的使用价值，"在这个方面，它具有和土地相同的性质，其收入可以称为地租，也可以称为利息（Use）[2]"；②它的交换价值，"在这个方面，具有和商品一样的性质"，因此，货币的交换价值"只取决于货币的多寡与商品的多寡之间的比例关系，与利率无干"。由是观之，洛克是孪生的这两种货币数量论的鼻祖。首先，他认为，利率取决于货币数量（把流通速度考虑在内）与贸易量之间的比例关系。其次，他认为，货币的交换价值取决于货币数量与市场上的商品总量之间的比例关系。但是——一只脚踩在重商主义世界，一只脚踩在古典学派世界[3]——他把这两种比例关系混淆起来了，而且也完全忽视了流动性偏好**波动**的可能性。然而，他还是急于去解释降低利率对价格水平没有**直接**影响，"只有当利率的变动有助于货币或商品的进口和出口，从而使二者在英国的比例不同于以前时"，它才会影响价格。也就是说，只有在利率的下降使现金出口或产量增加

---

[1] 他加了一句："并不单纯取决于货币数量，而且还取决于其流通的快慢。"

[2] "Use"，当然就是古式英语的"利息"。

[3] 稍晚一些，休谟一只半脚踩在古典学派世界。在经济学家中，休谟开始强调均衡状态的重要性，这种状态是相对于趋向于均衡的总量变动的过渡状态而言的，虽然休谟仍然具有足够多的重商主义倾向从而使他注意到这个事实：我们实际生活在其中的现实乃是处于一种过渡状态。他写道："只有在取得货币之后和物价上升之前这个期间，或者是处于中间性状态时，增加金和银的数量才有助于工业的发展……不论货币数量是多是少，与一国的国内幸福感没有多大关系。执政当局不能只是保持货币数量，如果可能的话，要使货币数量不断增加，才是好的政策，因为这样可以使一个国家的工业保持活跃的精神振奋状态，可以增加劳动数量，这代表着一个国家真正的力量和财富。一个货币数量在减少中的国家比货币数量虽然没有更多但却有增加趋势的另一个国家要更加衰弱和贫困。"〔《论货币》(*Essay On Money*)，1752年〕

时，它才会影响价格。但我认为，他从来没有进行过真正的综合论述。[1]

在重商主义者心目中，如何容易地区分开利率和资本边际效率，这可以从洛克所引用的《给一位朋友的有关高利贷的信》(*A Letter to a Friend Concerning Usury*，出版于1621年)的一段话中显示出来："高利率有损于贸易。如果利息的得益大于贸易的，那么，富有的商人会放弃贸易，把他们的资金用于获取利息，不富有的商人则会破产。"富特雷(Fortrey)[2][《英国的利息和改良》(*England's Interest and Improvement*)，1663年]也提供了另外一个强调用低利率的手段来增加财富的例子。

重商主义者们并没有忽视这一点，即如果过大的流动性偏好把贵金属纳入储藏之中，那么，对利率的有利之处就会丧失。然而，在某些情况下，有的人[例如，孟(Mun)[3]]为了增强国家的力量，力主由国家囤积金银。但另一些人则坦率地反对这一政策：

> 例如，施罗特尔(Schrötter)使用重商主义的通常论点描绘了一幅惊人的图画，告诉我们一个国家通过大量囤积财富，是如何使流通中的货币被搜罗一尽的……他还得出了一个完全合乎逻辑的结论，认为修道院囤积金银和贵金属流向国外的净额在逻辑上是完全相同的事物，而这都是他所能想象得出的最坏的事情。达维南特

---

[1] 这里表明：重商主义的观点，即利息是指对货币的利息的观点(这个观点我现在认为无疑是正确的)，已经完全被人们抛弃了。赫克歇尔教授作为一个标准的古典学派经济学家，以这样的按语来概括洛克的理论道："如果利息真是借贷货币的价格的同义语，那么，洛克的论点是不容非议的……然而，利息并非如此，所以他的论点与所讨论的问题无关。"(《重商主义》，第2卷，第204页)。

[2] 即塞缪尔·富特雷(Samuel Fortrey，1622—1681年)，英国大地主，出版有多篇有关英国货币问题和贸易问题的作品。——译者注

[3] 即托马斯·孟(Thomas Mun，1571—1641年)，英国晚期重商主义的代表人物，英国贸易差额说的主要倡导者，著有《英国得自对外贸易的财富，或我们的对外贸易差额是我们财富的尺度》。——译者注

(Davenant)[1]根据金银"停滞在王子们的钱库里"的事实,来解释许多东方国家极端贫困的原因——这些国家被认为比世界上任何其他国家具有更多的金银……如果这些国家对货币的贮藏定夺也只能被认为是值得怀疑的事项,而且还往往具有很大的危险性,那么,不消说私人对货币的贮藏被看成了像瘟疫那样的应该加以避免的事情。这代表被无数重商主义著作家所一致谴责的倾向性。我认为,不可能找到持有不同意见的声音。[2]

(2) 重商主义者们清楚商品价格低廉的弊端,也知道过度竞争不利于一国贸易条件的危险。因此,马林斯在其《商法》(*Lex Mercatoria*,1622 年)一书中写道:"不要为了增加贸易而降价销售,以致损害本国的利益。因为商品价格低廉,贸易量不见得会增加。这是因为,低廉的价格来自需求的微弱和货币的稀缺。它们使得商品价格低廉。相反,当货币充裕,对商品的需求增加,商品变得昂贵时,贸易量增加。"[3]赫克歇尔教授把重商主义思想的这个部分的观点总结如下:

> 在一个半世纪里,这个观点一次又一次地以这种方式被系统地表达了出来:一个比其他国家具有相对较少货币的国家必定是"贱卖贵买"……
>
> 甚至在《公共福利的谈话》(*Discourse of the Common Weal*)的初版中,即在 16 世纪中期,这种态度已经非常明显。事实上,海尔

---

[1] 即查尔斯·达维南特(Charles Davenant,1656—1714 年),英国重商主义者,著有《战费筹措论》《英国公共收入和贸易论》等。——译者注
[2] 赫克歇尔,《重商主义》,第 2 卷,第 210、211 页。
[3] 赫克歇尔,《重商主义》,第 2 卷,第 228 页。

斯（Hales）[1]曾说："如果外国人愿意用我们的商品交换他们的东西，那么，为什么让他们提高他们的东西（其中还包括我们从他们那里买来的）的价格，而把我们的商品价格定得很低呢？这样，他们的出售价高而购买我们的商品价格又低，于是我们蒙受损失，他们却得到好处。结果，他们致富，我们变穷。然而，我宁肯当他们提价时，我们也提价，这样虽然会造成一定的损失，但受损的人数比不这样做时要少。"在这一点上，他在几十年后（1581年）得到了该书编辑者的认同。在17世纪，这一态度再度出现，而且基本上没有什么大的改变。因此，马林斯相信，这种不幸处境的产生，是他最担心的外国贬低英国外汇比价的结果……之后这种相同的观念继续重新出现。配第在其《哲言》（*Verbum Sapienti*，写于1665年，出版于1691年）中认为："只有当我们比我们的任何邻国都肯定具有在绝对和相对意义上的更多货币时，猛烈地增加货币数量的努力才会停止。"在该书写作和出版的这个中间时期，科克（Coke）[2]宣称："如果我们的贵金属比邻国多，那么，我不在乎我们的贵金属是否仅有我们现有量的五分之一。"（1675年）[3]

(3) 重商主义者们是把"惧怕外国货物"和货币稀缺当作失业原因的最早一批人物，而这种说法在两个世纪之后被古典学派认为是荒谬的：

> 使用失业作为禁止进口的理由，其最早的事例之一，出现在1426年的佛罗伦萨……英国关于这一事件的立法可以追溯到1455年……几

---

[1] 即约翰·海尔斯（John Hales），英国早期重商主义的代表。——译者注
[2] 即罗杰·科克（Roger Coke），英国重商主义者。——译者注
[3] 赫克歇尔，《重商主义》，第2卷，第235页。

乎同时在法国出现的1466年法令，形成了里昂的丝织业基础，后来变得非常著名。但它的意义不大，因为它实际上并不是为反对外国货物而颁布的。但是，它也曾提到向数以万计的失业男女提供工作。由是观之，这种论点在当时已经在很大程度上开始风行……

几乎和所有的社会和经济问题一样，对这个问题的首次大讨论，发生在16世纪中叶或者更早一些时候的英国亨利八世和爱德华六世统治时期。有关这一点，我们只能提出一系列其写作时间大概不晚于1530年的著作的名称，其中有两种被认为应该是出于克莱蒙特·阿姆斯特朗（Clement Armstrong）[1]的手笔……例如，他以简洁的文笔这样写道："由于每年购买大量的外国货物和商品，因此不仅造成了英国货币短缺，还摧毁了全部手工业，从而使大量本来应该以劳动赚取货币来偿付他们的食物和饮料的平民，现在不得不闲散无业，以行乞和偷窃度日。"[2]

据我所知，有关这一问题，重商主义的典型讨论是英国下院在1621年关于货币稀缺的一次辩论。当时，一次严重的萧条已经开始，尤其表现在布料出口方面。当时的情况被很有影响的英国议会议员之一埃德温·桑蒂斯爵士（Sir Edwin Sandys）描述得非常清楚：农民和手工业者差不多到处都在罹受苦难，纺织机由于国家缺少货币而闲置不用，农民被迫撕毁契约，"并不是因为缺乏土地的果实（敬谢上帝），而是因为缺乏货币"。这种情况导致人们去详细地探查如此严重缺乏的货币到底去了哪里。许多攻击的矛头指向了那

---

[1] 克莱蒙特·阿姆斯特朗（1477—1536年），英国重商主义者，曾写作过两篇关于都铎王朝时期的经济学论文，时间在1533年左右，一直未被出版，之后手稿被发现后，于1878年出版。——译者注

[2] 赫克歇尔，《重商主义》，第2卷，第122页。

些人们——他们被认为是从事贵金属的出口（贵金属的净出口量），或者在国内从事使贵金属消失的相应活动。[1]

重商主义者意识到，他们的政策正如赫克歇尔教授所指出的那样，是"一石二鸟"。"一方面，国家可以出清不受欢迎的、会成为失业根源的过剩货物；另一方面，国家中的货币总量会得以增加"，[2]其结果是取得了利率下降的好处。

在研究了重商主义者们从他们的实际经验中得到的诸多观念之后，我们不能不感到：在人类历史上，储蓄倾向强于投资诱力是一个长期的趋势。在所有时代，投资诱力偏弱都是经济问题的关键。今天投资诱力之所以微弱，主要是因为当前资本积累的规模。以前，各种风险和意外灾难可能起着很大的作用，但其结果却是一样的。个人通过节约消费而增加其财富的欲望，大于企业家雇佣劳动者使用耐久性资产以增加国民财富的诱力。

(4) 重商主义者对于他们的政策并非只顾及本国利益的特点且没有引发战争的倾向，并没有什么错误的幻念。他们承认，他们追求的目标是**国家**的利益和国家力量的**相对**增强。[3]

我们可以批评他们，认为他们显然以漠不关心的态度接受一种国际货币制度造成的不可避免的结果。但从理智上看，他们的现实主义观点远远优于当代一些人的混乱思想，这些人主张实行国际固定金本位制

---

[1] 赫克歇尔，《重商主义》，第 2 卷，第 223 页。

[2] 赫克歇尔，《重商主义》，第 2 卷，第 178 页。

[3] "在一国之内，重商主义追求的完全是动态的目标，但重要的是，他们对世界的全部经济资源却持有着静态的看法。这两种概念纠缠在一起，造成了难以调和的状态，从而导致了无休止的商业战争……这是重商主义的悲剧。中世纪的普遍静态理想和自由放任的普遍动态理想都能避免这种后果。"（赫克歇尔：《重商主义》，第 2 卷，第 25、26 页）。

度,在国际信贷上采取自由放任政策;他们相信,正是这些政策最有利于促进和平。

这是因为,在一个使用货币契约且在相当长时期内具有大体不变的风俗习惯的经济体系中,国内的货币流通量和利率主要取决于国际收支的状况,正如英国在第一次世界大战以前时的情况那样。当时,除了以牺牲邻国为代价争取出超和贵金属流入以外,政府当局没有什么正统的手段来对付国内的失业问题。在历史上,从来没有什么办法比国际金本位(或者,以前为银本位)更有效地使一国的利益与邻国利益对立起来,因为这一办法使一国的繁荣直接取决于对市场和贵金属的争夺。由于偶然的机缘,当金银供给相对充沛时,这种夺取斗争可能有所缓和,但随着财富的增长和边际消费倾向的降低,这种争夺将日益趋于造成两败俱伤的后果。由于常识不足以矫正其错误逻辑,所以正统经济学家们起到的作用是灾难性的。这是因为,当某些国家在它们盲目地斗争以寻求出路时,为了取得自主的利率而抛弃了金本位下的种种义务,而正统的经济学家们却教导这些国家说,恢复金本位的桎梏是走向普遍经济复苏的必要的第一步。

事实上,相反的做法才是对的。采取不受国际事态影响的自主利率政策,并实施旨在取得最优国内就业水平的国家投资计划,既有利于本国,也有利于邻国,这是互惠之道。如果所有国家同时执行这种政策,那么无论以国内就业水平,还以国际间的贸易量来衡量,经济上的健康和力量就会在国际范围内得以恢复。[1]

---

[1] 最初由艾尔伯特·托马斯(Albert Thomas),后来由 H. B.巴特勒先生(H.B. Butler)领导下的国际劳动局始终赞成这一真理。在战后为数众多的国际机构中,其见解卓尔不群。

IV

重商主义者们意识到了问题的存在,但却没能把他们的分析推进到能解决问题的地步。而古典学派却根本忽视了这个问题,因为根据他们的前提条件,这个问题并不存在;其结果是,在经济理论的结论与常识的结论之间造成了割裂。古典学派理论的不平凡的成就在于,它克服了"平常人"(natural man)的信念,但同时其本身又是错误的。正如赫克歇尔教授所说的那样:

> 从十字军东征到 18 世纪这个时期,人们对货币和制造货币的贵金属材料的基本态度没有改变。这表明这种观念实在根深蒂固。同样的观念甚至可能延续到了这一时期的 500 年之后,只不过还没有达到"惧怕货物"那样的程度……除去**自由放任**时期以外,任何时代都没有摆脱这种观念。只有**自由放任**学说在理智上罕见的顽强态度,才在一段时期中克服了"平常人"在这一点上的观念。[1]

> 要清除在货币经济体中"平常人"的"惧怕货物"这种最自然的态度,就需要对**自由放任**学说有无条件的信仰。自由贸易理论否认了这些表现似乎极为明显的因素的存在,从而一旦自由放任学说不再能以其意识形态来束缚信徒们的思想时,该理论就必然会在一般人心目中破产。[2]

我想起博纳尔·劳(Bonar Law)[3]面对经济学家时那种愤怒和困惑交织在一起的态度,因为他们否认显而易见的事实。他对此百思不得

---

[1] 赫克歇尔,《重商主义》,第 2 卷,第 176—177 页。

[2] 赫克歇尔,《重商主义》,第 2 卷,第 335 页。

[3] 即安德鲁·博纳尔·劳(Andrew Bonar Law,1858—1923 年),加拿大裔英国保守党政治家,1922 年至 1923 年出任英国首相。——译者注

其解。这使得人们不时想起古典学派经济理论的支配力量和某些宗教的支配力量存在的相似之处，因为排除活生生的现实，与以艰深隐晦的理论灌入人们的普通观念相比，需要行使远为强大的观念势力。

V

还存在一个连带而却有所不同的问题：多少个世纪以来，甚至上千年以来，有一种学说，开明的社会舆论认为显然无可非议，但古典学派却斥之为幼稚。现在，有必要恢复这种学说的名誉，使其受到尊重。我所说的这种学说是指，利率不会自动调节到对社会有利的水平，而是经常趋于上升到很高的水平，而明智的政府则应该通过法令、习俗，甚至道德伦理的制裁来加以遏制。

反对高利贷的法令要算是有记载的最古老的经济措施之一了。在上古和中古世界，过高的流动性偏好对投资诱力构成了破坏，成为阻碍财富增长的罪魁祸首。事实也的确如此。当时经济生活中的某些风险和灾难会减少资本边际效率，而其他部分则会增加流动性偏好。在这样一个世界里，人人都觉得不安全。因此，利率，除非该社会使用各种方法加以遏制，否则将会升到很高，以致不能形成足够的投资诱力。

我受其熏陶的教育使我相信，中世纪教会对待利率的态度骨子里就很荒谬，而且还使我相信，当时旨在区分货币放款所得报酬与实际投资所得报酬的微妙讨论，只不过是耶稣会士们试图为摆脱那种愚蠢的理论而去寻找一条实际的出路。但是，我现在却把这些讨论看成是一种诚实的学术上的努力，以解开古典学派无法摆脱的混淆。这种混淆把利率和资本边际效率混淆在了一起。这是因为，现在似乎可以清楚地看到，经院派学者的研究目的，在于直接阐明解决问题的一种方案，该方案一方面允许资本边际效率曲线处在高位，另一方面利用法令、习俗和道德伦理来压低利率。

甚至亚当·斯密对禁止高利贷法的态度也是非常温和的。这是因为，他很明白，个人储蓄可以用于投资或者放债，而现实却不能保证储蓄可以在投资方面找到出路。不仅如此，他还赞成用低利率来增加储蓄以寻求新投资而不是放债的机会。因此，他主张有限度地采用禁止高利贷法的措施。[1]为此，他还受到了边沁的严厉责难。[2]此外，边沁批评的主要理由是：亚当·斯密苏格兰式的谨慎态度对"企业创始者"（projectors）未免过于严重了，因为规定利率的上限会使合理的有益于社会的风险事业得到太低的利润。边沁所理解的"**企业创始者**"，乃是指"所有追求财富或者甚至任何其他目标的人；这些人在财富的帮助下，努力进入任何具有新发明的部门……对于这些人，无论其身处哪个行业，目的都在于进行**改良**……总之，高额利率会打击人类对聪明才智的实际运用，使它得不到财富的助力"。当然，在反对那种妨碍从事合理的风险事业上，边沁是正确的。边沁还继续指出："在这种情况下，一个审慎的人不会挑选好事业和坏事业，因为他根本不想创设任何事业。"[3]

边沁所言是否符合亚当·斯密的原因，或许颇值得怀疑。难道我们从边沁那里听到的竟然代表着19世纪的英国声音［虽然这一段话摘自《科里乔夫在白俄罗斯》（*Crichoff in White Russia*），该文写于1787年3月］向18世纪喊话吗？这是因为，只有在投资诱力最为强烈的时代，人

---

[1]《国富论》（*Wealth of Nations*），第2编，第4章。

[2] 见于边沁写给亚当·斯密的一封信，附于他的《为高利贷辩解》后。

[3] 既然这里引用了边沁的这段话，我必须要向读者介绍他更美妙的一段话："工艺事业是企业创始者走出来的康庄大道。这条道路可以被认为是一个广阔的或者辽无边际的平原，在这片平原上，布满陷阱。每一个陷阱要求吞没一个人类的牺牲者，然后合上，变为平地。但它一旦合上，就不再张开，从而对于后来走到这块地方的人就安全了。"

们才有可能在理论上看不到它的数值不足的可能性。

Ⅵ

这里顺便提一下那个古怪而又被人们过分忽视的先知——西尔维奥·戈塞尔（Silvio Gesell，1862—1930年），他的著作包含若干真知灼见，只是未能抓住事物的本质。在战后的这些年中，他的支持者把他的著作不断寄给了我。然而，由于他的论点存在着明显的缺陷，我竟然完全没有发现这些论著中的有价值之处。正像经常未经认真分析而只有直觉的情况那样，在我以我自己的方式得出我自己的结论以后，这些直觉观念的重要性才能显示出来。同时，和其他经院派学者一样，我把他深刻的探求差不多当成了异想天开的怪人怪语。由于读者中很少有人熟悉戈塞尔的重要性，所以，我在这里愿意为他留出一些篇幅。

戈塞尔是一位在阿根廷布宜诺斯艾利斯经商的成功的德国商人。[1] 19世纪80年代后期阿根廷的经济危机特别严重，这促使他对货币问题进行研究。他的第一部著作《币制改革是走向社会国家之桥梁》（*Die Reformation im Münzwesen als Brücke zum socialen Staat*），此书于1891年在布宜诺斯艾利斯出版。他关于货币的基本思想发表于同年同地出版的《一切企业的主要热望》（*Nervus rerum*）一书中。接下来一直到退休，他又出版了许多著作和小册子。1906年，他退休回到瑞士。此后，作为一名相当富有之人，他得以把他生命的最后一二十年致力于只有不靠工作赚钱过活的那些人才有的两种最愉快的职业：著述和农业实验。

他的代表作的第一部分于1906年在瑞士日内瓦出版，题为《劳动享

---

[1] 他出生在卢森堡的边界附近，其父为德国人，其母为法国人。

有全部产物的权利的实现》(*Die Verwirklichung des Rechtes auf dem vollen Arbeitsertrag*)。第二部分于 1911 年在柏林出版,题为《利息新论》(*Die neue Lehre vom Zins*)。这两部分的合订本在大战期间(1916 年)于柏林和瑞士两地同时出版。在他生前,这部著作一共出了六版,题为《经由自由土地和自由货币达到的自然经济秩序》(*Die natürliche Wirtschaftsordnung durch Freiland und Freigeld*),其英译本[由菲利普·派伊先生(Philip Pye)翻译]名为《自然经济秩序》(*The Natural Economic Order*)。1919 年 4 月,戈塞尔参加了短命的巴伐利亚苏维埃内阁并担任财政部部长,后来受到了军法审判。他生命的最后 10 年分别在柏林和瑞士度过,致力于宣传他的主张。戈塞尔获得了准宗教式的热情拥护,这种热情之前曾集中在亨利·乔治(Henry George)[1]身上。他成为一个教派的受人尊敬的先知,信徒数以千计,遍布全世界。1923 年,德(国)瑞(士)自由土地与自由货币协会以及其他来自许多国家的类似组织在瑞士巴塞尔城举办了第一次国际会议。1930 年戈塞尔去世之后,他的学说所激发的超常热情转移到了其他的先知(我认为均不如戈塞尔优秀)身上。布希博士(Büchi)是该运动在英国的领袖,但其宣传文献又似乎来自美国得克萨斯州的圣安东尼奥城,即来自该运动当今主要的力量所在地美国。在美国的学院派经济学者中,只有欧文·费雪教授认识到了它的重要性。

尽管信徒们把他装扮得像一个先知,但戈塞尔的主要著作却以冷静和科学的语言写就,虽然在一些人看来,他的书充满着科学著作所不应

---

[1] 亨利·乔治(Henry George,1839—1897 年),美国 19 世纪末期的知名社会活动家和经济学家,认为土地占有是不平等的主要根源,主张土地国有,提倡征收单一地价税,废除其他一切税收,使社会趋于财富平均,曾在欧美一些国家盛行一时。——译者注

有的崇尚社会正义的狂热和情感。他从亨利·乔治那里衍生出来的那部分内容，[1]虽然无疑是该运动的力量的重要来源，但其意义却是次要的。他的那本主要著作，总体而言宗旨可以被认为是要建立反马克思式的社会主义，同时又是对**自由放任**的一种反动。其理论基础与马克思的全然不同：第一，他否定的不是接受古典学派的假设前提；第二，他主张解除对竞争的束缚而非取消竞争。我相信，人们将来从戈塞尔那里学到的东西要比从马克思那里学到的更多。如果读者参阅《自然经济秩序》一书的序言，就可以看出戈塞尔的道德品质。我认为，沿着这篇序言的思想路线可以回应马克思主义。

戈塞尔对货币和利息理论的贡献如下：首先，他对利率和资本边际效率作出了明确的区分，并且论证是利率限制了实际资本的增长率。其次，他指出，利率是一个纯粹的货币现象。他还指出，货币利率的重要性源于货币的特点，即货币的所有权是一种持有者不需要支付保管费的财富储藏手段；而像商品存货那样需要支付保管费的财富形式之所以能得到报酬，乃是由于货币确立了一个基准。他引用了利率在各个时代相对稳定的表现，证明利率不能取决于纯粹物质因素，因为物质因素从一个时代到另一个时代的变化必然远远大于可观察到的利率的变化。换言之，即（用我的术语来表达）取决于不变的心理因素的利率经常保持稳定，而决定资本边际效率曲线的极大波动的因素不是利率，而是在（大体）既定的利率的条件下实际资本存量的增长率。

但戈塞尔的理论存在一个很大的缺陷。他所要表明的是：为什么只是由于货币利率的存在，所以在借出一批商品存货时才能得到收益。他

---

[1] 戈塞尔与乔治的不同在于，戈塞尔主张当对土地进行国有化时，应该给予补偿。

用鲁滨逊·克鲁索和另外一个陌生人[1]的对话来说明这点。这是一个绝妙的经济寓言——与过去所撰写的任何这类寓言相比毫不逊色。但是，在他提供了理由说明为什么货币利率不像多数商品利率那样不能是负值以后，对必须解释的为什么货币利率是正数值的问题，他却完全予以忽略。他也未能解释为什么货币利率并不取决于（像古典学派所主张的那样）生产性资本的收益所表示的标准。这是因为他没有流动性偏好这个概念。因此，他只是建立了半个利率理论。

理论上的不完备，无疑是戈塞尔的著作在学术界遭到冷遇的原因。尽管如此，他还是根据自己的理论提出了实际的建议。这种建议虽然在本质上能合乎需要，但在形式上却是行不通的。他论证道：货币利率抑制了实际资本的增长；如果去掉这个抑制机制，则在现代世界中，实际资本的增长将会快到需要货币利率下降为零才能与之适应。当然这不会立即实现，而是需要一个比较短的时期。因此，首先要做的是降低利率。此外，他还指出，要降低利率，就要让货币像其他无收益的商品存货那样支付保管费。据此，他开出了著名的处方——"加印"货币。他由此而声名鹊起，并且受到了欧文·费雪教授的赞赏。根据他的建议，流通中的钞票（虽然要包括几种形式的货币，至少包括银行货币）像保险单那样，每月必须加贴印花才能保持其价值，而印花则可向邮政局购买。至于印花的费用，当然可以规定在任何适当的水平上。按照我的理论，费用应该大体等于货币利率（不含印花费）超过与充分就业相协调的新投资量的资本边际效率的差额。戈塞尔实际所建议的费用是每周0.1%，相当于每年5.2%。在现实的条件下，这个数值可能太高，但正确的数值应该随着时间的不同而改变，而这只能通过逐渐试错的方法而得到。

---

[1] 《自然经济秩序》，第297页及以后。

加印货币背后的基本思想是健全的。它也真可能在有限的规模上来把这个举措付诸实施。但是，许多困难戈塞尔都没有考虑，尤其是，他不了解货币不是唯一具有流动性溢价的资产，只不过在程度上不同于其他许多物品罢了。货币的重要性源自它比任何其他物品具有**更大的**流动性溢价。由是观之，如果使用加印制度能使流通中的钞票失去其流动性溢价，那么，它的很多替代品将被充作钞票使用——银行货币、随时可偿付的债券、外国货币、珠宝以及一般的贵金属，等等。正如我在前文所指出的那样，在过去，有时也会出现拥有土地的渴求，而不论其收益如何。这会提高利率——虽然在戈塞尔的体系中，这种可能性会通过土地国有化而消失。

Ⅶ

前文我们所考察过的这些理论，实质上都只是直接针对有效需求中投资诱力不足的部分。不过，将失业归咎于另一个组成部分，即消费倾向的不足，也并不是新鲜观念。但是，这种对当今经济弊病的另外一种解释——同样不为古典学派经济学家们所赞同——在 16 和 17 世纪的思想中，所发挥的作用很小，只是到了相对晚近的时期，其影响才逐渐扩大。

虽然对消费不足的指责只构成重商主义思想中非常次要的方面，但赫克歇尔教授还是援引了大量的例子来说明"奢侈有利、节俭有害这种根深蒂固的理念。事实上，节俭被认为是失业的原因。其理由有二：第一，相信不进入交换的货币会减少实际收入；第二，相信储蓄会把货币从流通中撤出去"。[1] 1598 年，拉菲马斯（Laffemas）[2] 在《置国家于

---

[1] 赫克歇尔，《重商主义》，第 2 卷，第 208 页。
[2] 即巴塞洛缪·拉菲马斯（Bartholomew Laffemas, 1545—1612 年），法国商人，经济学者，首先提出消费不足的学者。——译者注

繁华的贵金属》(*Les Trésors et richesses pour mettre l'Estat en Splendeur*) 一书中，就谴责了反对使用法国丝织品的人。他的理由是，所有购买法国奢侈品的人都可以为穷人创造生计，而守财奴则会使穷人在贫困中死去。[1] 1662 年，配第为"宴饮之乐、富丽的装饰、凯旋门等"辩护。他给出的理由是，这些费用还会流回到酿酒师、面包师、裁缝、鞋匠等人的钱袋里去。富特雷为"考究的衣着"而辩护。冯·施罗特尔（1686 年）反对限制奢侈的法令规章，并宣称希望看到甚至更多的炫耀性服饰以及其他更为考究的衣着。巴尔邦（Barbon）[2]（1690 年）这样写道："挥霍浪费是一种罪恶，它对个人不利，但对商业却并非如此……贪得无厌是一种罪恶，它对个人和商业都不利。"[3] 1695 年，加里（Cary）[4] 争辩称：如果每个人花费更多，那么，所有人都会得到更大的收入，"从而生活得更加富足"。[5]

但巴尔邦的见解主要是通过伯纳德·曼德维尔（Bernard Mandeville）[6] 的《蜜蜂的寓言》一书的渲染而得以广泛流传的。该书在 1723 年被英国米德尔塞克斯郡的大陪审团宣判为伤风败俗。在人类的道德科学史上，该书以声名狼藉著称。据记载，只有一个人为它说了点好话，

---

[1] 赫克歇尔,《重商主义》, 第 2 卷, 第 290 页。

[2] 即尼古拉斯·巴尔邦（Nicholas Barbon, 1640—1698 年），英国经济学家、物理学家，金融投机家，被认为是自由市场的第一批拥护者。——译者注

[3] 赫克歇尔,《重商主义》, 第 2 卷, 第 291 页。

[4] 即约翰·加里（John Cary），英国商人, 对 18 世纪的贸易多有著述, 是把经济学作为一个科学研究领域独立出来的先驱者。——译者注

[5] 赫克歇尔,《重商主义》, 第 2 卷, 第 209 页。

[6] 伯纳德·曼德维尔（Bernard Mandeville, 1670—1733 年），哲学家、政治经济学家和讽刺作家，出生于荷兰鹿特丹, 但一生的大部分时间生活在英国, 以《蜜蜂的寓言》一书为世人所知。——译者注

此人就是约翰逊博士（Dr Johnson）[1]。约翰逊博士宣称，这本书并未使他感到迷惑难解，而"在很大程度上使他对现实生活开了眼界"。对于这本书的邪僻本质，莱斯利·斯蒂芬（Leslie Stephen）[2]在《国家人名辞典》（Dictionary of National Biography）中的概括很好地进行了表达：

> 曼德维尔的这本书，为他本人招惹了很大的反感。该书用一套别出心裁、似是而非之论来弘扬一种具有讽刺意味、是非不分的道德观……他那认为经济繁荣是通过支出而非储蓄得以放大的学说，乃属于许多现时尚未绝迹的经济谬说。[3]他一方面接受禁欲主义者们的假设，认为人类欲望本质上是一种邪恶的事物，所以产生了"私人的恶行"；另一方面又接受普遍观点的假设条件，认为财富是一种"公共福利"。综合二者，他很容易地表明：一切文明都蕴含着邪恶倾向的发展……

《蜜蜂的寓言》是一首寓言诗——"抱怨的蜂巢，或骗子变作老实人"，[4]它描述的是一个繁荣社会令人吃惊的状况，在这个社会，所有的公民突然心血来潮，决定为了储蓄而放弃奢侈生活，而国家则为此而

---

[1] 即塞缪尔·约翰逊（Samuel Johnson，1709—1784年），英国历史上最有名的文人之一，前半生令名不彰，直到他以9年之功独力编纂出了《约翰逊英语辞典》（*A Dictionary of the English Language*），才赢得了名声以及"博士"的头衔。后来，鲍斯威尔写出了著名的《约翰逊传》，记录了他后半生的言行，使他成为了家喻户晓的人物。——译者注

[2] 莱斯利·斯蒂芬（Leslie Stephen，1832—1904年），英国作家、批评家、历史学家、传记作者和登山家，是著名作家弗吉尼亚·伍尔夫的父亲。——译者注

[3] 在他的《18世纪英国思想史》（*History of English Thought in the Eighteenth Century*）一书中，斯蒂芬（第297页）在谈及"由于曼德维尔而具有名声的谬说"时写道："对于这一谬论，完全予以驳倒所需要的学说——很少能被人理解，以致完全理解它也许是检验经济学者的最好的方法——是，对商品的需求并非对劳动的需求。"

[4] 本章有关《蜜蜂的寓言》相关内容的中译，参考了商务印书馆2016年出版的由肖聿先生翻译的《蜜蜂的寓言》相关译文，谨致谢忱。——译者注

削减军备支出：

> 现在没有任何荣誉令人满意，
> 唯愿拥有必需的生活和器具。
> 掮客将制服闲挂在其商号里，
> 他们愉快地与四轮马车分离；
> 为了还债他们卖掉乡间别墅，
> 还卖掉堂皇华美的全套马匹。
> 众蜂规避虚假的价值与骗术，
> 他们在国外已没有一兵一卒；
> 众蜂嘲笑异国蜜蜂妄自尊重，
> 嘲笑由战争获取的空洞光荣。
> 在正义、自由遭到威胁的时刻，
> 他们也去作战，却是为了祖国。

那个高贵的克洛亚：

> 她正以干活挣钱为谋生之路，
> 一年到头都穿着耐磨的衣服。

那么，结果又怎么样呢？——

> 现在我们看看这光荣的蜂巢，
> 看看诚实与商业的**相合**相交。
> 虚饰已不复存在，正迅速消失，
> 而另一种面貌已经取而代之。
> 因现在已经不仅是个别蜜蜂

> 每年都在市场花去大笔开支；
> 而是以劳作为生的众多蜜蜂
> 每天都不得不做同样的劳动。
> 他们即使改行亦都于事无补，
> 因为各自只有做本行的天赋。
> 土地和房屋的价格急剧下降，
> 贬值的还有奇丽的殿宇宫墙；
> 犹如底比斯宫殿被当作赌注，
> 等待出租；……
> 建筑业亦几乎全被弃诸一旁，
> 没有任何人想雇佣建筑工匠。
> 没有哪个测绘师能声名大振，
> 石匠和雕刻匠亦皆默默无闻。

因此，"寓意"是：

> 纯粹的美德无法将各国变得
> 繁荣昌盛；各国若是希望恢复
> 黄金时代，就必须同样地悦纳
> 正直诚实和坚硬苦涩的橡果。

在寓言诗之后，还附有评语，这里摘录的两段话可以表明，上述观点并非没有理论基础：

> 有些人将这种精打细算叫作"节约"；在私人家庭里，节约是增加财产的最可靠方式。因此，有些人便以为一个国家无论是贫是富，只要绝大多数国民厉行节约，便能使全民的财富增加。例如：

> 他们以为英国人若像一些邻国的人们那样节俭,便会比现在更加富裕。我认为这个见解是错误的。[1]

相反,曼德维尔的结论是:

> 可见,使一个民族获得幸福和我们所谓"繁荣"的伟大艺术,便在于给每个人以就业的机会。按照这样的方针,一个政府最应关心的事情,便是促进人智所能想到的各种制造业、艺术及手工艺的发展;其次是鼓励农业、渔业各个分支的发展,并迫使所有的土地也像人那样尽其所能。这是因为:前者是将大量的人吸引到一国去的、百试不爽的座右铭,而后者则是养活这些人的唯一方法。
>
> 正是在这个政策而不是在挥霍与节俭的琐碎规定中(人们的环境虽然各不相同,这些规定却总会自行发挥作用),才能指望看到各个民族的昌盛与幸福。这是因为,尽管黄金和白银的价值时时涨落起伏,一切社会的享乐却总要依赖土地的物产和人们的劳作。这两项的总和乃是更可靠、更取之不竭,并且更真实的财富,它比巴西的黄金和波托西的白银更为可靠。

难怪这种邪僻之说在两个世纪中一直受到道学家和经济学家的一致抨击。他们感到他们所持有的节衣缩食的学说是非常合乎道德的。该学说认为,除去个人和国家都推行极度省俭和节约以外,没有任何健全的解决之道。配第的"宴饮之乐、富丽的装饰、凯旋门等"让位于格莱斯顿

---

[1] 和古典学派的先驱者亚当·斯密相比较,亚当·斯密写道:"凡是对每一个私人家庭行之有效的行为,对整个国家来说,很难行之有效。"这可能是针对上面曼德维尔的话语而说的。

式（Gladstonian）[1]的锱铢必较的理财方法，让位于一种国家体制——在这种体制下，国家"无力创办"医院、广场、宏伟的建筑，甚至无力保护历史文物，更不用说华美的音乐和戏剧了。所有这些都托付给私人慈善事业或不俭省的个人的宽宏之举。

又一个世纪之后，这个学说在上层人士的圈子里未再出现过。一直到马尔萨斯的晚年，有效需求不足的概念才取得了对失业的科学解释的确定地位。我在论马尔萨斯的论文中[2]对此已经有过充分论述，这里只需要再摘录其中一两段引文即可：

> 我们在世界各地几乎都看不到生产力的大量闲置。对此我的解释是，对实物商品分配不当，削弱了继续生产的动机。在探讨财富增长的直接原因时，我明确主张应主要探讨动机问题。我一点也不否认，人们有权消费掉全部商品，但根本问题在于，在各个有关主体之间进行分配的方式是否能最大限度地刺激有效需求，从而激发将来的生产。我不怀疑，快速积累的企图必然意味着非生产性消费的大幅缩减，这对通常的生产动机会造成巨大的损害，从而必然过早地阻碍财富的增长。这才是最具有实际意义的问题，至于是否应该把这种不景气称作供给过剩，我认为这个问题倒是还在其次。但如果这种情况变成了现实，即快速积累的企图所导致的劳动与利润的分配几乎摧毁了未来积累的动机和能力，进而摧毁了保持人口增长和为增长的人口提供就业的能力，那么就不得不承认，这种积累

---

[1] 即英国著名的政治家威廉·优尔特·格莱斯顿（William Ewart Gladstone, 1809—1898 年）在担任财政大臣时期采用的财政原则，他是一个坚定的自由主义者，在任期间废除多项关税。——译者注

[2] 《传记文集》（*Essays in Biography*），第 139—147 页。

的企图,或者说过多的储蓄,实际上可能对一个国家是有害的。[1]

问题在于,这种资本的停滞,以及由于产品增加的同时却又没有使地主和资本家得到适当的非生产性消费的份额而造成的对劳动需求的停滞,在发生时会不会有损于一个国家,会不会导致社会幸福和富足的程度降低。而如果使地主和资本家在社会的自然过剩中得到非生产性消费的适当比例,从而继续保持生产的动机,就会首先避免对劳动的非正常的需求,从而避免将会发生的这一需求的突然缩减,这样是否导致社会幸福和富足程度的降低呢?如果资本和劳动停滞不会导致恶果,那么怎样才能说明,对生产者可能有害的过度节俭反而不会对国家有害呢?怎样才能说明,在生产失去动机的时候,增加地主和资本家的非生产性消费不能作为一个适宜的解决办法呢?[2]

亚当·斯密说过,资本是通过节俭而增加起来的,每个节俭的人都是公众的恩人,而财富的增长决定于生产超过消费的差额。毫无疑问,这些定理在很大程度上都是正确无误的……但是,十分明显,这些定理并不是漫无止境地正确无误的。过分强调节约的原则,就会破坏生产的动机。假如每个人都满足于最简单的食物,最破敝的衣服和最简陋的住房,那么其他各种较好的食物、衣服和住房就肯定不会存在……两个极端是很明显的,因此,一定有一个中间点,在这一点上,能同时兼顾到生产能力和消费愿望,而最有力地促进财富的增长。尽管政治经济学的能力或许还不能确定这个中间点到底位于何处。[3]

---

[1] 马尔萨斯 1821 年 7 月 7 日写给李嘉图的信。
[2] 马尔萨斯 1821 年 7 月 16 日写给李嘉图的信。
[3] 马尔萨斯所著《政治经济学原理》(*Principles of Political Economy*),第 8、9 页。

在我接触过的才华横溢之士所提出的意见中，萨伊先生所说的"用掉或毁掉一件物品就等于堵塞一条出路"，是最直接与正确的理论相对立，与经验相矛盾的。然而，根据这种新的学说，即只需要在商品与商品之间的相互关系中——而不是从商品与消费者之间的关系中——来考察商品，萨伊的说法却是应得的结果。我倒要问的是，如果除了面包和水以外，所有消费都停顿半年，那么，对商品的需求会变成什么样子？会出现大量的商品积压！出路何在！这种情况会引起多么庞大的市场！[1]

然而，李嘉图对马尔萨斯所言充耳不闻。这场争论最后的反响见于约翰·斯图亚特·穆勒关于他的工资基金说的讨论。[2]在穆勒的心目中，这个学说为用来驳斥马尔萨斯晚年的思想起着重大作用。当然，穆勒自己也是在这场论战过程中受到熏染而成长起来的。穆勒的后继者们否定了他的工资基金说，但却忽视了穆勒反驳马尔萨斯全凭此说的事实。穆勒的后继者们否定的方法，是把这一问题排除在经济学领域之外，不是寻求对它的解决，而是不再提起它——这个问题在论战中消失不见了！近年来，凯尔恩克劳斯先生（Cairncross）想从维多利亚女王时代的二三流人物中寻找该问题的踪迹，[3]但他所找到的甚至比预想的还要少。[4]消

---

[1] 马尔萨斯所著《政治经济学原理》第363页脚注。

[2] J.S.穆勒，《政治经济学》（*Political Economy*），第1编，第5章。在穆莫里（Mummery）和霍布森（Hobson）所著的《产业生理学》（*Physiology of Industry*）一书第38页及以后各页中，他们对穆勒在这个方面的理论有着重要而深刻的论述，尤其是对他的"对商品的需求不是对劳动的需求"学说（对于该学说，马歇尔在他有关于此很不令人满意的论述中，企图为之进行辩解）。

[3] 《维多利亚女王时代的人物与投资》，《经济史》，1936年。

[4] 弗拉尔顿（Fullarton）的《论对通货的管制》（*On the Regulation of Currencies*，1844年）一文在其所举的文献中最有意义。

费不足说一直蛰伏不出，直到 1889 年，在 J.A.霍布森（J.A.Hobson）[1]和 A.F.穆莫里（A.F.Mummery）[2]合著的《产业生理学》一书中方重见天日。该书是许多著作中的第一本，而且是最重要的一本。在这一著作中，霍布森在差不多 50 年时间里一直以百折不挠却几乎毫无效果的热情和勇气，来反对古典学派的正统。今天，这本书虽然已经被人们彻底遗忘，但它的出版在经济思想史上却具有划时代意义。[3]

《产业生理学》一书是与穆莫里合作完成的，霍布森叙述该书缘起如下：[4]

> 一直到 19 世纪 80 年代中期，我的经济学异端思想开始形成。虽然亨利·乔治反对土地价值的战斗、各种社会主义团体反对显然存在的对工人阶级压迫的早期鼓动，以及两位布斯（Booths）先生对伦敦贫困状况的揭露，这些都对我的感情造成了深刻的影响，但它们并没有摧毁我对政治经济学的信心。信心的动摇来自一次偶然的接触。当我在埃克塞特城的一所学校教书时，与一位姓穆莫里的商人开始了个人交往。此人在当时和以后都被视作一名著名的登山运

---

[1] 即约翰·阿特金森·霍布森（John Atkinson Hobson, 1858—1940 年），英国经济学家，他主要的经济学贡献是提出消费不足理论，对萨伊定律和古典经济学对节俭的强调持强烈的批评意见。此外，他关于帝国主义的著作曾对列宁的思想产生过深刻影响。——译者注

[2] 即阿尔伯特·弗里德里克·穆莫里（Albert Frederick Mummery, 1855—1895 年），英国登山家、作家。穆莫里家境富裕，对于登山和经济学极有兴趣，与霍布森合著的这本书是他唯一的经济学著作。——译者注

[3] J.M.罗伯森（J.M.Robertson）所著《储蓄的谬误》（*The Fallacy of Saving*）一书，于 1892 年出版，拥护穆莫里和霍布森的这一异端邪说，但该书的价值或者意义都不大，完全没有《产业生理学》一书所具有的颇具穿透力的直觉。

[4] 参见霍布森 1935 年 7 月 14 日星期日在康威大礼堂对伦敦伦理学会的演讲词。演讲的题目是"一名经济学异教徒的自白"。我在此处的转载，得到了霍布森先生惠允。

动员。他发现了一条登上马特峰的新路,却不幸于1895年攀登著名的喜马拉雅山南迦巴瓦峰时遇难了。不用说,我与他的交往并非建立在这种运动的基础之上。他是一位在思想上攀登高峰的人。他具有发现自己道路的天赋眼光和傲然藐视学术权威的态度。此人与我纠缠在一个有关储蓄过多的争论之中。他认为,储蓄过多是贸易不振时资本和劳动就业不足的原因。在很长时间里,我想用正统经济学的武器来反驳他的论点。但最后他说服了我。于是,我们二人在1889年出版了一本名为《产业生理学》的著作来阐述过度储蓄的观点。这是我在"异端"学说生涯中公开走出的第一步。当时,我丝毫没有想到这一步的重大后果。这是因为,正是在这个时候,我辞去了在中学的教职,并开始了一项新的事业——在大学附设的函授班教授经济学和文学。第一次对我的打击是伦敦大学函授部不让我教授政治经济学课程。据我了解,这是一位经济学教授的干扰所致。他读过我的那本书,认为那本书的荒谬程度相当于证明地球是平的。既然储蓄的每一部分都可以用于增加资本项目和工资基金,那为什么对有用的储蓄还要在数量上加以限制呢?头脑健全的经济学家看到任何企图对一切工业的增长来源加以抑制的观点,未尝不感到吃惊。[1]另外一件很有意思的事是我个人的经历。它让我感到我好像犯下了什么罪过。虽然在伦敦不让我教经济学,但牛津大学的函授普及运动却比较宽容,允许我到乡下讲学,不过内容仅限于有关工人阶级生活的现实问题。当时一个慈善事业协会正在策划一

---

[1] 在《产业生理学》第26页上,霍布森用不恭敬的语气写道:"节俭是国民财富的源泉。一国越节俭,它就越会变得越富有。这差不多是所有经济学家所普遍讲授的道理。他们之中的很多人宣扬节俭那无穷尽的价值时,用的是道学家的庄重语调。在他们的阴沉的歌曲中,这是唯一为公众所喜爱的调子。"

次关于经济主题的学习活动，并且邀请我讲授一门课程。我已经表示很愿意接受这一新的讲课任务，然而就在此际，聘书突然被撤回而没有任何解释。即便在这样的时候，我也几乎没有认识到，对无限制的节俭的德行表示了点怀疑，竟然就犯下了不可饶恕的罪过。

在这本早期的著作里，霍布森与他的合作者对古典学派（他也是受这一派学说熏陶出来的）的直接评论多于他以后的著作。基于这个原因，同时也因为这是他的理论的初次表达，所以我将引用这本书来表明作者们的批评和直觉具有多么充分的依据。他们在序言中，这样指出被他们所攻击的论点的性质：

> 储蓄使个人和社会富有，而花费使个人和社会贫困。这句话一般会被界定为这样一个论断，即珍惜钱财的有效作用是一切经济福利的根基。它不仅使节俭的个人致富，而且能提高工资，给失业者以工作，福泽遍及四方。从报纸到最近的经济学论著，从教会讲坛到下议院，这个结论被反复讲解和一再阐发，直到使它似乎完全成为一种神圣不可怀疑的东西。然而，知识界在大多数经济学家的支持下，直到李嘉图的著作出版时期为止，一直都在尽力否定这一学说。它之所以最后被人们所接受，只是因为他们不能反驳工资基金说。现在，工资基金说已经宣告崩溃，但这个学说在逻辑上赖以存在的论证却继续残存，其原因仅在于主张这一学说的人物具有居于统治地位的权威性。经济学的批评只敢攻击该学说的具体枝节，却不敢触及它的主要论点。我们的目的在于说明：第一，其结论是没有根据的；第二，储蓄的习惯趋于过度是有可能的；第三，储蓄过度会使社会贫困，造成劳动者失业，把工资压低，并把衰退扩散到整个商业贸易领域，使之呈现经济萧条状态。……

生产的目的是为消费者提供"效用和便利"。生产过程是从开始处理原材料到最后作为效用或便利被消费掉的整个连续过程。资本唯一的用处在于帮助这些效用和便利的生产。因而，资本被使用的总量必然会随着每日或每周被消费掉的效用和便利的总量不同而有所变化。储蓄在增加现有资本总量的同时，也会减少现在被消费掉的效用和便利。因此，任何这种储蓄习惯的过度扩大都会使资本积累的扩大超过它被要求的使用量。这个超过的部分将会以一般性的生产过剩形式存在。[1]

这段引文的最后一句，显示出了霍布森的错误根源。他设想，过度的储蓄使得**实际**的资本积累超过实际所要求的数量。事实上，这只是一个仅仅由于错误的预期而产生的次要祸害。主要的祸害在于，充分就业条件下的储蓄倾向大于所需要的资本数量，因而除去预期的错误以外，这将使充分就业不能实现。然而，在一两页之后，在我看来，他却非常精准地说出了一半问题。但他仍然忽略了利率和预期状态的变化可能造成的影响，因为他大概把这两个因素当作既定的了：

这样，我们可以得到这样一个结论：自从亚当·斯密以来，所有的经济学说都坚持认为，一个社会每年的产品数量取决于该社会的自然资源、资本和劳动的总量；这乃是错误的说法。恰恰相反，虽然产品数量永远不会超过这三个总量所规定的限度，然而，它可以而且实际上已经由于过多的储蓄以及随之而来的过多的被积压起来的产品，而被减少到这个限度规定的最大产量以下，对生产施加了限制。也就是说，在现代工业社会的正常条件下，是消费限制了

---

[1] 霍布森和穆莫里，《产业生理学》，第3—5页。

生产，而不是生产限制了消费。[1]

最后，霍布森还注意到了他的理论对正统的自由贸易观点正确性的影响：

> 我们也注意到，正统经济学家经常斥责我们的美国兄弟和其他保护主义社会在商业上的愚蠢无知。这种斥责不再能被继续下去了，因为所有这些论点都依赖于一个假设条件，那就是：过度供给是不可能的。[2]

不得不承认，霍布森在此之后的论证并不完整。但却能首先明确宣称，资本的产生并不是由于储蓄倾向，而是源于它对实际的和将来的消费所造成的需求的反应结果。下面的引文分散在各处，可以表明这种思想：

> 应该很清楚，一个社会的资本没有随之而来的对商品消费的增加，那么，它是不会以有利的方式增加的……储蓄和资本的每一次增加要想有效，都要求即将来临的消费作出相应的增加[3]……当我们提到将来的消费时，并不是指从今以后的 10 年、20 年或者 50 年，而是指离现在很近的将来……如果节俭和谨慎的增加诱使人们在现在储蓄更多，它们就必须答应在将来消费更多[4]……在生产过程中的任何环节，没有比为当前消费提供商品所需要的更多的经济

---

[1] 霍布森和穆莫里，《产业生理学》，第 6 页。
[2] 霍布森和穆莫里，《产业生理学》，第 9 页。
[3] 霍布森和穆莫里，《产业生理学》，第 27 页。
[4] 霍布森和穆莫里，《产业生理学》，第 50、51 页。

合算的资本存在[1]……可以很清楚地看到，我个人的节俭并不影响整个社会的节俭量，只是决定整个节俭中的某一部分究竟是由我来执行，还是由别人来执行。我们将表明，社会上一部分人的节俭，是如何迫使另一部分人的生活开支超过他们的收入的[2]……大多数现代经济学家都否定消费会有任何不足的可能性。我们能够找到任何经济上的倾向性，其作用可以导致社会处于这种不足的状态，而如果任何这种倾向性存在的话，那么是否在经济机制中存在着有效的遏制力量呢？我们将表明：第一，在每一个高度组织化的工业社会里，总有一种力量在发挥作用，会自然地导致这种过度的节俭；第二，经济机制所提供的遏制力量，不是完全不发生作用，就是其作用不足以遏制这一严重的经济祸害[3]……李嘉图对马尔萨斯和查尔姆斯（Chalmers）的论点所做的简要答复，似乎已经被后来的经济学家所接受，而且认为已经非常充分。李嘉图称："生产品总是被生产品或者服务所购买，货币只是实现交换的媒介物。因此，生产品的增加总是伴随着相应地得到它和消费它的能力的增加，从而不存在过度生产的可能性。"（李嘉图，《政治经济学及赋税原理》，第362页）。[4]

霍布森和穆莫里知道，利息除去作为对使用货币所做的支付以外，不具有其他的意义。[5] 他们也很清楚地知道，他们的论敌会说："利率（或利润）会下降到适当的程度以遏制储蓄，从而恢复生产和消费之间

---

[1] 霍布森和穆莫里，《产业生理学》，第69页。
[2] 霍布森和穆莫里，《产业生理学》，第113页。
[3] 霍布森和穆莫里，《产业生理学》，第100页。
[4] 霍布森和穆莫里，《产业生理学》，第101页。
[5] 霍布森和穆莫里，《产业生理学》，第79页。

的应有关系。"[1]他们的回答是:"如果利润下降诱使人们减少储蓄,那么它必然是通过以下两种途径来达成:一种是诱使他们花费更多,一种是诱使他们生产更少。"[2]关于前者,他们认为,当利润下降时,社会的总收入会减少,从而"我们不能说,当平均收入下降时,由于节俭所得到的补偿会相应地减少,所以个人会增加他们的消费量";关于后者,他们说:"我们完全无意否认过度供给造成的利润下降会抑制生产,而承认这种抑制生产的作用之存在,正是我们论点的核心内容。"[3]尽管如此,但他们的理论缺乏完整性,其主要原因是他们没有自己的利率理论。这就使得霍布森先生一方面过分强调(尤其是在他后来的著作中)消费不足导致投资过度,这里过度的投资乃是指无利可图的投资;另一方面,霍布森又未能解释相对低的消费倾向之所以会导致失业,原因是,要想维持充分就业,低的消费倾向必须有补偿性的新投资来弥补消费不足,但却又得不到充分的新投资量以资补偿。虽然在有的时候,由于错误的乐观态度,这种新投资可能暂时出现,然而,一般来说,由于预期利润下降到利率所规定的水平以下,这种新投资完全没有出现的可能。

自第一次世界大战以来,异端的消费不足理论大量涌现,其中以道格拉斯少校(Major Douglas)的理论最为著名。道格拉斯少校的主张之所以有影响,主要原因很大程度上当然在于正统学说对他很多具有摧毁性的抨击无法作出有力的反驳。另一方面,他对经济弊病的详细诊断,尤其是所谓的A+B定理,不过是大量故弄玄虚的东西而已。如果道格拉斯少校把他的B项限定在企业家尚未动用的折旧准备金上,那么,他

---

[1] 霍布森和穆莫里,《产业生理学》,第117页。
[2] 霍布森和穆莫里,《产业生理学》,第130页。
[3] 霍布森和穆莫里,《产业生理学》,第131页。

会更接近真理一些。但是，即使如此，他也必须考虑到，这些准备金被其他方面的新投资以及消费支出的增加所抵消的情况。道格拉斯少校比他的正统学派的论敌们更有理由宣称，他至少没有把我们这个经济体系的突出问题忘得一干二净。但是，他还说不上有资格宣称他与曼德维尔、马尔萨斯、戈塞尔和霍布森相提并论——在那支勇敢的异端者的军队中，他或许只是一名小卒而非少校。这些人凭借着他们的直觉，宁肯对真理作出模糊的和不完整的认识，也坚决不坚持错误的学说。而那些得自简单逻辑推理的错误说法，固然清晰且自洽，却是建立在不符合事实的假设前提之上的。

第二十四章　结语：简论《通论》所可能导致的社会哲学

I

我们生活于其中的这个经济社会，其显著的缺点是它不能提供充分就业，以及它对财富和收入的分配显得专横随意且有失公平。对于前一个缺点，本书的态度显而易见。对于后一个缺点，本书在两个重要的方面也颇为相关。

自从19世纪末以来，尤其是在英国，通过直接税的手段——所得税、超额所得税和遗产税——在消除财富和收入的巨大差异方面，取得了相当大的进展。许多人愿意看到这一进程能够推向更远，但有两种考虑让他们踟蹰不前。一种考虑，是害怕由此而逃税之风兴起，以及因此而减弱人们承担风险的动机。但我认为主要的考虑，是他们相信资本的增长取决于个人储蓄动机的强弱，而资本增长的一个很大比例，取决于富人对于他们剩余金钱的储蓄。我们的论证不会影响第一种考虑；但在相当大的程度上，它可能会修改我们对第二种考虑的态度。因为我们已经看到，在到达充分就业之点以前，资本的增长根本不取决于一个低的消费倾向。恰恰相反，消费倾向低还会抑制资本的增长。只有在充分就业的条件下，低的消费倾向才有助于资本的增长。此外，经验表明，在当前情况下，机构的储蓄以及偿债基金所代表的储蓄，已经超过所需要的数量。同时，收入的重新分配，若能提高消费倾向，必定会有助于资本的增长。

现在，公众思想上存在着一种混乱，即普遍相信遗产税会减少一个国家的资本财富。事实上，假设国家把这一来源的税收所得用于通常的开支，因而对收入和消费征收的税额有相应的减少或免除，那么，高额遗产税的财政政策当然会提高社会的消费倾向。但由于习惯性的消费倾向提高一般会（即除去充分就业的情况）同时增加投资诱力，所以，一般的推断正好与实际的情况截然相反。

因此，我们的论证可以使我们得出如下的结论：在当代情况下，财富的增长远不像一般所认为的那样，取决于富人的节欲；它的增长反而更可能受到这种节欲的阻碍。因此，对财富可以有巨大差异的社会辩护，其主要的理由之一已经不能成立。我并不是说，在不受上述理论影响的情况下，再没有别的理由可以为在某种情况下的财富不均做辩护。但是，这些理论确实清除掉了其中一个最重要的理由；正是由于这个理由，我们才一直认为必须谨慎行事。这一点特别影响我们对遗产税的看法。这是因为，对收入可以不均等的某些辩护理由，不能适用于遗产的不均等。

就我而言，我认为，对于收入和财富的不均等，存在着社会和心理上的理由，但它们不适用于今天这样巨大的不均等。许多有价值的人类活动，需要发财的动机和私人财产所有权的环境才能取得全部的效果。此外，人类的那些危险的癖性，它们因发财机会和私有财产而存在，也可以被疏导到比较无害的渠道中去。这种癖性若不以这种方式加以满足，那么，它们就会在残暴、肆无忌惮地追求个人权力和权威以及其他自我膨胀等方面寻找出口。一个人对他自己的银行存款实施暴政，总比他对其同胞实施暴政要好得多。虽然有时候前者被谴责为不过是达到后者的手段,但至少在某些时候,前者可以提供一个可供选择的渠道。不过,即便是这样,为了刺激这类活动以及满足这些癖性,也没有必要像今天这样,给参加游戏的人提供这么大的赌注。一旦参与游戏的人习惯了这类活动,较少的赌注也同样可以很好地达成目的。不要把改变人类本性的任务与管理人类本性的任务混为一谈。虽然在理想的国家里,人们由于接受教育、受到激励和忙于生计的关系,对赌注并不感兴趣。但是,只要普通人,甚至社会中很大一部分人仍然强烈地热衷于发财的癖性,那么,允许人们在规则和限度之内继续玩发财的游戏,就不失为明智审慎的政治家风范。

II

不过,从我们的论证中,对于财富不均等的未来前景,还可以得到第二个更加根本的相关要点,这就是我们的利率理论。到目前为止,我们认为有必要保持一个适当高数值的利率,理由是这样可以对储蓄提供足够的诱力。但我们已经表明,有效储蓄的限度必然取决于投资规模,而投资规模却又由低利率所推动,只要我们不试图用这种办法把投资规模推进到相应于充分就业的那一点之上。因此,相对于资本边际效率列表,把利率降到使充分就业得以实现的那一点,对我们是最有利的。

毋庸置疑,这一准则会使利率远低于迄今实际存在的利率。就人们所能预测到的资本数量增加下的资本边际效率而言,如果要继续大体维持充分就业的话,那么,利率很可能会不断地下降——除非整个社会(包括政府在内)的消费倾向确实发生了极大的变化。

我深信,对资本的需求在以下这个意义上有着严格的限度,即资本存量不难增加到使其边际效率下降到极低的数值的那一点上。这并不意味着说，使用资本设备几乎不用支付任何代价，而只是说，资本设备的收益在补偿它的折旧和老化费用之后，再减去偿付风险以及使用技能和判断所付的代价，余下来归于资本所有者的数量也就所剩无几了。总而言之，耐用品在其整个寿命期限内的总收益会与非耐用品一样，刚好能抵偿生产的劳动成本加上风险的扣除额以及使用技能和监督的费用。

虽然这种状况与某种程度的个人主义相当契合，但这意味着食利者阶层的消亡，因之也就意味着资本家利用资本的稀缺性价值来扩大其压迫力量的消亡。今天，利息和地租一样，不再代表对真正作出牺牲所给予的报酬。资本的所有者得到利息，原因是资本的稀缺性。同样，土地所有者能得到地租，原因是土地的稀缺性。但土地的稀缺性有与其固有的特性相关的内在原因，而资本的稀缺性则没有这样的内在原因。如果把造成资本稀缺的原因看作与资本特性有关，即必须以利率作为报酬才能使人们作出真正的牺牲来从事积累，那么，从长期上看，这种意义上的资本稀缺性的内在原因并不存在。除非在资本尚未十分充裕之前，个人的消费倾向使得充分就业下的所得都作为消费之用，因而没有净储蓄，此时，资本的稀缺性才有存在的理由。但即便如此，国家机构仍然有可能使社会的储蓄维持在一定的水平上，从而使资本数量继续增长，直到它不再稀缺为止。

因此，我把资本主义体系中的食利者阶层看成是一种过渡现象，它在完成其使命之后就会消亡。食利者阶层一旦消亡，资本主义的其他方面将会出现重大的改变。此外，我的主张还有一个极大的好处，即食利者阶层和已经没有社会职能的投资者绝不会骤然消亡，而是像我们近来在英国看到的那样，它们的消亡是一个逐渐的漫长过程，从而不需要任何革命。

因此，在政策实践上，我们可以树立两个目标（它们都是实际上可以达到的目标)：(1) 增加资本数量，直到它不再稀缺为止，从而使没有了社会职能的投资者不再能坐收利益；(2) 建立一个直接税制度，使理财家、企业家和诸如此类的人物（他们非常热爱自己的职业，以致用比现在便宜得多的代价就可以获得他们的劳务）的智慧、决心和经营才能，可以通过合理的报酬而为社会服务。

与此同时，我们必须认识到，只有经验才能表明，体现在国家政策之中的公众意愿在多大程度上应该被导向增加和补充投资诱力，又在多大程度上可以安全地被用于刺激平均消费倾向，而不妨碍我们在一两个世代内消除资本稀缺价值的目标。最终的结果是，消费倾向将会很容易地由于利率下降的作用而得到提高，以致只需要比现有的稍高一点的积累率就能达到充分就业水平。在这种情况下，对高额收入和遗产征收较多赋税的制度可能会遭到这样的非难，认为如果按照这种制度，充分就业所要求的积累率会在相当大的程度上小于现有的水平。我并不否认这一后果存在的可能性或者说概率。这是因为，在这个问题上，很难预测一般人如何对环境的改变作出反应。如果现实的情况表明，只需要用比现在稍微大一点的积累率就能很容易地取得大体的充分就业，那么，当代的一个突出问题至少已经得到解决。至于以何种规模、何种方法来要求这一代人限制他们的消费，以便到时能够为子孙后代建立起一个充分投资的状态，才算正确和合理，则仍需另做决定。

Ⅲ

在某些其他方面，本书以上理论的含义是相当保守的。这是因为，虽然本书指出，现在主要听任于私人主动性支配的某些事物应加以集中控制，但仍存在广阔的活动领域，其中的活动不能受到中央控制的影响。对于消费倾向，政府应该部分通过赋税制度，部分通过限定利率，以及可能还可以通过其他手段来加以引导。此外，单靠银行政策对利率的影响，似乎不太可能决定投资的最优数量。因此，我感到，某种程度的综合投资社会化将被证明是取得大致的充分就业的唯一手段；虽然这并不排除政府当局和私人主动合作而定下的各种各样的妥协和安排。但除此之外，上述理论并没有为那种包罗大部分社会经济生活的国家社会主义制度作辩护。对政府来说，重要的并不是生产工具的国有化。如果政府能够决定用于增加生产工具的资源总量，并且能决定对生产工具所有者的基本报酬率，那么，它就完成了它所应尽的职责。此外，实行社会化的各项必要步骤可以逐步推进，不要割断社会的一般传统。

我们对广为接受的古典学派经济学理论的批评，重点倒是不在于指出它在分析上所犯的逻辑错误，而在于指出它所暗含的假设条件很少或从来没有得到过满足。因而，它不能解决现实世界的经济问题。不过，如果我们的中央控制机构能够成功地使总产量推进到相当于现实中可能达到的充分就业水平，那么，这就可以作为古典学派理论自身由此开始正确推进的起点。如果我们假设总产量既定，即总产量取决于古典学派思想体系以外的力量或因素，那么，我们对古典学派的分析就没有什么异议。我们不会反对的是：私人的利己动机将具体决定生产何种商品，生产要素按照什么比例结合起来进行生产，最终产品的价值如何在不同的生产要素之间进行分配。还有，如果说在节俭问题上我们与古典学派的看法不一样，但对于现代古典学派关于在完全和不完全竞争条件下私人和社会利益的一致程度的理论，我们则提不出什么反对意见。由此可见，除了中央控制机构对消费倾向和投资诱力进行调节的必要性之外，我们没有比过去提出更多的理由来推行经济生活的社会化。

具体来说，我看不出有什么理由认为，当前的经济制度对正在使用中的生产要素严重地使用不当。当然，预期是有失误的时候。但这种失误在中央集中决策下也难以避免。在1 000万个愿意而且能够工作的人中,有900万个被雇佣了,又有什么证据表明,这900万人使用不当?我们对当前制度的抱怨,不在于这900万人应该被使用到与过去不同的任务上,而是应该为剩下的100万人提供使其就业的工作岗位。当前经济制度的缺点,不在于实际就业的方向,而在于实际就业的数量。

因此,我同意戈塞尔的意见,认为弥补古典学派理论的缺点,不在于把那个"曼彻斯特体系"(Manchester System)[1]废除掉,而在于指出经济力量自由运行所要求的环境的性质,以便实现生产的全部潜力。保证充分就业所必要的中央控制,当然会扩大传统的政府职能。而且,现代古典学派理论本身也要求我们注意到各种不同的情况,在这些不同情况下,对经济力量自由运行有必要加以限制或引导。但是,这里仍然会留有发挥私人主动性和尽其职能的广阔天地。在这个广阔天地中,传统的个人主义的有利之处仍然会继续留存。

让我们在这里稍微驻足,来提醒一下自己,传统的个人主义的有利之处究竟是什么。部分的有利之处是有效率——这是分散决策和自利心得以运行带来的有利之处。分散决策和个人负责制的有利之处,甚至可能比19世纪所设想的还要大一些;而且,反对借助利己心的意见似乎走得太远了。无论如何,如果把个人主义的缺点和滥用去掉,那么,它仍然是个人自由的最好保障。所谓个人自由,是以下意义上的自由:和任何其他制度相比,它在很大程度上拓宽了个人选择的范围。它还是生活多彩多姿的最佳保障,因为生活的多彩多姿,正是来自扩大了的个人选择范围。在生活整齐划一和政治集权主义的国家的各种损失中,生活缺

---

[1] 即曼彻斯特学派的思想体系。曼彻斯特学派是19世纪中期主张经济自由和贸易自由的英国经济思想流派。——译者注

乏多彩多姿是最大的损失。这是因为，这种多彩多姿既保存了体现以往各代人最妥善和成功的选择之传统，又由于想象的花样繁多而增添了不少现实的光彩；而且，由于它是经验、传统和想象的结晶，所以，它也是改善未来的最有力的工具。

因此，虽然对 19 世纪的政论家和当代美国的金融家而言，由于调节消费倾向的投资诱力的任务而使得政府职能扩大，被认为是对个人主义的严重侵犯，与此相反，我却要为这种扩大进行辩护。我认为：这不仅是避免现存经济制度完全被摧毁的唯一可行的手段，而且也是个人主动性能够成功发挥作用的前提条件。

这是因为，如果有效需求不足，那么，不但资源浪费所引发的公众的反对情绪会达到不堪容忍的程度，而且试图运用这些资源的个人企业主的行动也会受到沉重的打击。这种危险的游戏有很多数值为零的筹码，所以，如果玩家的精力和意志能够使他们把游戏进行到底，那么，**作为一个整体**，玩家们将会一败涂地。迄今为止，世界财富的增加量落后于个人正储蓄的总额；二者之差乃是由输家所补足的，这些人虽然勇气可嘉，也富有主动性，却缺乏出众的技能和异常的好运。但是，如果有效需求很充分，那么，只要有一般的技能和一般的好运，也能成为赢家。

今天的集权主义国家的制度似乎解决了失业问题，但却是以牺牲效率和自由为代价的。可以肯定，世界容忍失业的时间不会太久，而在我看来，这种失业除去短期的过度兴奋所造成的情况之外，还不可避免地与现代资本主义的个人主义联系在一起。不过，通过对问题的正确分析，我们也许一方面能够治愈这个疾病，另一方面，还能保存效率和自由。

IV

我曾经顺带提到过,新体制可能比旧体制更有利于和平。这里值得重述和强调一下这个方面。

战争有种种原因。对于独裁者和其他的类似人物来说,至少在他们的期望中,战争会带来愉悦的兴奋感,他们感觉,利用人们好斗的天性非常容易。但除此之外,协助他们煽起群众的激情烈焰的却是战争的经济原因,即人口压力和对市场的争夺。第二个因素,很可能是在19世纪起决定作用,并且还可能再度如此,因此,在这里对这个问题加以讨论是极为恰当的。

我上一章曾经指出,在19世纪后半叶国内**自由放任**和国际采用金本位制度这样的典型体制下,一国政府除了对外争夺市场,在国内是没有任何办法来缓解经济上的苦痛的。这是因为,在这种体制下,除了改善国际往来账户上的贸易差额,一切有助于解决长期或间歇性失业状态的办法都被排除净尽。

因此,当经济学家们习惯性地颂扬流行的国际经济体制,称赞它既可以提供国际分工的好处,同时又可以调和各国的利益时,他们掩盖了一个不那么美好的作用。那些政治家们则基于常识和对实际事务的正确理解,相信一个富裕而历史悠久的国家如果忽视对市场的争夺,那么,它的繁荣就会衰落,并以失败告终。但是,如果各个国家懂得通过它们的国内政策来为它们自己提供充分就业(而且,我必须再加上一句,如果它们也能保持人口发展趋势上的均衡的话),那么,就不会再有什么重要的经济原因来使一国的利益与其邻国的利益相对立。而且在这种情况下,仍然存在着正当的国际分工和国际借贷活动发展的余地。但是,这里不再有紧迫的动机,使一个国家把它的商品强加于另一个国家,或者使一个国家拒绝接受邻国的商品。而强行向外推销商品和拒绝接受外国商品，并不是出于它是否有能力偿付它所愿意购买的商品的考虑，而是出于公开表示的为了打破国际收支平衡取得贸易顺差的目的。国际贸易将不再像现在这样，即作为维持国内就业量的不顾一切的权宜手段，强行向外国市场推销并限制从那里购买的数量。这个办法即使成功，也不过是把失业问题转嫁给在斗争中受到损害的邻国而已。而在我们的新的体制下，国际贸易将会成为在互惠的条件下，根据意愿而不受阻挠地进行的商品和劳务交换。

V

要实现这些观念，是不是一种空想呢？它们在那些能支配政治社会演化的动机中，是否具有充分的基础？它们所妨害的利益，是否比它们所贡献的利益更加重大，更加明显呢？

我不想在这里给出答案。回答这些问题，即使是仅以一种概略的形式来说明实现它们所需要具备的各种实际的办法，也要写作一部与本书性质不同的著作。不过，如果这些思想是正确的——作者本人必须这样假设，然后才能以此为基础来写作——那么，我敢预言，争辩其未来一段时间上的影响力，将是一种错误。在当下的时刻，人们都异常渴望有一个更加基本的诊断，也特别容易接受这样的诊断；而且，如果它听起来还有些道理，就迫不及待地要试着付诸实施。但即使撇开这种当代的心情不谈，经济学家和政治哲学家们的思想，无论是对是错，都比一般所认为的更有力量。实际上，统治这个世界的就是这些思想，而极少是其他什么。讲求实干的人，自以为可以完全不受智识力量所影响，实际却往往是某位已故经济学家的奴隶。当权的狂人，听信的是无稽之谈，他们的那种狂暴行为，其根源往往出自几年以前某一个不入流的作家的蹩脚之作。可以肯定，与思想之润物无声相比，既得利益集团的力量是

383 被大大夸张了的。诚然，这种影响不是即刻发生的，而是要经过一段时间以后。这是因为，在经济学和政治哲学这些方面，一个人到了 25 岁或 30 岁以后，很少再能接受新的理论，所以，公职人员、政客，甚至鼓动家所运用的思想，不可能是最新的。但是，无论早晚，不管好坏，危险的
384 不是既得利益，而是思想。

译者跋

约翰·梅纳德·凯恩斯是二十世纪当之无愧的伟大经济学家和重要思想家，其经济思想对今天世界各国的经济政策制定仍然有着相当的影响。

凯恩斯生前一共出版过九部著作，分别是：《印度的通货与金融》，《〈凡尔赛和约〉的经济后果》，《论概率》，《条约的修正》，《货币改革略论》，《货币论》（全二卷），《劝说集》，《传记文集》，《就业、利息和货币通论》。此外，他还出版过六本小册子作品。译者在研习经济思想史时，发现凯恩斯著作的汉译本虽然很多，但多是对其中几本名著如《就业、利息和货币通论》和《货币论》的重译，而诸如《货币改革略论》和《论概率》这类反映其思想渊源与流变的重要著作，却付诸阙如。经过几年的阅读和准备，译者这才起心动念，打算在前人译本的基础上，提供一套较为完备的凯恩斯生前审定出版之著作的中文译本。

凯恩斯先生是一代英文大家，译者虽然不辞辛劳，心里存着追慕远哲、裨益来者的决心，但是才疏学浅，译文中的错讹之处必多。祈望海内外学人，对于译文能够多予教诲，译者先在这里表达一下感激之情。

本书译完之后，李辉文兄通读了全部译稿，提出了若干修订意见，特此向他致谢！

李井奎

写于浙江工商大学·钱塘之滨

图书在版编目(CIP)数据

就业、利息和货币通论/(英)约翰·梅纳德·凯恩斯著;李井奎译. —上海:复旦大学出版社,
2024.9
(约翰·梅纳德·凯恩斯文集)
书名原文:The General Theory of Employment, Interest and Money
ISBN 978-7-309-16714-6

Ⅰ.①就… Ⅱ.①约… ②李… Ⅲ.①凯恩斯主义 Ⅳ.①F091.348

中国国家版本馆 CIP 数据核字(2023)第 018870 号

本书据 MACMILLAN AND CO., LIMITED 出版公司 1936 年版 *The General Theory of Employment, Interest and Money* 译出。
中文简体翻译版由译者授权复旦大学出版社有限公司出版发行,版权所有,未经出版者预先书面许可,不得以任何方式复制或发行本书的任何部分内容。

就业、利息和货币通论
[英]约翰·梅纳德·凯恩斯　著
李井奎　译
责任编辑/谷　雨
装帧设计/胡　枫

复旦大学出版社有限公司出版发行
上海市国权路 579 号　邮编:200433
网址:fupnet@fudanpress.com　http://www.fudanpress.com
门市零售:86-21-65102580　团体订购:86-21-65104505
出版部电话:86-21-65642845
上海盛通时代印刷有限公司

开本 787 毫米×960 毫米　1/16　印张 24　字数 298 千字
2024 年 9 月第 1 版
2024 年 9 月第 1 版第 1 次印刷

ISBN 978-7-309-16714-6/F·2956
定价:128.00 元

如有印装质量问题,请向复旦大学出版社有限公司出版部调换。
版权所有　侵权必究